ある児童養護施設生活経験者の戦後史

証言－自分史の試み　自己の存在理由を求めて

JN110794

NPO 法人 リービングケア　草の根会 理事長
市川太郎

目　次

第1部

ある施設生活経験者のライフヒストリー
〜児童養護における当事者性探求への旅〜

第2部

ある施設生活経験者の戦後史 一つの証言
〜自分史の試み〜

第3部　修士論文（本論文）

児童養護における当事者参加の有用性に関する研究
－施設入所児童4つのライフステージ上の諸苦痛とその援助課題についての一考察－

表紙の絵　「タイトル　高知県　桂浜海岸　お宮」

説明：坂本龍馬像を訪れ、桂浜海岸の先に小さな赤い
お宮を発見！なかなかの絶景だった！！
龍馬は桂浜から遠く太平洋を臨み、世界貿易を夢見た
という。「世の中を今一度洗濯したく存じ候う！と、乙
女姉さんに手紙を書き送ったことは有名である。

裏表紙　「タイトル　沖縄の海　東シナ海の風景」

説明　日本百名城探訪の旅は沖縄にも及ぶ。中城城、今
帰仁城、座喜味城、そして近年大火に遭遇した首里城な
どの城めぐりである。このスケッチは国道58号を北上
すると西海岸は東シナ海の海原が美しい。内地には見ら
れない海の蒼さと空の青色の融合の独自の風景である。

スケッチ画：市川太郎

第1部
ある施設生活経験者のライフヒストリー
～児童養護における当事者性探求への旅～

自分はどこから来てどこへ行くのか？　自分は何者か？

序章
1.　　はじめに　　本書の性格と執筆の動機・目的

　本書は筆者の修士論文の別冊付録として執筆されるものである。修士論文は「児童養護における当事者参加の有用性に関する研究、とりわけ入所児童の 4 つのステージにおける諸苦痛を明らかにし、その援助課題についての考察を試みることが主題であるが、本書はこれを捕捉する趣旨がある。また本書が「自分史＝当事者のライフヒストリー」を辿るという「自伝的」性格を有し、それ自体としては「論文」とはなりにくいことから「修士論文」の別冊付録となったものである。また自分自身の当事者性[注1]の探求に取り組む動機は序章. 2 の「本書執筆の社会的意義」で述べる。

　本書の第 1 部は筆者の当事者性探求の経過記録である。自分自身のルーツ探求の過程に若干解説と筆者自身の所感を加えた。施設での児童育成記録、戸籍調査・児童票・カルテ開示請求など、個人情報を知る権利行使の過程で遭遇するさまざまなエピソードが記述され「自分はどこから来てどこへ行くのか？自分は何者か？」という根源的テーマと向き合うことになった。

　第 2 部では戦中・戦後の生活苦の中で「父不詳の子」を出産しながらも精神の病に罹患し 49 歳で病死した母の生涯を辿る事から始まる。その子は図らずも児童養護施設での生活を余儀なくされたが「重要な他者との出会い」などによってさまざまな人生上の課題に遭遇しながらもたくましく乗り越えていく。その「自己形成過程」＝「自分史」を叙述する。これを「社会一般史」との関連性と併行させつつ、結果としてわが国の児童養護における当事者による戦後史証言の一つとなることをめざすことを目的とするものである。

2.　本書執筆の社会的意義

　筆者は2歳頃（1952年）から16年間に及ぶ児童養護施設生活経験者である。筆者の施設生活の一部は、「私にとっての養護施設の生活」『春の歌　うたえば』（1992）^{注2)}に掲載されている。施設退所後、苦学して大学卒業、児童指導員として児童養護施設に就職し約30年が経過した。（2007年現在）

　この間、全国4ヶ所の児童養護施設と自立援助ホーム長を経験し、現在保育士養成専門学校・短大・大学等で兼任講師（「児童福祉論」「養護原理」「養護内容論」「施設実習論」等担当）をしながら社会人大学院に在籍している。即ち、児童福祉（児童養護）における当事者、援助者、人材養成職の体験を持つ者である。

　こうした経験の中で、とりわけ児童養護施設職員時代に2人、自立援助ホーム長時代に出会った3人の青少年の死（自殺3人、病死2人＝計5人）を体験した。

　これらの体験から当事者支援にとって児童自身の当事者性＝生い立ちの整理等、自己受容への援助が如何に重要であるかを痛感した。特に当事者の心理特性＝矛盾した複雑な喜怒哀楽感情を基本ベースにした心理的葛藤への理解や「逆境からの回復力」＝レジリアンス^{注3)}の促進の重要さなど　同時に当然ながら援助者自身も鋭く自己覚知が問われてもきた。

　しかし、筆者は今日まで当事者であり援助者でもありながら、自分自身の「当事者性」＝ルーツ確認、即ち“自分はどこからきて、どこへいくのか？自分は何者か？”という根源的テーマ（援助者自身のアイデンティティー）への探求を長い間封印してきた。それは「事実＝真実を知ること」への怖れと不安があったからとも言える。

　一方、近年社会問題化している子ども虐待問題等への的確な対策を検討すべく“児童虐待の防止”や戦後60年近い歳月を刻んだわが国の“社会的養護のあり方”への検討・検証が喫緊の課題となっている。

　こうした状況下にあって、厚生労働省主導の議論・検討（社会保障審議会　児童部会『社会的養護のあり方に関する報告書』　2003）や東京都児童福祉審議会（『社会的養護の下に育つ子どもたちへの自立支援のあり方』中間のまとめ　2005．8）などが公刊され、社会的養護に関する包括的議論がなされてきた。しかしそれらの議論には“当事者参加の視点”が不充分であることに対する疑念が拭いきれない。

また現行の社会的養護は関係者の真摯な努力にもかかわらず、サービス提供者側の
パターナリズム [注4] の弊害を内包し、とりわけ施設運営に於いては前近代的擬
似家族主義的運営課題（世襲制等による独善性・排他性・閉鎖性・父権主義的権力
構造など）を抱えている。一部施設長等による恣意的な人事権の発動による施設運
営や主に内部告発的な契機によって入所児童への体罰等の人権侵害事件が発覚しマ
スコミ報道で表面化することがある。（千葉・恩寵園事件　1996、鎌倉保育園事件
1998、埼玉育児院事件　2004　等）。

　しかし、本書はこうしたわが国の施設養護が抱えているさまざまな課題を告発・
批判することが本旨ではない。16 年間の施設児童時代や 20 年以上の施設職員時
代を通じて有形無形に施設関係者から受けた恩愛と感謝は計り知れない。戦後の混
乱期にやむを得ない事情で施設に子の養育を委ねた筆者の家族の不本意さもあった
であろう。子はその幼少期から青年期に至るまでの施設生活を生き、そこでの体験
が生涯の生きる指針となり、自己形成を果たしてきた。さまざまな矛盾がありなが
らも施設養護なくして今日の筆者は存在し得なかったのである。その恩愛を強く感
じながらも、そのライフステージにおける諸苦痛があり、乗り越えるべき課題がな
お存在するがゆえにこの国の社会的養護のあり方に敢えて当事者視点による提言を
示唆しようと試みたものでもある。（本論文との関連）
　筆者は施設入所児童への権利侵害や人権侵害事件の再発防止対策の一つに児童養
護における "当事者の視点" ＝「当事者参加の仕組み」の構築が必要不可欠ではな
いかと考えている。
　さらに現行の施設養護は施設入所から施設退所後の社会的自立に至るまでのそれ
ぞれのライフステージにおける "当事者参加" が実現されていず、要保護児童のラ
イフサイクルを見通した自立支援となってはいない。
　障害福祉分野では "障害当事者の声" を行政施策に反映させ、例えば不十分なが
らも施策立法過程において "障害当事者の声" を無視することができないのに対し、
児童福祉（児童養護）分野の立ち遅れが懸念される。

　本書は、1. はじめに　で述べたとおり① "自分自身の当事者性" ＝「アイデン
ティティー」確認作業とその自己形成過程＝自分史の叙述を通してわが国児童養護

施設の当事者による「戦後史証言の一つ」となることを目指すものである。さらに
②援助者にとっても当事者ニーズの発見や当事者理解へのヒントにもなり得ること
が期待される。さらに、当事者のウエルビーイング（人権尊重・自己実現）は援助
者へのエンパワメントに結実するはずである。③さらに全国３万人あまりの児童
養護施設に暮らす子ども達やその後の施設生活経験者自身への励ましになること
④当事者視点よる今後の「社会的養護のあり方」とりわけ「施設養護のあり方」へ
の展望に貢献できればその社会的意義は大きいと思われる。

3.　　　基本的キーワードの定義

１）施設生活経験者＝当事者・・・
児童養護施設で生活した人々を社会一般は「施設出身者」と呼ぶ。しかし、「施設
出身者」という言葉にはその人の「出自・門地」を問うという社会的スティグマ（烙
印）が抜き難く内包されている。
ここでは施設生活経験者＝当事者とは「児童養護施設で生活している子ども」やそ
の「生活経験者」とする。ただし、施設職員の子どもとしての「生活経験者」は除く。

２）当事者性・・・
他人事ではなく自分自身がある出来事の「渦中の人」であること。ここでの当事者
性とは自分自身の選択ではなく社会的養護の下、例えば児童養護施設生活などを余
儀なくされたことにより遭遇するさまざまなライフサイクル上の出来事、体験その
ものをいう。

３）施設養護・・・
何らかの事情で、一般の家庭養育に代り、国や社会が要保護児童の養護（養育・保護）
を担う福祉サービスを社会的養護という。社会的養護には養子縁組や里親制度を中
心とした家庭的養護と児童福祉施設を中心とした施設養護の２本柱がある。乳児
院や児童養護施設、児童自立支援施設、母子生活支援施設などは施設養護の典型で
ある。

４）子どもの権利擁護・・・

『児童自立支援ハンドブック』（1998　厚生省児童家庭局家庭福祉課監修）によれば「児童の『自ら判断し決定する力』を育てていくことを常に念頭においた援助」「児童による施設内の自主的な組織や地域内の子供会等の参加の奨励」「児童が自ら考える機会を増やしていくような援助」「児童の自主性と自己決定を尊重すること」は最大の「権利擁護」であるとしている。この定義に加えて筆者は真に子どもの権利擁護を実現するには①他者の権利尊重　②自らの権利行使と公共の福祉とのバランスへの配慮を認識する「社会性の涵養」が子どものみならず援助者にも必要である、との立場をとっている。

５）レジリアンス・・・

　　　　　「逆境からの回復力」とする。詳細は本章の[注3]参照。

注）

１）児童養護における当事者とは広義には児童養護施設職員や児童福祉行政関係者を含むが、狭義には児童養護施設で生活している・或は生活していた経験のある者をさす。ここでは特に断りのない限り狭義の当事者に限定する。基本的キーワードの定義参照のこと。

２）神田ふみよ編集代表（1992）「私にとっての養護施設の生活」『春の歌　うたえば－養護施設からの旅立ち』ミネルヴァ書房、PP181 － 193、筆者が森山誠のペンネームで執筆した。

３）レジリアンスについては山田勝美（2005）「児童養護実践の新たな視座とその展開（2）『児童養護実践の新たな地平　子どもの自立支援と権利擁護を実現するために』鈴木力編著　川島書店　P80　で「近年、発達心理学で注目され始めている概念」として M．ラター（Rutter.M．）の著書を援用しながら「この概念は、児童養護実践の経験の中から生み出された「知」になりうるのではないか」と指摘し、「逆境からの回復力」としてのレジリアンス概念を紹介（1972、邦訳 1979）している。

また、下西さや子（2006．5）「被虐待児へのエンパワーメント・アプローチ　－子どもとリジリアンスの視点から－」『社会福祉学』Vol.47 ‐ 1、18 － 31 ページの注７）において（下西は「リジリアンス」との訳語を用いながら、リジリアンス

の定義を小森康永の「回復」、ロングマン辞書では「回復力」、森田ゆりは北米の動向を踏まえて「ごむまり」に例えた「弾力性」などと紹介している。さらに虐待の世代間連鎖の研究で Herman を紹介し Skolnick の研究では A・フロイトとダンによるナチスの毒ガスで親たちを殺された男女 6 人（3 歳児）の 1 年間の観察により対おとな・社会への無関心や不信感がありながら、子ども同士の愛他的行動を紹介している。

また Wolin and Wolin の「ダメージ・モデル」＝「子ども時代のトラウマが一生を台なしにする」という言説に批判を加え、リジリアンスを「苦難に耐えて自分自身を修復する力」とし「逆境を乗り越えるための七つのリジリアンス」の紹介をしている。

筆者はレジリアンスを、施設入所児童の生い立ち＝「入所理由・主訴」に関わる「逆境や失敗などから立ち上がり、しなやかで、たくましく生き抜く力」と定義したい。筆者は本論文ではレジリアンスの促進要因として①重要な他者との出会い　②当事者参加の実現の 2 点に絞った。

4）パターナリズムは・・・援助者と利用者間の援助関係において「援助者－上」「利用者－下」という上下関係が発生し、適切な援助関係が構築できないことをいう。パターナリズムが発生する背景として、利用者から援助者への依存心、福祉サービスに対するスティグマ（福祉サービスを利用することは恥ずかしいことだという意識）、行政を含む福祉施設や機関に対する「お上」意識などが考えられる。

パターナリズムを予防するには、援助者、利用者ともに、福祉サービスの利用は、人として豊かな生活を送るための当然の「権利」であることを忘れないことが重要である。援助者は利用者に対して「○○してあげている」という姿勢で援助にあたるのではなく、利用者は権利として福祉サービスを利用しているのだということを常に認識する必要がある。（改訂・保育士養成講座第 2 巻 2006『児童福祉』全国社会福祉協議会　P183 より）

ここでは福祉サービスがサービス供給者側からの一方通行で、サービスの受け手である当事者の声や利用者によるサービス評価機能が福祉施策に反映されにくい構造にあることを指摘したい。

児童養護における当事者とは何か　　わが当事者性探求の経過記録

第1章　概要

1.　施設生活経験者＝当事者とは

　序章の3、基本的キーワードで解説されている定義に重ねて記述する。
児童養護施設とは児童福祉法に規定されている児童福祉施設である。（以下児童福祉法を特に断りのない場合は「法」と略称する）

　法41条には児童養護施設の目的規定がある。即ち児童養護施設とは「保護者のない児童（乳児を除く、ただし、安定した生活環境の確保その他の理由により必要のある場合には、乳児を含む。以下この条において同じ。）、虐待されている児童その他環境上養護を要する児童を入所させて、これを養護し、あわせて退所したものに対する相談その他の自立のための援助を行うことを目的にする施設とする。（太字及び下線は2005年改正箇所＝①入所年齢の緩和　②退所児童への自立支援＝アフターケアの法定化を示す）

　児童養護施設は全国552ヶ所、約30,000人の児童が生活している。近年は被虐待児の受け入れ施設として都市部を中心に満床状態である。（2005年3月現在厚生労働省調査）

　児童養護施設で生活した人々を社会一般は「施設出身者」と呼ぶ。「施設出身者」という言葉にはその人の「出自・門地」を問うという社会的スティグマ（烙印）の語感・ニュアンスが抜き難く内包されている。すなわち、一般的にある人の「出身県」や「出身学校」を尋ねる事とは異なり、いわゆる「氏・素性」（うじ・すじょう）が問われるという社会的差別や偏見の問題が潜在化していることを指すのである。これは「児童養護施設」が社会一般から正しく知られてこなかったことなどによる誤解と偏見、ひいては“社会的差別”と深く関わる問題である。また、児童養護施設で暮らしている子どものことを“インケアにある子ども”という言い方もある。

　社会的差別と偏見・誤解の代表的なものは①親なしっ子＝孤児　→かわいそうな

子という不当な同情と特別視である。この「不当な同情と特別視」は時に養護児童の自立心を著しく損なう結果になることがある。

このほか　②「養護」という言葉の混乱から「養護学校」との区別がつかず「障害児」扱いを受けることがある。　③「施設」というイメージから「問題のある子ども」との誤解もあり、高校生等がアルバイト先で金銭トラブルなどがあると真っ先に疑われるのが施設児童である。また、地域で児童養護施設関係の「施設」を開設する際に猛烈な地元住民の反対運動が起きる事も地域住民の施設児童に対する「問題児」観を歴然と示す事実である。注２）　④就職差別がある。児童養護施設児童は殆ど銀行への就職が困難である。何らかの家庭の事情でいわゆる「欠損家族」と見なされ敬遠されやすい。　⑤結婚差別がある。恋人が出来ても相手の家族から「施設育ち」と言うことで交際を断られることがある。⑥かつては「施設病」というホスピタリズム論争[注1] の過程で社会に流布され、施設児童は「ずんぐり・むっくり・劣等感のかたまり」という蔑称があった。筆者の施設生活体験からも主に学校の先生から「学園の子は僻みっぽい、扱いづらい」などの声を聞いて、いやな感じを抱いた体験がある。

児童養護施設生活経験者＝当事者の「想い」は、こうした社会的差別と偏見・誤解と日々格闘して生きていく過程で形成されていくのである。

入所児童４つのライフステージ上の諸苦痛と援助課題
筆者は施設入所児童には典型的に「４つのライフステージ上の諸苦痛」があることを示したことがある。[注2]

即ち①施設入所前の家庭崩壊・被虐待体験などによる苦痛　②施設入所時の家族分離不安による苦痛　③施設生活上の苦痛　いじめ・暴力・体罰など施設内虐待　④施設退所前後の社会生活適応過程での不安と苦痛）に分類した。（表１参照）

また、そのそれぞれのライフステージ上での援助施策と課題がある。即ち①施設入所前　→インテークワーク（安全確保・入所への説明と同意）＝法28条問題や権利ノートの活用など　②入所時　→ケースアセスメント（ケースの事前評価・分離不安対応）＝家庭支援・心理治療　③施設生活　→インケア（施設内援助計画）＝ケアワークの充実　④施設退所前後の社会適応過程　→アフターケアからリービングケア（自立支援）＝自立支援プログラムの充実

　これらの諸苦痛の中で最も特徴的なことは第 4 ステージ上の苦痛で、このステージでは基本的に当事者からの発信がないと把握できなくなる特性がある。さらにこの時期こそ施設養育の仕上げであり、最も肝心かなめの分野といえよう。しかし、現状ではこの第 4 ステージ上の苦痛は「後追い養護」といわれるほど援助の手が追いつかず、ネグレクト状態にあり、最悪の場合は「人知れずアパートの自室で自死」後に発見された深刻なケースさえある。

表 1 ）

施設入所児童 4 つのライフステージ上の諸苦痛と援助課題（市川作成：2007）

ステージ	主な苦痛	援助施策	課　題
①入所前	家庭崩壊 被虐待体験 人間不信 自己肯定感欠如	早期発見・発生予防 安全確保・緊急一時保護　インテークワーク 説明と同意・納得	児童相談所機能 法 28 条・司法関与 権利ノート活用 自己決定力・自己選択権
②入所時	家族分離不安 愛着障害 しがみつき 無気力・あきらめ	家庭調整 個別対応 心理治療 アドミッションケア ケースアセスメント	家庭支援 関係機関連携 心理治療・ケアワークとのチーム実践
③施設生活	いじめ・弱肉強食 暴力の連鎖・威圧・体罰 施設内虐待 施設生活を隠す、話せない （学校、友人、職場など）	施設運営理念（人権意識向上） インケアの充実・スピークアウト ケアワーカー資質向上 現任訓練・リカレント スーパービジョン	法人組織のあり方 苦情解決 第三者評価 施設オンブズマン 説明責任・権利擁護 当事者の生活参加
④退所前後の 社会適応過程	退所不安・孤立・自殺 失業・住居喪失 身元保証問題 対人関係不調 養護の再生産 虐犯・触法・犯罪 社会的差別・偏見・誤解	自立支援計画 アフターケア リービングケア 退所児童相談援助 卒園生・旧職員 組織化と交流	専任職員配置 相談援助体制 就労支援 進学支援 当事者団体の組織化

表1は施設入所児童4つのライフステージ上の苦痛と援助施策及び課題を一覧表にしたものである。

　入所児童の諸苦痛に共通している課題は「よき援助者との出会い」と真の「当事者参加」実現である。（里親委託の場合との比較検討は今後の課題）　即ち、社会的養護（施設養護＆家庭的養護）における「重要な他者との出会い」と「当事者参加のあり方」が問われているのである。　入所児童のライフサイクルを見据え、それぞれのライフステージごとの課題を整理し、計画的な当事者支援計画を実践することが重要である。ここでいう「当事者参加」とは端的に言えば「当事者の自己決定権の保障」を指す。

　さらにこの「諸苦痛」の解消や当事者支援のニーズは施設「退所後」＝「出口から入口を検証する」視点で状況把握をし、把握したニーズからそのケアのあり方を学ぶ姿勢なくしては実現困難であるという特性があることを知るべきであろう。

　加えて言えば当事者は「4つのライフステージ上の諸苦痛」に象徴される課題に直面し、苦悩し、さまざまな喜怒哀楽を体験しつつ有効な援助プログラムや信頼できる援助者（重要な他者）との出会いによってこれを乗り越え、感謝の思いを抱いている者もいるのである。こうした「当事者心理」についての理解は福祉関係者のみならず社会一般にも求められているといえよう。なお、このテーマは筆者の修士論文の本論でさらに実証的に論じることになる。

2.　児童養護施設で暮らす当事者の想い　自分はどこから来て、どこへ行くのか
自分は何者か？わが当事者性探求の旅

　筆者は16年間を民間の児童養護施設で暮らした。そこでは大勢の他人同士・集団生活上のさまざまな喜怒哀楽を体験した。なかでも「施設内の子ども同士」の厳しい上下関係や理不尽な「いじめ」「暴力」（私はこれを子ども間の「弱肉強食」関係と「子ども間特有の闇の世界」と考えている。）などが厳然として存在していた。さらに施設生活上のさまざまな「理不尽」「不条理」ともいえる体験に耐えながらもこころある職員・援助者との出会いによってこれを乗り越え、社会生活への旅立ちをした。

　こうした背景がありながら筆者は長い間自分自身のルーツに触れることを封印してきた。しかし、このたび本書執筆の動機と重なるが、敢えて自分自身の当事者性探求に挑むことにした。知られざる自己の出生の経緯＝ルーツの探求である。テーマは「自分はどこから来て、どこへ行くのか　自分は何者か？」である。

　そこで、大まかな探求計画を立てた。以下その計画の概要である。
- ①　自分が育った施設を訪問　育成記録、児童票の開示請求（2006 年2 月）
- ②　担当児童相談所を確認し訪問する　児童票の開示請求（2006 年2 月）
- ③　本籍地確認　杉並区役所　住民課戸籍係り訪問（2006 年 2 月）
- ④　戸籍調査　足立区役所　亡き母に関する戸籍謄本請求・解読（2006 年 2 月）
- ⑤　亡き母が入院した精神病院を訪問　カルテ開示請求実施（2006 年3 月）その後は進捗状況によって進行する。
- ⑥　2006 年中にルーツに関する情報を集約し、施設入所理由（主訴）を考察し、自分自身の当事者性の解明をすすめる。
- ⑦　調査の渦中でどのような事実が浮かび上がっても冷静・客観的に受け止める。
- ⑧　最終的に「修士論文」執筆に活かすことを目標とする。

以上の探求計画・決意を基に、いよいよわが当事者性探求の旅を始めた。

注）
1) ホスピタリズム論争について
児童が収容施設や病院などで、家庭から離れ長期間集団的に養護されるときに生ずる心身の発達障害を総称する症候群。欧米の臨床心理学、精神医学の研究者によって明らかにされ、施設病（施設癖）の訳名で、従来の施設養護に対する実証的・批判的研究として戦後のわが国に紹介され、肯定・否定両面の大論争となった。主な症候群として、1）身体・知能・社会性・自我の発達障害、2）指しゃぶり・

夜尿などの神経症的傾向、3）心の浅さ・攻撃的または逃避的傾向・施設外生活への適応困難など、対人関係障害の三側面が指摘されている。その後養護条件の改善により、身体的発達障害はほとんど克服され、心理情緒的発達障害の解決に、より関心が払われている。最近の研究では、この問題を、施設養護に起因するだけでなく、施設入所前後の母性的養護の欠如、すなわちマターナル・ディプリベーションと関連させて原因究明が行われるようになった。なお、ホスピタリズムの問題は、成人、老人等の収容施設養護の問題である。（大谷嘉朗：仲村優一ほか編者『現代社会福祉事典』P437L、全国社会福祉協議会、1995年2月1日第8刷より）

2）施設入所児童の4つの苦痛について

市川太郎（2003）「子どもの意向を汲むとはどういうことか－児童養護施設生活経験者の立場から」『ケース研究』281　実務ノート　家庭事件研究会　PP115－122

この実務ノートでは主に少年事件を担当する家庭裁判所調査官などの司法福祉関係者を対象に「児童養護施設児童の4つの苦痛」を施設生活の実際について、当事者の視点で紹介している。

その後この「4つの苦痛」は「施設入所児童4つのライフステージ上の諸苦痛」と訂正した。

3) 提携型グループホームについて

佐藤貢一（2007；東京都立誠明学園長・児童自立支援施設）「子ども達の社会での自立をめざして　児童自立支援施設における提携型グループホームの試み」『月間　少年育成』通巻611号　2007　2月　社団法人　大阪少年補導協会PP40－45

「施設の生活より自由度が高いが、大人が見守り、必要な生活指導を行える場」として、児童自立支援施設と児童養護施設が提携しながら地域に「グループホーム」を開設しようとしたところ、地域住民の反対運動に直面し、開設場所の変更を余儀なくされた経緯が紹介されている。

第 2 章
当事者性探求の経過記録

（2006 年 2 月 10 日から 2007 年 3 月まで）

1. ルーツ探求の始め　児童養護施設まつば園とは？　創設者涌井まつ氏

　筆者が育った施設は都内にある民間児童養護施設まつば園である。

　養護施設　まつば園の創設者は涌井まつ氏（女性）である。平成 17 年（2005）11 月 28 日、某教育委員会生涯学習課文化財係発行「某区の歴史に残る 50 人」によれば、幕末の南画家渡辺崋山、養育院を創設した実業家渋沢栄一とともに選出され、肖像写真が紹介されている。

　その解説文は、「涌井まつ氏　明治～昭和の社会事業家。現在の関東近県某市に生まれ。昭和初期に産婆を開業するかたわら、引取り手のない子供たちの養護育成を行った。某年にまつば保育園を開設した。」となっている。（人物等の特定化をさけるために筆者が一部匿名化した）

創業者の涌井まつ氏

　創設者涌井まつ氏はいつも丸いめがねをかけ黒い和服で背筋をピンと張り、柔和

まつば園　旧園舎正面玄関

な表情が印象的であった。しかし、私はいたずら盛りの幼少期にあやまって廊下の「ガラス」を破ってしまったことがあった。その時は両手を縄で縛られ裏の「おじいさん小屋」に閉じ込められ厳しく叱られたことを記憶している。筆者らは園長先生を「おかあさん」と呼びその息子夫婦（副園長）を職員

23

も含めて「お兄さん・お姉さん」と呼んでいた。一種の「擬似家族」生活といえる。ちなみに私はその「お兄さんの息子＝長男」と同級生で小学生時代までは同じ学校に登校した。

　現在のまつば園は鉄筋4階建。3・4階部分が児童養護施設部分でマンション方式の本園（1・2階部分は保育所部分）と地域にグループホームを4つも開設している。　区からショートステイ、トワイライトステイ事業を委託されるなど、時代の最先端を走っているようで、われわれが生活していた約半世紀前、昭和天皇陛下の御殿を拝領した昔の建物の面影は全くない。長年の障害児教育の経験を活かした小松昭雄理事長を中核に全力をあげて児童養護の分野にも「ノーマライゼーション思想」^{注1）}や地域福祉の理念の実現に邁進している施設運営が伺われる。

注）

　1）ノーマライゼーション [normalization] 思想について

ノーマリゼーションとも発音され、その邦訳語は正常化。どのような児童、障害者であっても特別視せず、基本的には普通の人間として接していくことである。障害福祉や教育の歴史を遡ってみると、障害者は非障害者と区別して扱われ、正常でない者の生活の場として施設や特別処遇様式を発達させてきた。だがそれは障害者抜きの社会制度を強化した。しかし一般の社会とは障害者の存在があってはじめてあたりまえで、"障害者を排除する社会こそ、弱くて、もろい社会である"という国連による国際障害者年行動計画の理念からすれば、障害者の別扱いは、正常社会構築の道を踏みはずしたものだったといえる。障害者も障害という外被的属性を除けば基本的には対等の人格主体である。障害者がいかに手厚く保護されていても、それが隔離や排除思想のうえに行われていたのでは、真に障害者の人格が尊ばれていることにはならない。正常化とは、障害者の過保護や特別優遇とは違う。障害者があたりまえの人間として、ふつう一般の社会の営みのなかにふつうに参加する機会を拡大させ、障害の有無にかかわらず、人間が平等に権利と義務を分に応じて担って生きようとする対等の生活原理である。このノーマライゼーションの思想は、完全参加と平等をめざす国際障害者年の哲学でもある。（小島蓉子：仲村優一ほか編者『現代社会福祉事典』、全国社会福祉協議会、

1995年2月1日第8刷、P382L より）

大舎制による集団養護が圧倒的に多いわが国の児童養護施設にあって、まつば園のグループホーム化、地域小規模施設化、ショートステイ・トワイライト事業などの施設運営は明らかにノーマライゼーション思想と地域福祉実現の理念が読み取れる。

2. 児童養護施設　まつば園訪問　児童票検索、紛失、児童名簿のみ発見

　いよいよ「わが当事者性探求の旅」の開始だが、以下は「探求の経過記録」に基づいて時系列的に叙述し、テーマ毎に筆者による若干の<解説・所感>を記すというスタイルですすめる。なお、一部人名・地名・機関名など「個人情報に関わる部分」については匿名化などの倫理上の配慮を施した。ただし、筆者の実母の氏名は敢えて実名を使用した。

<経過記録>

2006（平成18）年

　　　　2月10日　児童養護施設まつば園理事長　小松昭雄氏へ速達便送付。

　　　　　　　　修士論文研究計画概要書、関連書類同封。訪問依頼。

　　　　2月13日　小松理事長より電話あり。「全面的に協力する」との返事。

　　　　3月10日　　まつば園理事長小松氏へ電話。訪問アポとる。

　　　　3月13日　まつば学園訪問。創設者涌井園長関連のアルバム持参。(2007年6月頃涌井園長顕彰記念会開催計画協力のため)自分自身の「育成記録」「児童票」等の情報開示請求。倉庫・書類など探索した。小松理事長も協力していただいた。しかし、施設の建替え、引越し業務等の合間に書類の保管・管理業務が不充分で、「育成記録」や「児童票」は発見出来なかった。かろうじて、隣の保育園の保管書類から「昭和39年起　児童名簿」が発見された。

　　　　　　　　その中から以下の情報を得た。

① 担当児童相談所名　東京都台東児童相談所
② 生年月日　　　　　1950（昭和25）年4月19日
③ 入所年月日　　　　1952（昭和27）年10月8日
④ 措置番号　　　　　×××　×××
⑤ 措置原因　　　　　父行方不明　母病気
⑥ 里子適性　　　　　否
⑦ 保護者　　　　　　U・I氏
⑧ 続柄　　　　　　　祖母
⑨ 職業　　　　　　　なし
⑩ 住所　　　　　　　都内某所
⑪ 本籍地　　　　　　　都内某所
⑫ 退所年月日　　　　1969（昭和44）年3月16日
⑬退所先　　　　　　　都下小平市　ブリヂストンタイヤ東京工場内北寮

＜解説・所感＞

　「当事者性」探求の始めにまず実行したのは筆者が育った施設「まつば園」訪問であった。事前に小松理事長宛てに①訪問趣旨　②修士論文研究計画書　③関連書類を速達送付。小松理事長から「全面協力」の快諾の返事を電話で即いただきながら、実際には約1ヶ月後の訪問になった。（業務多忙な小松理事長のスケジュール調整の結果）

　3月13日　涌井まつ園長（創立者）関連写真のアルバムを持参しながら施設訪問。K理事長の話では「あなたの児童票は出てこなかった。施設の引越しやら改築作業の渦中でどうやら「紛失」したらしい。とりあえず一緒に倉庫など探してみましょう。」との事で、やっと発見したのが「昭和39年起　児童名簿」であった。しかも養護施設にはなく、隣接の「まつば保育所」の奥の「書類庫」からかろうじて発見されたものだった。

　その「児童名簿」の中の情報で筆者が初めて知った情報が名簿の「太線と下線」の部分である。担当児童相談所が「都内台東児童相談所」であること、「措置番号」があったこと、「本籍地」が明記されていること、施設入所年月日を知ったこと、保護者が「祖母U氏」となっていること、措置理由が「父行方不明　母病気」で

あったことなどである。これまで、児童指導員として職業上、担当児童及びその他の「児童票」はさんざん扱ってきたが、いざ、自分自身の情報となると感慨深いものがあった。但し、「児童票」の原本そのものをみることはついに出来なかった。

　現在のまつば園には在園児としての筆者を知っている職員はいない。従ってこれ以上の個人情報は得られないことが判明した。次は本籍地を登録しているＳ区役所を訪問し改めて自分の「戸籍謄本」をとることにした。

3. 戸籍調査・本籍地訪問・初めての肉親＝Ｒ氏（従兄弟）との邂逅

＜経過記録＞　2006 年（平成 18）年

　3 月 13 日　　東京都児童相談センター　Ｋ氏へ電話（児童票の開示相談）「児童票は本人が 25 歳になった時点で廃棄処分することになっているので記録は存在しない。むしろ施設に保存されている確率が高い」とのこと。

　3 月 14 日　　東京都Ｓ児童相談所　Ｆ氏児童福祉司へ電話。「児童票開示」に関する問合せ。Ｋ氏と同様の回答。この時点で児童相談所からの情報収集はあきらめる。

　3 月 15 日　　都内Ｓ区役所　戸籍係訪問　戸籍謄本請求。足立区の原本籍地確認。

　3 月 16 日　　足立区役所　戸籍係訪問　故市川まつ（実母）の出生から死亡までの戸籍謄本請求。その後、原本籍地を探訪。幸い住居の改築中だったＲ氏（72 歳　母市川まつの兄の子、私とは従兄弟関係に当たる）と対面することが出来た。立ち話ではあったが、Ｒ氏はＲ氏の父（母まつの兄）から母まつや筆者のことを聴いていて、大変驚いた様子であった。突然の訪問趣旨を伝え、理解を得る。概略ではあったが母まつの病状や精神病院（都内練馬区関町・慈雲堂）に入院したこと、子を施設に預けたこと、施設からも指導員の先生が尋ねてきたことがあったこと、異父姉妹兄 3 人は健在、今でも文通・連絡があるとのこと。特に長女とは連絡可能なので、4 月以降面談のための機会を設けるとのことなどを約束した。

<解説・所感>

　足立区役所での戸籍調査を経て原本籍地を探訪したところ、思いがけず従兄弟のR氏に対面した。施設に「児童票」がないこと、児童相談所にも書類はないことがわかり途方にくれていた時の遭遇でとにかく驚いた。そして筆者の知らなかった母まつの情報の一部を「人づて」でも聴き得た事、「はじめての肉親」との遭遇に感慨無量であった。そしてR氏が好意的に話を聴いてくれ、再会を約束してくれたことに感謝しこの日は忘れ難い記念日となった。

4. 児童相談所への情報開示請求とその限界

<解説・所感>

　前節で示されたとおり、児童相談所での「児童票情報開示」を期待したが、信頼できる2人の現役の相談所職員が共に「現状のシステムでは、本人が25歳になった時点で廃棄処分することになっているので記録は児童相談所には存在しない。むしろ施設に保存されている確率が高い」との回答には落胆した。当事者にとっての重要な個人情報が公的機関に保存されないのは「公的責任放棄」とみなされても仕方あるまい。社会福祉法人による児童福祉施設の管理規定には「文書管理規定」があり、「永久保存」文書とそれ以外の文書があり「保存期間」の概要が示されていたはずである。「児童票」及び「児童育成記録」は「永久保存文書」の一つであるはずである。こうした「公」と「私」の格差はどのような根拠で成り立つのか疑問が残る。

5. 精神病院への情報開示請求手続きと50年以上前の「カルテ」発見

<経過記録>

　　2006年（平成18）年

　　　3月17日　練馬区関町の慈雲堂へ電話。市川まつの「カルテ情報開示」請求の申し込みをする。医療事務担当　K氏が窓口だった。所内で検討し後日返事するとのこと。（電話又は文書にて）

　　　3月22日　K氏と連絡つく。調査の結果「市川まつ」のカルテは保存

されているとの事。カルテ開示には手続きが必要。書類を郵送するので必要箇所の記入の上返送いただきたい、とのこと。病院長立会いの下で手続きを進める由。時期は 4 月中旬頃日程調整の上決めますとのこと。

　　3 月 24 日　慈雲堂病院から封書届く。「カルテ開示」に協力する由。但し、「診療情報提供料 10,500 円負担願うとのこと。①診療情報提供申込書」②委任状の 2 枚の書類。「委任状」は患者本人が書くことになっているので記入は困難。記入できる範囲で書き、控えをとる。

　　3 月 27 日　具体的な「カルテ情報開示」の希望日を示し返送した。

　　4 月 7 日　慈雲堂病院「カルテ情報開示」窓口 K 氏から封書届く。「診療情報提供回答書」に 4 月 10 日午後 3 時〜 4 時、病院内集会室にて、との指定であった。

　　4 月 8 日　K 氏より電話あり。4 月 10 日の都合を聞かれる。伺う旨返事する。その際、本人であることの証明として①免許書②戸籍謄本（市川まつとの親子関係を示したもの）を用意して欲しいとのこと。

＜解説・所感＞

　母まつが入院した精神病院　慈雲堂病院へ「カルテ」情報開示手続きを進めた。約 50 年以上も前の情報が果たして得られるのか、どのような病院だろうか？入院の経過や病死の様子など、どこまで明らかになるのか不安がよぎった。結果、「カルテ」が保存されているとの連絡が入った時は驚いた。「まさか！」「奇跡だ！」という感じである。しかし、次の瞬間は「いよいよだ！」とも思った。ここは冷静・着実に手続きを進めることにした。慈雲堂病院の窓口の K 氏は親切に対応してくれて感謝である。

6.「カルテ情報」開示の実際と母まつの入院・治療経過・臨終の様子

＜経過記録＞

2006 年（平成 18）年

　　4 月 10 日　午後 3 時過ぎ、J 病院（練馬区関町×丁目×番×号）訪問。K 氏に案内され、病棟内の部屋にて病院長からの説明を受けた。40 代に

見える若い病院長であったが、古く黄ばんだ「カルテ」一式を持参して「なにぶんにも古いカルテファイルですので判読困難な文字、表記などがありますが、読み上げながら説明をします」とのこと。

<以下聞き取り情報の要>

患者名：市川　まつ　生年月日：1912（大正元）年12月15日
注：市川まつの戸籍では生年月日が1914（大正3）年12月15日となっている。病院側の記載ミス（Ｄｒ Ｕ氏？）か入院の際、申請者（まつの兄）の誤りか？今となっては判らないとのこと。
入院日：1952（昭和27）年6月27日（大正元年生まれとしたら、39歳、以下年齢は市川まつ戸籍に従う）
病　名：精神分裂病　（現在は統合失調症）
退院日：1964（昭和39）年3月3日午前9時40分死亡（49歳）
院内病棟にて（入院歴11年9ヶ月）

<入院の経過>

1946（昭和21）年6月ころ、関東Ｔ県Ａ市から上京。夫は（関東群馬県太田市？）で1945年2月10日、空爆にて死亡。（注　市川まつ戸籍謄本によれば夫との協議離婚は1944年10月20日となっていて夫の死亡の約4ヶ月前になることが判明した。）

市川まつ本人の被害妄想や近所の物盗り、放火、ケンカ、幻視、幻聴、不眠が続く。1950（昭和25）年、2歳の子（次男Ｔ氏と思われる？）を都内の養護所（児童養護施設　東京都Ｓ学園？）に預ける。近所の物盗りなどにより警察に保護され、市川まつの兄の世話で都内慈雲堂病院に医療保護入院した。当時、まつの子どもは4人で1人は死亡（長男？）。長女（Ｋ子）16歳、長男12歳（死亡？）、次女（Ｙ子）8歳、次男2歳（Ｔ氏）の3人が現存している。

<治療の経過>

1952（昭和27）年6月28日入院。（39歳）7月27日〜電気痙攣療法継続
1958（昭和33）年2月〜イソミタール（不眠剤）、フェノバール、

ブロバリン（睡眠薬）投与。
　1959（昭和34）年8月〜9月　コントミン（精神安定剤）、ウミナール・
　　　バランス（安定剤）投与。独語、不眠、大声、暴力行為あり。
　　　てんかん発作による痙攣あり。
　1960（昭和35）年8月　痙攣発作
　1964（昭和39）年1月　陰性症状（やや膠着状態）
　1964（昭和39）年3月3日　午前8時朝食後てんかん発作。
　　　9時30分　大発作10分間。呼吸補助。
　　　9時40分　死亡。（享年49歳）
死亡診断書：1956（昭和31）年頃より痙攣性てんかん7年、精神分裂病17年間。
（精神分裂病は1947年ころからと推定される）

　6月30日　東洋大学大学院高橋重宏ゼミのメンバーで精神保健福祉
士（PSW）の資格をもち精神病院での勤務経験があり、現在（財団法人
全国精神障害者家族会連合会＝略称：全家連相談員）のI氏に母市川ま
つの精神病院入院および治療経過、精神病院の治療システム、投薬知識・
情報、臨終の様子などについての専門的視点での解説・説明の機会を依
頼した。快諾を得る。
　7月7日　　I氏から東京都内の精神病院情報や精神病に関する参考
文献数点の提供を得る。後日時間をとって「解説・説明」の機会をもつ
ことになる。
　7月20日　東洋大学内の教室にてI氏の解説の機会を得る。ポイント
は以下の通り。
①母市川まつの診断名に関すること。（精神分裂病と痙攣性てんか
　　んの併発）
②入院形態の件
③治療方法・医療体制・投薬と薬の解説
④臨終の様子
⑤カルテ情報から読み取れるJ病院の治療体制の評価
⑥その他

＜以下はＩ氏の解説の要約である＞

①診断名について

病名が「精神分裂病」とあるが、「痙攣性てんかん」を併発している。「精神分裂病」と「てんかん」との併発はよくある症例である。

「てんかん」とは「脳の通常の電気的な作用機序にちょっとした混乱が繰り返し生ずる神経状態」をいう。詳細は「てんかん協会」に問い合わせるといい。

②入院形態について

　1950 年代の東京都内精神病院の実情から当時の入院形態について考える。

　　　　（1）任意入院・・・患者自身の意思で入院すること。

　　　　（2）医療保護入院・・・1 人以上の医師が入院の必要性を認めた時、保護者が入院に同意していること。患者本人にとっては「強制入院」となってしまう。

　　　　（3）措置入院・・・2 人以上の医師の診断が認められ、自傷害の虞があり、警察などの保護に基づいた入院。患者本人にとっては「強制入院」となる。

市川まつの場合は（2）の医療保護入院と考えられる。

③「電気ショック療法」について（Ｉ氏からの紹介資料より）

全家連相談室の資料（1997 年 6 月　松戸市立病院精神科医師　古関啓二郎氏回答）によれば、「電気ショック療法」は電気けいれん療法とも呼ばれる。1938 年、イタリアの精神科医セルレッティにより創始された。最初の抗精神病薬クロルプロマジンが使用されたのが 1952 年で、当時は精神分裂病やそううつ病には適切な治療法がなかった。そこで時に劇的な治療効果を現す「電気ショック療法」が急速に世界に広まった。現在では電気ショック療法と薬物療法との比較が可能になったが当時は電気ショック療法の「乱用」もやむをえなかった。しかし、麻酔なしの「罰」としての電気ショックも行われたので一時は精神病院の非人間的療法の代表と見な

されたこともあった。

現在の電気ショック療法は次の３つの疾患に効果的であるといわれている。

(1) うつ病　特に重症のうつ病には薬物より効果的である。

(2) そう病

(3) 緊張型精神分裂病 ・・・ 無道反応を主徴とする昏迷状態
あるいは激しい興奮状態のいずれかを呈する疾患。
現在は稀な病態である。

電気ショック療法が不適切な場合は（１）神経病患者　（２）アルコール依存症である。

精神分裂病の三つの亜型　１）緊張型　２）妄想型＝中年期　３）破瓜型＝青年期
幻覚・妄想・とじこもり・意欲減退など）にも不適切である。電気ショック療法の
有用性 ・・・ １）効果の発現が薬物療法に比べて速く、劇的であること。２）麻酔医
との連携による効果が認められてきた。バルビツレート系薬剤を静脈に注謝し、麻
酔をしてから筋弛緩剤を注謝する。すると筋肉の力が失われけいれんは起こさない
し身体へのダメージが最小限になり、患者の恐怖感が著しく減少する。

電気ショック療法は通常、週３回、２週間実施し継続するかの判断をする。脳に与
える興奮─抑制過程に治療効果があるといわれている。無けいれんの電気ショック
でも、同時に脳波を記録すると、脳波上に脳細胞のはげしい興奮とそれに続く抑制
のプロセスが記録される。なぜ、この脳細胞の興奮─抑制過程が治療に有効である
のかは明確でない。

電気ショックの副作用 ・・・ １）患者の恐怖心　２）骨折　３）記憶障害がある。１）
恐怖心は麻酔で対応する。２）骨折はけいれんによるので「無けいれん療法」で対
応。しかし、時に３）記憶障害は避けられない。しかし、多くは一過性のものと言
える。治療後２週間経過後での記憶減退は殆どないといわれている。現在では電
気ショック療法の実施にはインフォームドコンセントは必至であり、より安全な無
けいれん電気ショック療法を行えばもはや怖れる必要はない。電気ショック療法は
その悪しきイメージは払拭されつつある。

「投薬・薬」について ・・・ 抗てんかん薬、抗不安薬、抗精神病薬についての説明資料を提供してもらった。出典は省略。（投薬の基礎知識程度を把握する為）

　　1）フェノバール ・・・Phenobal。抗てんかん薬。ルピアール、ワコビタールと同種。神経細胞の興奮性を抑制する。不眠症（内服）、不安緊張状態の鎮静（皮下、筋注）、強直間代発作、焦点発作、精神運動発作、自律神経発作、てんかん発作群発状態の効果がある。注射・座薬などの処方がある。

　　2）ブロバリン ・・・ 不詳

　　3）イソミタール ・・・ 不眠剤・催眠鎮静剤

　　4）コントミン ・・・Contomin（商品名）一般名：クロルプロマジンchlorpromazine　フェノチアジン系誘導体で定型抗精神病薬の代表のひとつ。幻覚・妄想・精神運動興奮に有効であるが、抗幻想・妄想作用に比べてはるかに強い鎮静作用をもつ。主に興奮の強い精神分裂病、躁病の鎮静を目的に処方する。

　　5）ウミナール ・・・ 不詳

　　6）バランス ・・・Balance（商品名）一般名：クロルジアゼポキシドchlordiazepoxide　抗不安剤ベンゾジアゼビン系化合物であり、筋弛緩作用、抗けいれん作用、二次的抑うつ作用を有し、不安、緊張、焦燥などに優れた治療効果をもつ。日本では 1961 年から臨床に用いられるようになった。神経症およびうつ病の不安、緊張、焦燥感の消失のほか、各種心気的症状、あるいは心身症（胃、十二指腸潰瘍、高血圧などの身体症状にに奏効することが多い。静穏作用が強力で即効性がある。副作用も少ない。精神科領域以外にも高血圧症、慢性疾患に伴う不定の精神症状その他にも広く使用されている。

慈雲堂病院の治療体制について ・・・1950 年代から 60 年代のわが国精神病院の治療体制から考えると、当時の「電気ショック療法」の処方やその後の薬物療法の併用への転換は常識的な範囲ではないかと思われる。詳細はカルテを分析・閲覧しなければ解らない部分が多いが・・・。（I 氏談）

④市川まつ臨終の経過・・・1964 年（昭和３９年）３月３日午前８時、朝食後てんかん発作。９時 30 分大発作 10 分間。呼吸補助。９時 40 分死亡、との臨終経過しか記録上の情報がないのだが、時間帯的には巡回看護師や緊急時の医師の対応はありえた結果と考えられるので特別な違和感はみられない。さらにこの時間帯であれば身内の方々への連絡は困難だったろうと推測される。とすれば臨終に立ち会えたのは病院スタッフのみかと思われる。（I 氏談）

⑤カルテ情報から読み取れる慈雲堂病院の治療体制の評価
　　平均的な治療体制ではないかと思われる。

⑥その他　（I 氏の解説を要約）

１）精神分裂病の症状について
症状には波がある。治療は症状を抑制することで、なくすことではない。

図 1　精神分裂病の症状の典型パターン（I 氏の解説を基に筆者が作成　2006）

　　　　　陽性症状（徘徊、暴言、乱暴、盗み、他害行為など）

　　　　　陰性症状（独語、閉じこもり、自傷行為など）

２）市川まつの生年月日について
通常入院は患者本人かその保護者または関係者の「申請」に基づいて行われる。市川まつの場合は「医療保護入院」＝「強制入院」でまつの兄が「申請」した情報によって「カルテ」が作成されたと考えられる。兄がまつの生年月日を戸籍上の生年に対して何らかの勘違いで、２年上乗せして申請したと思われる。病院では改めて患者の「戸籍上の生年を確認する作業」は通常は行わない。従って、「申請」と「戸籍上」の誤認は在り得ることである。

この場合は「戸籍上」の生年月日を採用することが正しいと思われる。（I
氏談）

3）精神分裂病＝統合失調症についての基礎知識の紹介

　WAM ネットで検索 ・・・ インターネット情報で基本文献は把握できる。
　白石弘己著『家族のための統合失調症』
　笠原嘉著（1998 初版、2005 年 13 刷）『精神病』岩波新書
以上

I 氏の協力により「精神分裂病」＝統合失調症に関する基礎知識はかなり学ぶこと
になった。しかし、5 月に面談予定だった異父姉との面談に代わる従兄弟の R 氏と
の面談調査協力が必要である。そこで改めて R 氏に手紙を書いて「面談」のお願
いを申し出た。

＜解説・所感＞
　「カルテ情報」開示とはいえ実際に病院に向かうのはかなりの緊張を伴った。ま
た精神病院内の独特の雰囲気もその緊張を加速させた。それでも予定どおり上記の
如くかなり詳細な情報を得ることが出来た。筆者は病院にカルテの写しをもらえな
いかと交渉したが断られてしまった。

　病院長の話では治療以外の「市川まつ」の生活史は身内の方に聞き取る方がわか
る筈とのこと。この後、「診療情報提供料」として 10,500 円の支払いを済ませた。
　母市川まつの入院と治療経過、及び臨終のようすがある程度わかった。病院長の
説明された「バランス」という精神安定剤は、かつて私が児童養護施設まつば学園
時代、中学 3 年生のころ、当時の指導員だった指導員に服用を勧められた薬だった。
そしてその薬は私が施設退所後、社会的孤立感や自分自身の出生の不透明感＝アイ
デンティティー・クライシスなどによって 20 歳の夏、自殺未遂に使用した因縁が
あったことを想い出させた。
　また「精神分裂病」＝今日では「統合失調症」に加えて「痙攣性てんかん」を併
発し、朝食後に「大発作」とともに死亡したことを考えると母の臨終は「苦しかっ

ただろう」と想像された。そもそも精神分裂病は何か？痙攣性てんかんとは、その治療方法は、投薬の知識などなどについて改めて学ぶ気持ちになった。

　母市川まつの臨終の様子を想像するに「11 年間の閉鎖病棟での生活は孤独の一言だっただろう。知人・家族の看取りもなく、苦しく、淋しい最期ではなかったか」と推測された。

　また、筆者の大学院のゼミ仲間で精神保健福祉士の有資格者である I 氏から精神病院情報、分裂病・てんかんなどの治療体制・薬物療法などの情報提供を受けたことは筆者にとっては大変有益であった。母まつの治療経過や当時の治療方法の実態や課題の概要を学ぶことが出来たからである。

　母市川まつの戸籍謄本や従兄弟 R 氏からの聞き取り、病院のカルテ情報、I 氏の解説などを総合して母まつの生涯を簡潔に以下の通り整理・まとめてみた。

```
┌─────────────────────────────────────────────────────────────────┐
│   母　市川まつ　の生涯                                              │
│  1914（大正3）年12月15日生まれ。父R　母Uの次女として東京都下谷区      │
│ 竜泉寺町×××番地にて出生。（五男三女の次女）まつの戸籍謄本などを基に別 │
│ 紙にて市川家（まつを中心にした家系図を作成）                         │
│  その後のまつの成長過程は不詳。（学歴、職業など。従兄弟R氏の話では既にま│
│ つの兄弟姉妹などには現存者がいないので調べようがないとのこと）        │
│                                                                   │
│  1935（昭和10）年12月6日　関東栃木県足利市にて航空機エンジニア（？） │
│ 田村善七氏と婚姻。（20歳）　結婚の経緯の詳細は不明だが、戦後の生活苦と自│
│ らの発病の為、子ども達を養育できず、次々と手放すことになった。        │
│  長女K子＝1936年生まれ、11歳で他家に「子守り」に出された？）長男（1940│
│ 年生まれ、詳細不詳）、次男T氏＝1948年生まれ、2歳時　都内N区の養護所  │
│ に預けられた。）、次女Y子＝1944年生まれ、8歳時には他の施設へ預けられた。│
│ 施設名は不明である。）各生年と年齢は1952（昭和27）年6月27日　市川ま  │
│ つが慈雲堂病院に入院した時の病院カルテ情報による）                   │
│  1950年4月19日には父親不詳の太郎（筆者）を産んだ。結果、まつは田村   │
│ 氏との間に長女K子、長男（不詳＝早逝？）、次女Y子、次男T氏の4人の子を │
│ 産み、その後に父不詳の筆者を産んだ。従って、合計5人の子を産んでいること│
│ になる。（戸籍上の記載に従う）                                      │
│                                                                   │
│  1944（昭和19）年10月20日、田村氏と協議離婚。（まつ　29歳）離婚の理 │
│ 由は不明。戦時空襲で元夫T氏は関東群馬県太田市の中島飛行場の工場勤務中空│
│ 爆死した。（まつ入院先の慈雲堂病院カルテによれば、夫田村氏の死亡は離婚し│
│ て約4ヵ月後の1945（昭和20）年2月10日となっている。）               │
│  田村氏との「離婚」直後の生活の様子は不詳。1946（昭和21）年6月ころ関 │
│ 東栃木県太田市から東京都足立区（実家）に上京。戦後の混乱と4人の子育て、│
│ 元夫田村氏の空襲死などの要因から1947（昭和22）年ころから精神に異常を来│
│ たし、暴言、乱暴、徘徊など近所迷惑が昂じて来た。ある時徘徊の末、国道4号 │
│ 線の高架下にうずくまっていた状態で発見され警察に保護され連れ戻されたこと│
│ もあった。（従兄弟R氏談）                                          │
│  そのうち父親不詳の子＝筆者を妊娠した。1950（昭和25）年4月19日　筆  │
│ 者を出産（まつ35歳）。主に祖父母が養育した。まつは病状が悪化し、まつの  │
│ 兄の世話で都内の精神病院に入院。病院のカルテによれば入院日は1952（昭和 │
│ 27）年6月27日となっている。（37歳、年齢は戸籍による）               │
│                                                                   │
│  まつの入院約4ヵ月後の1952（昭和27）年10月8日、祖母のUが2歳の    │
│ 太郎を背中におぶって、都内の養護施設まつば園に預けた。               │
│  1964（昭和39）年3月3日午前9時40分、まつ病死。（49歳）            │
│ 死亡診断名：精神分裂病・痙攣性てんかん発作併発。                     │
│                                                        以上        │
└─────────────────────────────────────────────────────────────────┘
```

　その後、まつば園の男性職員が市川家の実家を訪ねてきて「太郎が中学校を終えた」との報告に来られたという話を父（母まつの兄）から聞いているとのこと。（従兄

弟R氏の話）

　R氏の話では、異父姉兄3人は健在である。長女との連絡はとれるとのこと。母まつの情報をもっていると思われる。4月中下旬ころ、R氏、K子の3人で面談できるよう調整することになった。R氏は定年退職後、現在は年金生活だがあるボランティア活動に従事しているとのこと。3月中に自宅が改築される由。再度改めて再会を約す。

　今後は4月中旬以降に予定されている異父姉K氏とR氏との面談によって更なる事実の解明に向かうことになる。

7. 異父義姉から母まつの写真と交流拒絶の手紙
セピア色の花嫁姿の母に会えた！

　経過記録をややさかのぼって従兄弟R氏と異父姉K子さんとのやりとりに注目する。

＜経過記録＞2006年（平成18）年

　　　4月18日　R氏へ電話。4月中旬になったので「面談」の日程を相談したいと申し出る。その際、まつに関するどんな手掛かりでもいいので教えて欲しい（例えば生前の写真など）と依頼した。

　　　4月22日（土）又は23日（日）のどちらかを希望する旨伝える。K子さんの都合を確認して連絡しますとのこと。

　　　4月21日　R氏と電話でつながる。22日、23日共にK子さんの都合が悪いとのこと。ゴールデンウィーク後での調整となる。

　　　5月4日　R氏より電話。5月13日午後2時待ち合わせの約束となる。K子さんが多忙でその日しか時間がとれないとのこと。また、母市川まつの写真はないとのこと。母まつが病院に入院後、交渉はなかったので全くわからないとのこと。

　　　5月9日　早朝午前6時、R氏から電話。5月13日はK子さんの都合がつかなくなった。手紙と写真を預かっている。5月13日は面談をとりやめますか？と聞かれたので「RさんとK子さんの手紙・写真をご

持参の上で予定通りお目にかかりましょう」と返事した。（しかし、その後筆者の都合がつかなくなった）

午後12時半すぎ、R氏へ電話。やはり13日はキャンセルしたい旨申し出る。（筆者の大学院の授業と重なっていた。）K子さんの手紙と写真を自宅に送って欲しいと依頼した。R氏は了解した。

　5月11日　R氏からK子さんの手紙と母市川まつの結婚式の写真（左半分は切断されていた）が同封された封書が届く。

異父姉K子さん（70歳）の文面は「母のことを語ることは酷なことで、会って話すことはとうてい無理な事で・・・。」と綴られていた。「弟も妹も親の顔も知らず、施設に入れられ、自分は他人の所に行き、11歳で子守りをして働いた・・・。」

　「（母は）頭も気も変になっている人、・・・（あなたは）他人の子供、とうてい身内と認められない。弟妹も同じ事と思う。3人姉弟妹で過去の事を忘れ仲良くやって、前を向いて行きたいので、これっきりにして下さい・・・」と会うことも拒絶する内容だった。

【セピア色の花嫁姿の母】

　思わぬことから読売新聞の取材に応じることになった。これが社会的マイノリティーである施設生活経験者への「当事者理解」の一助になって欲しいし、このような依頼は筆者の社会的役割・使命として期待されている結果なのだろうと受け止めることにした。とにかく当事者からの「発信」がない限りその「存在」は忘れられるか、誤解と偏見のままであるのが社会の現実なのである。

　それにしても「個人情報」の流失による関係者への配慮を最大限に留意しながらも、「真実報道の意義」が読者からの反応によれば概ね肯定的であったこと、R氏の理解と寛容があり救われた思いがした。

市川まつ　結婚式（20歳

　改めて母まつの花嫁衣裳の写真を眺めながら、「あなたの子に生まれた」からこそ「筆者の人生が始まった」という事実を見つめようと思った。

<解説・所感>
　4月中下旬以降、従兄弟R氏を仲立ちに、異父姉を交えた面談の機会を伺ったが結局面談は叶わなかった。どうやら長女のK子さんが筆者との面会を拒否していることが判明した。その代わり、母まつの結婚式の写真と手紙が同封されてきた。しかしその写真は相手の男性の姿は切り離されていた。これはどういう意味であろうか？長女K子さんにとって筆者は「他人の子」でしかない。面談する意味はない、筆者を「他人の子供」とし、「とうてい身内とは認められない。」との強烈な否定的心情であった。その意味するところは「母親らしいことをしてくれなかった」母まつへの怨み、と「父親の違う筆者がいまさら身内と名乗られても拒否感が優先してしまう」ことだろうと推測する。覚悟はしていたとはいえルーツ探求の道は平坦ではないということだ。それでも「写真」と手紙を送ってくれたことには感謝するしかあるまい、と感じた。写真はセピア色にくすんでいて、おそらく1935年（昭和10）年12月6日の結婚式だろう。当時、母まつは、もうすぐ21歳になる直前の20歳最後の娘盛り。白無垢・島田結の髪型姿であった。筆者にとっては生まれて初めてみる「母」の顔と姿である。なんどもなんども繰り返し見つめ、眺めた。「たしかに似ている。眼と鼻と口元は・・・」と妻は言った。筆者もそう思う。しかし、なんともいえないこそばゆい心地がした。
　長年の疑問であった「自分はどこからきたのか」についての手応えの一つがここにあった。写真を眺めながら「この人が筆者を産まなければ筆者の人生はなかった」のであると感じた。

8. 従兄弟R氏からの聞き取り調査　「家系図」と「自分史年表」作成

<経過記録>
　大学院のゼミ仲間のI氏の協力により「精神分裂病」＝統合失調症に関する基礎理解はかなり進むことが出来た。しかし、5月に面談予定だった異父姉K子さんとの面談は実現しなかった。これに代わるR氏との面談協力がさらに必要になった。

そこで改めてR氏に手紙を書いて「面談」願いを申し出てみることにした。

2006年

　　8月13日　今年（2006）5月以来、音信の途絶えていたR氏に再度面談の希望と故市川まつの「写真」を返送する手紙を執筆。「まつ」に関する11項目にわたる「質問項目」を挿入した。8月中の面談を目指す。

　　8月26日　　R氏へ電話。手紙を読んだかどうかの確認。「手紙は読んだ。これから返事を書こうと思っていたところだ」とのこと。なんとか「お目にかかって話を伺いたい！」と申し出る。その結果8月28日午後1時、面談することを了解してもらった。

　　8月28日　　都内A区役所にてR氏と面談。（午後1時から3時30分）以下は質問項目に対するR氏の回答の要約である。

質問①
故市川まつの生年月日が慈雲堂病院のカルテでは1912（大正元）年12月15日となっている。戸籍上の生年月日は1914（大正3）年12月15日であり2年の差異が生じている点について

回答：戸籍上の生年月日が正しいと思う。おそらく入院を世話したまつの兄の勘違いだろう。戦前、戦中時はよく「出生届け」が遅れることがあり、実際の生年月日と届け出上の時期がずれることがあった。しかし、この場合は2年も早まっているのは「勘違い」としか思えない。

質問②
1935（昭和10）年12月6日関東栃木県太田市にて田村氏と婚姻。（戸籍上の年齢で20歳）田村氏との間に生まれた子どもたちについて

回答：長女K子さんはおそらく小学校も卒業せずに他家へ「子守り」に出されたと思われる。「自分は学校にも行かせてもらえなかった！」と嘆いていて母親らしいことをしてもらえなかったので母まつを恨んでいる。現在はKの姓になっている。

長男は早くに亡くなったようで詳細不明。

二女のＹ子さんは二男のＴさんとは違う施設に預けられたとのこと。現在結婚していて姓は変更されている。旦那さんは関東Ｋ県Ｈ市で「Ｈ製作所」に勤めているはず。預けられた「施設」については不明。

二男Ｙさんは会社に勤務していてもうすぐ「定年」になる頃と思う。やはり預けられた「施設」は不明。

質問③

1944（昭和 19）年 10 月 20 日　母まつはＴ氏と協議離婚（まつ 29 歳）している。　その経緯はとその後の生活は？

回答：まつと田村氏との結婚は恐らく見合いだろうと思われる。どのような出会いや生活であったかについては今では全く分らない。（当時を知る関係者は皆亡くなっているから・・・）但し、田村さんとは上京してきた時に会ったことがある。離婚（1944 年 10 月）前後の頃の話だろう。（Ｒ氏 10 歳ころ？）大柄でしっかりした人の印象だった。エンジニア（航空技師？）だったろうと思われる。そういえば異父兄のＴさんやあなたとどこか「面影」があるように思う。「離婚」後の生活の様子は全く不明。

質問④

1945（昭和 20）年 2 月 10 日、田村善七氏が群馬県太田市の中島飛行場工場にて勤務中空襲爆死（まつ 30 歳）した。この戦災がまつの生活に与えた影響は？

回答：田村善七氏が空爆死する約 4 ヶ月前（1944 年 10 月 20 日）に「離婚」しているので詳細は不明。離婚後の「子どもたち」の養育や「生活」の実際は全く不明である。（慈雲堂病院のカルテ情報によれば、まつの上京が「1945 年 6 月ころ」となっていることから「離婚」後約 3 年間は足利市にて生活していたと思われる。しかし、その前後から「発病」の可能性があり、「離婚」の原因も「病気」との関りが考えられる。

質問⑤

1946（昭和21）年6月頃、カルテによれば上京しているがどのような
生活だったのでしょうか？

回答：「離婚」やその後元夫の「空爆死」、戦後の混乱などから「精神に異常」
をきたし「被害妄想・近所の物盗り、放火、ケンカ、幻視、幻聴、不眠
が続いた。3人の子どもも次々と「施設」その他に預けた。そのうち「父
親不詳」の「子」＝筆者を妊娠し、主に祖父母が養育した。ある時は近
所徘徊の末、国道4号線の高架下（梅島陸橋）にてうずくまっていたと
ころを警察に保護され連れ戻されたこともあった。
1952年6月27日、近所の物盗りにより警察に保護され、まつの兄の
世話で都内の精神病院に「医療保護入院」となった。

質問⑥

1952（昭和27）年10月8日　祖母Uが2歳の筆者をおぶって都内の
養護施設まつば園に預けた。祖母Uや祖父、まつの兄姉妹たちはどのよ
うな人たちだったのでしょうか？

回答：（R氏の回答と市川まつの戸籍謄本などの情報を総合整理した）祖
母Uは関東群馬県高崎市方面の出身で今でも親戚が大勢いる。R氏も幼
い頃高崎　市で過ごしたことがある。子だくさん（五男三女）だった上、
祖父が頑固一徹で金銭などの経済をがっちり握っていたので生活のやり
くりは大変だったろうと思われる。その上、娘のまつが「精神病院」入
院となり苦労が絶えなかったと思われる。祖父が亡くなった後（1951
年75歳）は少し肩の荷が下りたのかもしれない。（祖母Uは1957年
77歳で死亡）祖父は軍属に所属。銃剣や軍隊用具に「菊の紋」等を掘り
込む「金具職人」だった。サザエさんに登場する「波平」のような「頑
固親父」で丸い頭でめがねをかけていた。戦後は「恩給」をしっかり受
け取り、経済的には豊かだったが家庭の財政をがっちり握っていて祖母

のＵは苦労していたと思われる。

長男（まつの兄）は、市川家の長男としての立場と役割を懸命に務めたようだ。父と母の葬儀を司り、妹のまつの入院の世話などを務めた。電力会社に勤めていた。（Ｒ氏は母まつの兄・Ｒ氏にとっては父から叔母のまつの入院のことや父不詳の筆者を「施設」に預けたことを聞いていた。筆者が施設に預けられる前の様子も覚えていて「頭が大きい子」のイメージがあったとのこと。

二男は郵政業務に就きＳ区在住のころＡ区へ「分家」した。その後各地を転勤した。最後はＳ県のＨ市で亡くなった。兄の妻同士が不仲で両家はよくケンカしていた。

三男は 1932 年 7 月　Ａ区Ａ町）の用水路にて「事故水死」した。（享年 20 歳）

四男は 1935 年 10 月　Ｈ区Ｆ町にて工場の「火事による焼死」。（享年 18 歳）

五男は軍隊の招集で北支那へ。その後内地に戻り最後は関東Ｔ県Ｋ市に住んだ。Ｒ氏はＫ市からハガキをもらったことがあるという。また、ときおり遊びに行ったこともあったとのこと。既に物故している。

三女はまつの妹。郵政業務に就いたが 1944 年 1 月　糖尿病（？）にて死亡した。（享年 22 歳）

質問⑦
市川まつの墓はあるのでしょうか？

回答：一時は市川家に埋葬されたが、二男のＴ氏が「市川家」から抜き出し、

関東Ｔ県Ａ市に埋葬しなおしたようだ。詳細は不明。Ｒ氏が母まつの長女Ｋ子さんやＴ氏に詳細を聞いてみてくれることになった。

　　以上のように、市川まつに関する調査は、一段落した。これらの聞き取り調査や戸籍、カルテ情報などを綜合し①市川まつと自分自身を中心とした「家系図」と②まつの出生から現代までの「自分史年表」を作成することにした。（関係資料参照）

＜解説・所感＞

　約２時間30分に及ぶ聞き取り調査と戸籍調査によって母市川まつを中心にしたジェノグラム（家族関係図）＝家系図（別添関係資料（１）参照）を作成することが出来た。母まつは８人兄姉弟妹の次女だが戸籍上の長女は詳細不明である。家系図には記載不能だった。2007年現在、母まつの年代の姉妹兄弟は全て故人であり、従兄弟のＲ氏の記憶に頼らざるを得ないのが実情であった。幸いＲ氏の記憶はしっかりしていて戸籍ではわからない関係者の消息や性格・人生航路などが聴けて貴重な証言と感じた。

　特に叔父や祖父の人となりには新鮮な驚きと感動があった。祖父の日本軍属の工芸職人として頑固・実直に生きた生きざまやそれに付き従う祖

　母の苦労が偲ばれた。また、妹まつの入院の世話や病死後の後始末などを市川家の長男の責任として真っ当に担った長男Ｔ氏（従兄弟Ｒ氏の父）の支えは大きかっただろうと推測される。

　ただ、母まつの病死を誰が筆者が生活していた施設にどのように伝えたのかは今となっては不明である。本書第２部で母まつの病死を知らされる経緯を詳述することになる。

　この時期（筆者は中学生の時期）の筆者の心理的動揺と受け止めは重要なテーマであろう。

　また家系図作成と同時に母まつの生涯と筆者自身の自分史、児童養護史、一般社会史を系列筆記した「自分史年表」（1914年〜2007年までの約93年間）を作成した。（別添関係資料（２）参照）　これにより母、筆者、児童養護史、一般社会史の流れを俯瞰できる。

9. 読売新聞の取材を受ける。新年連載特集　あなたの子に生まれて

　家系図や自分史年表を作成し、その後は母まつの墓参が実現可能かどうか等の課題を抱えながら、待てど暮らせど R 氏からなんの連絡もないまま、3 ヶ月近くが経過し、2006 年 11 月を過ぎてしまった。そんなある日、筆者の知人（都内某児童相談所長）の推薦で読売新聞の取材を受けることになった。正月明けの特集記事に親と子の関係を見つめるシリーズを連載する企画である。特に施設生活経験者の方が望ましい、との事で筆者が推薦された。

　多少のためらいがあったが、依頼の知人との関係から引き受けることにした。その経緯は以下の通りである。

　　　12 月 28 日　かねてより都内某児童相談所長の外川達也氏からの推薦で読売新聞の新年連載企画「あなたの子に生まれて」への取材に応じる。（田中健一郎記者と東洋大学にて 5 時間半に渉る取材）

　　　12 月 30 日　第 2 回目の取材。カメラ取材を含む。東洋大学内と上野アメ横にての撮影を実施。取材の過程で母市川まつの写真を掲載したいとの要望があり、事前に従兄弟の R 氏の了解の必要が出てきた。

2007 年

　　　1 月 9 日　R 氏へ電話。年賀状のお礼を兼ねて読売新聞の取材の件の了解を得る。まつの写真に関しても「異父姉の K 子は他県に住んでいるので掲載新聞は読めないだろうし、悪いことをしている訳ではないから、写真を使うことはいいんじゃないの」とのアドバイスだった。これを受けて夜 10 時半過ぎ田中健一郎記者が東洋大学まで出向いて来て原稿の最終チェックを行った。当初田中記者の取材姿勢に問題を感じた筆者との間に多少のトラブルが発生したこともあったが、よく話し合った結果相互理解と信頼関係を回復し、その後は概ね丁寧な取材姿勢となった。

　　　1 月 10 日　読売新聞の都内版の「あなたの子に生まれて」シリーズ全 10 回のうちの第 7 回目として掲載された。（別添）

1月13日　新聞記事を切り抜き、妻にも読んでもらった。「なぜ山田さんという仮名にしたの？」とひとこと。「まだ、修士論文の執筆中で、実名を出す時期とは思えないので、自分から仮名を申し出た。ネーミングが新聞社に任せた。」と説明した。息子の基義に読んでもらう勇気がまだない。

　1月18日　友人知人から「記事を読んだ。よい記事で感動した。多くの人に読んでもらいたい！」などのメールや電話が届いていたので、読売新聞の田中健一郎記者宛てに、記事への「反響」とまとめたものをメール添付した。田中記者から即お礼の返事がきて、「R氏の反応が気になる」とのコメントがあった。私も同感である。

　1月20日　R氏から新聞記事の感想・反応がないので、当方から電話する。すると「新聞を買いそびれて、まだ読んでいない」とのこと。新聞の切り抜き記事を郵送することにする。そして、母まつの「墓参」については、1月30日午後の約束で待ち合せ。都内→雑司ヶ谷墓地に歩いていくことになった。「いよいよ」である。

＜解説・所見＞
　思わぬことから読売新聞の取材に応じることになった。これが社会的マイノリティーである施設生活経験者への「当事者理解」の一助になって欲しいし、このような依頼は筆者の社会的役割・使命として期待されている結果なのだろうと受け止めることにした。とにかく当事者からの「発信」がない限りその「存在」は忘れられるか、誤解と偏見のままであるのが社会の現実なのである。
　それにしても「個人情報」の流失による関係者への配慮を最大限に留意しながらも、「真実報道の意義」が読者からの反応によれば概ね肯定的であったこと、R氏の理解と寛容があり救われた思いがした。
　改めて母まつの花嫁衣裳の写真を眺めながら、「あなたの子に生まれた」からこそ「筆者の人生が始まった」という事実を見つめようと思った。

読売新聞記事（2007年1月10日）とその反響の一部

　読売新聞　2007年1月10日　連載記事　『あなたの子にうまれて』の反響　　　　　　　　（2007年1月17日現在）
　＜メール＞
　　①市川先生へ
　市川先生が取り上げられた読売新聞を拝読し、思わず涙が溢れました。先生には不満な点もおありかもしれませんが、いい文章だと思います。特に先生がご自身の家族を作られたとき、写真を肌身離さずお持ちだったこと自殺した子への無念さのところでグッときました。おおくの人に読んでもらいたいと感じます．
　　東洋大学4年　児童養護における当事者参加推進グループ「日向ぼっこ」主宰　　代表　廣瀬さゆり　より
　注：「日向ぼっこ」とは筆者が東洋大学学生で児童養護施設生活経験者＝当事者たちとその支援者と始めた「児童養護の当事者参加推進団体」である。筆者は「顧問」の立場で共に活動を支援している。
　　②市川　太郎様
　お元気ですか。読売新聞の記事を読みました。とても迫力のある内容で、ひとりでも多くの人に読んでもらいたいと思います。とくに、記事の最後に引用されている市川さんの言葉「生んでくれなければ何一つ始まらなかった」には圧倒されます。養護施設の当事者だけでなく、辛い思いでこの世を生きている若者を励ます言葉だと思います。生と死のあいだで迷っているひとを救う力を感じます。
　『子どもの社会的養護』は市川さんの執筆された第12章が出色のものに思います。考えて考え抜いた市川さんの想いが胸に迫ります。修士論文でお忙しいとは思いますが、これからもどしどし社会的発言をしてください。では、またお目にかかるのを楽しみにしています。　今井博（大学講師、「日向ぼっこ」メンバー）

＜電話＞

③読売新聞読みました。すぐに市川さんのことだ！とわかりました。とても感動しました。近いうちに是非お目にかかりたいと思います。私にも何か出来ることがあれば是非お手伝いをしたい！

　　Ｓ氏（元児童養護施設指導員、現在、政治家秘書・2007年1月10日午前11時30分）

④読売新聞拝見しました。とてもいい記事だと思います。お忙しかったのに取材に協力していただいてありがとうございました。私も勉強させられました。本当にありがとうございました。私の職場に是非おいで下さい。

　　外川氏（都内某児童相談所所長＝今回の取材について私を推薦した人2007年1月10日　午後4時）

＜読後感＞

⑤なるほど・・・。でもなぜ仮名で掲載されたのですか？（自分から申し出たから・・・と回答した。）

　　　　私の妻（2007年1月15日　新聞の切り抜きを見ながら・・・。）

　　　　　　　　　　　　　　　　　　　　　　　　　　　　以上

10. 亡き母市川まつの墓参を実施　　半世紀を経ての感慨

　読売新聞取材に前後して「当事者性」探求は継続していた。8月28日のＲ氏からの聞き取り調査から3ヶ月近く経過した11月過ぎ、筆者が育ったＭ学園時代の旧職員の方から一枚のハガキが届き、そこから更に①元職員方からの情報提供（母まつの病死にからむことなど）②戸籍・家系図から読み取れる事実探求　③母まつの墓参にいたる経過などが展開された。

＜経過記録＞

2006 年

11 月 2 日　　元まつば園保母の吉野氏（旧姓小林）先生からハガキが届いた。内容は、元まつば園の職員同士＝田中先生、新井先生らと銀座を歩いたとのこと。その際、田中先生が「太郎さんに手紙を出さねば・・・」といっていたとのことである。筆者も田中先生と音信不通状態であったこともあり、後日こちらから手紙を差し上げなければならないと思っていた。

11 月 26 日　　まつば園の I 指導員より、かねてからの「卒園生 S 君の件の相談」（まつば園時代の小三の時、突然、知的障害児施設＝当時は「精神薄弱児施設」へ施設変更された理由を聞きたい！）への対応やまつば園小松理事長から「創立記念行事や創立者涌井まつ氏顕彰行事」の手伝い、またまつば園の第三者評価委員への就任依頼の件などの要請を受けていたこともあり、午後 12 時過ぎに訪問。今後の計画、段取りについて情報交換をした。この時、まつば園現職の施設長 I 氏とも初めてお目にかかった。K 理事長からは、「来年秋頃に創立記念行事や創立者 W 氏顕彰行事を計画していること、記念誌の編集協力委員をお願いしたい、また第三者委員の正式な活動は年度末になるとのこと、卒園生 S 君など卒園生対応なども改めて協力を願いたいとのこと。K 理事長には「修士論文」の進捗状況を報告し、引き続き相互に連携協力を確認しあった。

11 月 27 日　　元まつば園職員田中先生に手紙と修士論文関係資料を送付する。また、情報収集のためのインタビューの依頼もお願いした。あわせて元職員の K 先生にも返信のハガキを送った。

12 月 12 日　　田中先生より返事の封書が届く。小林先生からの話によれば「まつば園の杉本先生は太郎さんのお母さんが病院で亡くなった後、一緒にその病院を訪ねたそうで詳しい話は 12 月 16 日に再会したときにと約束する。

12月16日　田中＆小林両先生と会食、談話久しぶりの再会で話題沸騰、談論風発で話が尽きなかった。

　　インタビューのポイントは①自分史年表から読み取れる私自身の施設入所理由の説明、伝え方などを杉本先生や職員サイドでどのような話し合いがあったのか？　②杉本先生の経歴確認などである。

田中先生及び小林先生の話では①に関して、田中先生は主に女子を担当していて杉本先生からの特段の相談はなかった。子どもの家族調整やケースワーク・アフターケアなどに関して、当時は指導員の仕事で、杉本先生が一手に引き受けていた。小林先生は、「母まつの臨終の悲惨さは太郎にはとても話が出来ない！」と杉本先生が小林先生に漏らしていたとのこと。
2006 年
　　12月21日　田中先生から手紙拝受。16日の話し合いの捕捉である。①自分史年表・家系図などの感想があった。②杉本先生については大正9年（1920）3月生まれと判明。
　　12月23日　速達便にて田中先生に返信。保育士養成テキスト『子どもの社会的養護―出会いと希望のかけはし』建帛社（けんぱくしゃ）刊を同封。（筆者が第12章分担執筆「当事者から見た日本の社会的養護」、修士論文のテーマに関わる内容である）
　　12月24日　R氏へ手紙とテキスト『子どもの社会的養護』を同封。4項目ほどの質問項目を示す。
　　12月27日　午前8時45分ころR氏から携帯電話。筆者が関東T県へ出張する直前のタイミングであった。携帯電話でのやや聞き取りにくい状況の中で、以下の質問への回答があった。（敬称略）

質問①次男T氏に関する質問。家系図の訂正に関わる内容である）
回答：家系図の変更は必要ない。

質問②次女 Y 子さんに関する質問。（家系図に関わる内容）
回答：家系図の訂正は必要ない。

質問③まつの墓はどうなっているか？
回答：以前、まつの墓は T 氏が市川家から抜いた、とのことだったが誤りで、実は都内雑司ヶ谷墓地の市川家に埋葬してある。正月明けでも一緒に墓参に行こう。

質問④ K 子さんへの「手紙や写真送付に対する」礼状や連絡は如何か？
回答：K 子への礼状はまだやめた方がいい。時間をかけて仲介する。
以上

　　　　1 月 30 日　午後 2 時 R 氏と待ち合わせ。　　R 氏に読売新聞記事の感想を尋ねると「いいんじゃない！あれなら読んだ人が誰のことを書いているのかは判らないんじゃないの。心配することはないよ。」と言う。「K子さんが読んだらどうでしょうか？」「読むわけないよ。知らないもの。それに読んだとしても大丈夫だよ。別に困るようなことは書いていないから。心配することはないよ。」と言ってくれた。歩いて雑司ヶ谷墓地に向かう。墓地内の花屋で花を購入し、R 氏の案内で「市川家」の墓前に到着（墓地番号は第×種×号×側）。「市川家」と刻まれた 2 つの石塔があり、R 氏の話では「まつの遺骨がどちらに埋葬されているのかは判らない。いまさら墓を掘り出すわけにもいかない。まぁ、どちらかに眠っているのだからいいんじゃないの。」という。墓地の裏に箒とちりとりがあり、R 氏が清掃を始め、私が手伝うという手順となった。持参した花を活け、参拝し記念写真を撮らせてもらった。手を合わせながら「とうとう市川まつ＝母の墓参を実現させることが出来た。」感無量の想いが湧き上がってきた。R 氏は淡々としていてなんだかあっけないような、肩透かしを食らったような気がした。

記録によれば 1952 年 6 月 27 日、母まつ 38 歳の時に慈雲堂病院に「医療保護入院」

となった。私は当時2歳での訣別であった。以来およそ54年ぶりの「墓地での再会」ということになる。

「これで一つのけじめがついた！」というのが第一に思ったことだ。なんとなく見えない肩の荷を下ろしたような感じだった。少なくとも長年疑問を抱えていた「自分はどこから来てどこへ行くのか、自分は何者か？」というテーマの「どこからきた？」の部分に関する手がかりを得たことになった。

その後近くの喫茶店でコーヒーを飲みながら談話した。R氏は「夕方に会合の予定がある」とのことで、「陽気がよくなったらうちに遊びに来てもいいよ！」と言い、あっさりと別れた。私はいつも胸のポケットの手帳にはさんである母まつの若き結婚写真を改めて凝視し「あなたの人生は一体どのようなものであったのでしょうか？」と問いかけてみた。
まだまだ真相は霧の中だった。
それにしても「あなたが私を産んでくれなければ何も始まらなかった！」と自分に言い聞かせていた。R氏の話では母まつの成長過程を知る者は既にこの世にはいない。いまさら確かめるすべもないとのことである。近い将来、異父姉妹兄であるK子、Y子、T氏との面会が叶えば、もう少し母まつに関する情報が得られるかも知れないと、かすかな望みを抱くのみであった。

＜解説・所見＞
　元職員との交流を通して筆者の知られざる「当事者性」に関する情報を得ること。その結果筆者もうすうす疑問に感じていた「家系図」及び母まつの離婚前後の出生に絡む「親子関係の事実」については、従兄弟のR氏の「家系図どおり修正の必要なし！」との判断を優先せざるを得なかった。（直接K子さんや次女Y子さんや次男T氏に会わなければ真相は解明されない。今回はそこまでの解明の余裕はない。今後の課題とするしかなかった。）

　また母まつの臨終の様子に関して直接病院を訪問して確認した杉本指導員の「太郎にはとうてい話せない！」という言葉の重さを改めて感じる事になった。おそら

く、孤独と苦痛の中でのさびしい最期だったのだろうと想像する。

　それらのやや不透明感や「事実の重さ」を引きずりながらも、およそ半世紀を経ての雑司ヶ谷墓地にてようやく母まつの墓参に漕ぎ付けた感慨は深いものがあった。母まつの魂に「安らかなれ！」と静かに祈った。

母まつが眠る市川家の墓

（雑司ヶ谷墓地）

第3章
当事者性探求への旅　まとめ

1. ルーツ調査からわかったこと

　2006年3月から2007年3月まで、ほぼ1年間の「わが当事者性探求の旅」は母まつの墓参の実現で一段落した。今回のルーツ調査のテーマは「自分はどこから来てどこへ行くのか、自分は何者か？」を掲げた旅であった。どうやら掲げたテーマのうちの「どこから来たのか」の部分に関する不透明だったベールが僅かながら「はがれかけた」ように思う。

　この間、施設訪問、児童票不明・児童名簿発見、本籍地訪問、従兄弟との邂逅、聞き取り調査、異父姉兄の存在、異父姉からの拒否的手紙、母まつの花嫁衣裳のセピア色写真との邂逅、家系図・自分史年表の作成、母まつの入院先でのカルテ情報開示、入院から臨終の様子・治療経過などの把握、母まつの墓参と続き、ようやく旅の一里塚に辿り着いたような気がする。

　これらのルーツ調査を綜合して、この段階での「まとめ」としてわかったことを以下の通り箇条書きにして整理してみた。

①自分はどこから来たのか？即ちルーツの真相だが、戦後の混乱期の中で生活困難さを抱えつつ精神を病んだ一人の女性が放浪・徘徊の果てに父不詳の子を妊娠。産んだものの症状が悪化して育てきれず、精神病院へ医療保護入院となった。その後祖母が施設に子を預けた。子は2歳になっていた。これが筆者のルーツである。これらの背景には戦争が庶民に刻み込んだ癒し難い傷跡を垣間見ることが出来る。

②またルーツ調査のもう一つのテーマである「自分は何者か？」に関する手がかりの一部を得ることが出来た。少なくとも2歳6か月に達するまでは祖父母の下で育てられたことは間違いない。戦後の混乱した世相と生活苦の中でもとりあえず乳児期には貧しくともそれなりの家庭生活があったことが窺い知れる。

③戸籍調査から父方に関する情報は全く得られないことが判明した。母まつの生涯は軍属の工芸職人の父と母の下で 8 人兄弟姉妹の次女として出生。20 歳という若さで航空技師と結婚（おそらく見合い結婚と思われる）し、私を含めると 5 人の子を出産したが、離婚後とはいえ元夫は空爆で死別。戦争の後遺症と生活苦が襲いかかったのであろう。次第に精神の病に犯されていった。その結果医療保護入院となり約 12 年後、精神分裂病（今日では統合失調症）と痙攣性てんかんを併発し病死した。49 年の生涯だった。その生涯を社会史の視点で見れば、太平洋戦争に向う激動の昭和前期に青春期をすごして結婚し、戦局悪化・敗戦の過程で元夫の空爆死に遭遇したこと、戦後の復興とは反対に病に犯され最期は精神病院で病死したことなどから歴史に翻弄される一人の庶民の悲哀とその癒されぬ傷跡は子の世代にまで引き継がれてきた事実の重さがある。戦後の養護施設の始まりが戦災孤児収容施設にあったことも象徴的事実である。

④病院のカルテ情報開示による情報収集は新鮮な発見があった。またこのカルテ情報開示をきっかけに当時の精神病院の治療過程や治療方法の実態・投薬の基礎知識、臨終の様子を知ることが出来た。

⑤母まつの兄の子（筆者にとっては従兄弟に当る）R 氏が 70 歳を越える高齢ながら健在であり、今回のルーツ確認に関する重要な情報提供者であった。この出会いによって「家系図」や「自分史年表」の作成が可能になった。更に氏のお蔭で母まつの墓参にまで辿り着くことが出来たのである。感謝の思いは深い。

⑥この調査で異父姉兄の存在を知った。しかし面会には至らず、拒否的な手紙に接し、事情の複雑さと半世紀を過ぎた現在でも引きずっている生い立ちの苦しみの一端を知った。それでも半分に切断された母の写真を送ってくれたことは揺れ動く心情を表しているように思われた。

⑦母まつの唯一の写真と出会い、ルーツ調査の大きな成果の一つであった。セピア

色にくすんだその花嫁衣裳姿は、病に犯されていない母の姿であり、人生の華の時期を象徴しているように思われた。しかし、その写真は半分に切断されていて相手の夫の肖像は不明である。その切断の意味は筆者を身内として認知出来ないという意思表示であり、突然現れた異父弟に対する混乱の表現とも受け取れる。

⑧墓参によってひとまずルーツ調査の一段階を締める事が出来た。こうした経緯を通してそれまで知りようのなかった自分自身の存在基盤に触れることが出来た。
　　　母まつの名前は筆者が預けられた児童養護施設の施設名や創設者の名前と
　　　重なり何かの因縁を感じさせる。

※　市川まつ→涌井まつ→まつば園

2. 今回のルーツ調査の限界と今後の課題

　　今回のルーツ調査でテーマに掲げた「自分はどこから来てどこへいくのか、自分は何者か？」についての手がかりをある程度つかむことが出来た。しかし、なお一定の限界と課題が残されている。これを具体的に記述すれば以下の如くになるだろう。

①戸籍調査と従兄弟R氏からの聞き取りで「家系図」作成という重要な情報を得たが、父方の情報の手がかりを得ることは不可能であった。また、母方に関してもその同世代の兄弟妹関係者及びその父母（筆者から見れば祖父母以上の関係者は全員物故されていて、唯一の情報源が現状ではR氏一人であったことの限界がある。
②母まつの履歴（学歴・職歴・結婚・離婚）の詳細が不明である。この周辺の事実関係の把握にはどうしても異父姉兄（義父T氏の子たち）からの聞き取りが必要である。しかし、「面会」を拒まれている現状では困難な状況にある。
③今後は母まつの出生地（元S区R町×××番地）を訪ね、異父姉兄との面談の機会を待ち、さらなく情報を収集したい。
④さらに母方の実家（関東群馬県高崎市方面）にも新たな情報が得られる可能性が

あると考えられるので、機会を得たいと思う。

⑤自分は何者か？というテーマに接近する為にもまつば園の旧職員からの聞き取り調査も積み重ねたい。特に物心つく前の幼児期の情報が得られれば幸いである。あわせて、施設入所理由を伝える際の職員（援助者側の心理的葛藤や配慮）の立場でどのような状況にあったかを知ることも今後の課題としたい。

⑥児童養護施設において「父不詳・母病気入院→病死」などの主訴と同様な事例が当時と現在でどのくらいあるのかなどの比較検討も興味深いテーマである。

⑦施設入所児童にとっての主訴＝「入所理由の理解」や援助者側の「伝え方」、そしてこれを乗り越えていくプロセスを可能な限り詳細に再現してみたい。その場合の援助者像、ここでは特に杉本先生の履歴や人となりについての調査に基づく人物像を明らかにしたかった。このテーマはまさに第 2 部に連なることになる。

⑧さらに「自分史」と「時代史」との関連や「自己形成過程」の叙述をしていくことが課題であろう。そこからある施設入所児童の自立支援に関する「個別性」から「普遍性」へと抽象化できれば個別的な「当事者性」の「社会化」「普遍化」への道筋を辿れる端緒になるのではないかと思われる。

以上（第 1 部　当事者探求の旅　了）

2007 年 6 月
東洋大学大学院　社会学研究科　福祉社会システム専攻
修士課程　2 年　３５７００５１００１番　市川太郎
自分史　年表
自分史年表（2007 年 6 月現在　筆者作成）

別冊資料3　自分史年表

年・月・日	自分史（母市川まつ＆太郎）	児童養護関係史	社会一般史
1914（大正3） 12月15日	市川まつ、東京都下谷区竜泉寺町238番地にて生出。父R氏、母Uの二女（五男三女）	関東大震災後の生活困窮母子の保護指導を志し、養護施設まつば園の創設者涌井まつ都内某所にて助産の家開設。母子の独立支援事業開始（1927.8.10）	第1次世界大戦勃発（1914.7月） 日本、ドイツに戦線布告（8月）
1926（大正15・昭和元） 12月25日大正天皇崩御	市川まつの成長過程は不詳		南京事件（1927.3.24）
1935（昭和10） 12月6日	まつ、関東栃木県足利市にて航空技師田村善七氏と結婚（20歳）長女出生。	松葉保育園と改称（1933.4）	相沢事件（1935.8.12） 2.26事件（1936）
1936（昭和11）			国家総動員法（1938.4.1） 太平洋戦争勃発・真珠湾攻撃（1941.12.8）
1940（昭和15）	長男（出生・早世？）		
1944（昭和19）	二女出生	まつば園御下賜建物（64坪）拝受（1940.3）現在地敷地内某所に移築し児童養護に当る	
1944（昭和19） 10月20日	まつ田村氏と協議離婚（29歳）		
1945（昭和20） 2月10日 8月15日	元夫田村氏関東群馬県太田市中島航空工場にて空爆死		東京大空襲（1945.3.10） 広島・長崎原爆投下 太平洋戦争終了＝敗戦 連合軍司令部（GHQ）設置（9月）
1946（昭和21） 6月ころ	まつ、関東栃木県足利市から都内の実家に上京	学童集団疎開より帰る（1945.10） 戦災孤児等保護対策要綱（1945.9）	天皇人間宣言（1946.1.1）
1947（昭和22）	まつ　精神分裂病発病のきざし長女他家へ子守りに出される	生活困窮者緊急生活援護要項（1945.12） 児童福祉法成立（1947） NHKラジオ「とんがり帽子の唄」放送（1947）	6.3.3制開始（1947.4.1） 日本国憲法施行（1947.5.3）
1948（昭和23）	二男出生		新制高校発足（1948.4.1）
1950（昭和25） 4月19日	2歳の二男を養護所に預ける。父不詳の子、太郎出生 まつ、病状悪化、近所徘徊、物盗り、放火、ケンカ、幻視幻聴、不眠続く	まつば園養護施設認可（1948.1.1） まつば園天皇、皇后両陛下行幸・視察（1950.10.4）	朝鮮戦争（1950.6.25） レッドパージ開始（7.18）
1951（昭和26）		児童憲章制定（1951.5.5）子どもの日	対日講和条約・日米安全保障条約調印（1951.9.8） 血のメーデー事件（1952.5.1）
1952（昭和27） 6月27日 7月27日～	まつ長兄の世話で都内慈雲堂精神病院に医療保護入院 病名：精神分裂病（統合失調症 38歳）電気痙攣療法を継続	まつば園社会福祉法人認可受（1952.5.17）	
10月8日	祖母ゆうが太郎をおぶって養護施設まつば園に預けた（太郎2歳）		
1957（昭和32） 4月	太郎板橋第9小学校入学	中卒児の集団就職始まる（1957）	日本国際連合加盟（1957.3.8） 東京タワー完成（1958.12.23）
1958（昭和33） 2月～	まつ電気ショック＆薬物療法併用の治療を受ける		
1959（昭和34）	まつ病状悪化（独語、不眠、大声、	国連総会児童権利宣言採択（1959.11）	

186

60

8 月～9 月	暴力行為＆てんかん痙攣あり	児童扶養手当法公布 （1961.11）	伊勢湾台風（1959.9）
1960（昭和 35） 　8 月	まつ痙攣発作続く	村越吉展ちゃん誘拐事件 （1963.3）	安保条約反対闘争 （1960. 6.15）
1962（昭和 37） 1963（昭和 38） 　3 月 　4 月	まつば園に杉本基指導員赴任 太郎板橋第 9 小学校卒業 太郎板橋第 3 中学校入学	養護施設入所児童に幼児 53％（1963） 厚生省出稼ぎ家庭全国 32 万、欠損家庭 126 万と報	ケネディー大統領暗殺 （1963.11.23）
1964（昭和 39） 　1 月 　3 月 3 日	まつ陰性症状（やや膠着状態） まつ午前 8 時朝食後てんかん発作 9 時 30 分　大発作 10 分間 呼吸補助　**9 時 40 分死亡（49 歳）** ＜死亡診断書＞ 1956（昭和 31）年頃より痙攣性て んかん併発 7 年、精神分裂病 17 年間。（慈雲堂病院カルテより） 太郎、まつば園杉本指導員から母 の病死を知らされた（中 2） 親のことを聞かされてもイメージ が湧かず深く考えないようにした	告（1964） 母子福祉法公布（1964.7）	新潟地震（M7.5、死者 26 人、1964.6.16）
10 月 1965（昭和 40） 　4 月	まつば園旧園舎解体工事始	まつば園園舎改築完了 （1965.3.31） サリドマイド児父母会損 害賠償訴訟（1965.11）	東海道新幹線スタート （1964.10.1） 東京オリンピック開催 （1964.10.10～24） 朝永陽一郎ノーベル物理 学受賞（1965.10.21）
1966（昭和 41） 　4 月 1967（昭和 42） 1968（昭和 43）	太郎 1 学期学級委員長選出（中 3） 杉本指導員より高校進学を勧めら れる。発病の心配から精神安定剤 を服用するように指示される。 藤村、啄木、朔太郎、光太郎など の詩に親しむ。文芸書濫読。 太郎都立池袋商業高校進学 芥川、太宰、漱石などの小説、佐 古純一郎の文芸評論に惹かれる。 太郎、フォークギター独習。 ベトナム反戦・学生運動に巻き込 まれる。 太郎王子野戦病院撤去闘争に身を 投ずる。機動隊と格闘。 太郎神経症的不登校に陥り修学旅 行（東北地方）不参加（高 3）	この年丙午（ひのえうま） 出生数激減（出生率 1.58 を記録） 都知事美濃部亮吉当選 （1967.4） 厚生省「開差是正措置」 （1968.4） 第 1 回子どもの人権を守 る公開討論会（1968.12）	全日空ボーイング 727 羽 田沖墜落 133 人死亡 （1966.2.4） ザ・ビートルズ来日 （1966.630） 羽田闘争事件 （1967.10.8） 川端康成ノーベル文学賞 （1968.10.17）
1069（昭和 44） 　3 月 9 日 　3 月 16 日 1970（昭和 45） 　8 月 12 日	太郎、都立池袋商業高校卒業 太郎、養護施設**まつば園退所** タイヤ工場就職会社の寮に入る 青年工場労働者として三交替勤務 に就く **社会的孤立、アイデンティティー 危機に直面**。自殺未遂事件を引き 起す（20 歳）杉本指導員に救われ る	全国養護施設高校進学率 9％（1969 年中卒児対象） 季刊『児童養護』創刊 児童手当審議会中間報告 （1970.9） 児童手当法公布（1971.5） 開差是正措置の影響で養 護施設定員約 570 名削減	三億円事件（1968.12.10） 東京大学安田講堂陥落 （1969.1.18） アポロ 11 号月面着陸成 功（1969.7.21） 万国博覧会大阪 （1970.3.14～） 三島由紀夫事件 （1970.11.25） 成田闘争（1971.2）

1972（昭和47） 4月	密かに大学進学準備（貯金と受験勉強） 太郎、東京経済大学経済学部2部進学　文学研究会所属　仕事と学業の両立と格闘	（1971） 児童手当制度発足（1972.1〜） 福祉元年（1972） 養護施設児童の高校進学制度（特別育成費）発足（1973.5）	ドルショク（1971.12.20） 連合赤軍浅間山荘事件（1972.2.19） 沖縄返還（1972.5.15） オイルショック（1973.10.23）
1974（昭和49） 4月	太郎、大学2年になって会社の寮を退寮　アパート保証人問題に直面 日本育英会奨学金受ける（保証人問題）	福祉見直し論高まる。（「高福祉・高負担」論） 養護施設児童全日制高校進学率19.5%（1974.3卒対象）	田中角栄金脈問題（1974.） 佐藤栄作前首相ノーベル平和賞（1974.10.8）
1975（昭和50） 4月	太郎、大学3年時、一部への転部試験挑戦し合格　タイヤ工場退職しアルバイト生活に入る	養護施設職員配置基準2：4：6対1となる（1976.4〜）	ベトナム戦争終結（1975.4.30）
1976（昭和51） 3月 11月1日	太郎　東京経済大学卒業 養護施設　T学園就職（児童指導員）		ロッキード事件、田中前首相逮捕（1976.7.27）
1977（昭和52） 5月28日 7月7日	まつば園時代の恩師杉本先生肝臓ガン死去（57歳） 板橋大山教会で杉本先生追悼集会卒園生代表弔辞を読む。	子どもの作文集『泣くものか』亜紀書房刊行（1977.12.）	
1978（昭和53） 4月23日	太郎職場結婚　板橋大山教会で挙式（28歳）	警察庁少年非行戦後第3のピーク（1978.12）	日本赤軍日航機ハイジャック（1977.9.28） 新国際空港（成田）開港（1978.5.20）
1979（昭和54） 5月13日	長男誕生	国際児童年（1979）	
1986（昭和61） 12月30日	東京都府中市へ転居。	男女雇用機会均等法施行（1986.4.1）	伊豆大島三原山噴火（1986.11.15）
1988（昭和63） 3月31日	太郎、T学園退職（38歳） 全国養護施設高校生交流会参加	目黒区中2少年両親・祖母刺殺（1988.7.8） 第1回高校生交流会鳥取大会開催 '1988.8)	リクルート疑惑、江副会長辞任（1988.7.6）
1988（昭和63） 11月1日	青少年福祉センター自立援助ホーム新宿寮へ転職		
1989（昭和64） 1月7日	太郎、『春の歌　うたえば』執筆	国際連合子どもの権利条約成立（1989.11.20） 子どもの権利・義務・責任論議盛ん	昭和天皇崩御（87歳）年号平成と改元（1989.1.8〜）
1992（平成4） 3月25日	太郎、自立援助ホーム退職		東京・佐川急便事件（1992.10.14）
1992（平成4） 4月18日 8月31日	北海道B学園特別指導員就任 事情でB園退職		細川連立内閣成立（1993.8.9）
1993（平成5） 1月1日	太郎、地方のT学園主任指導員就任	日本政府国連子どもの権利条約批准（1994.5） エンゼルプラン（1994.12）	松本サリン事件（1994.6.27）
1994（平成6） 3月31日	地方のT学園退職		
1994（平成6） 4月1日	太郎、東京のT学園復帰 高校生交流会・リービングケア委員会・当事者参加活動組織化	大阪子どもの権利ノート作成（1995） 神戸小学生連続殺傷事件（サカキバラ事件1997.2〜5）	阪神淡路大震災（1995.1.17）
2001（平成13） 1月31日	太郎、T学園退職・挫折体験	児童福祉法改正（97） 介護保険制度スタート（	

2001（平成13） 4月1日〜	専門学校兼任講師（養護原理・養護内容論）就任	2000.4.1〜） 児童虐待防止法施行 （2000.11.20）	ニューヨーク世界貿易ビルに旅客機激突 （2001.9.11）
2003（平成15） 4月1日	埼玉短大講師（社会福祉方法論）就任	大阪池田小事件 （2001.6.8）	
2004（平成16） 2月1日 12月31日	関東S県養護施設Sホーム主任指導員就任 一身上の都合で同上退職	専門里親制度スタート （2002） 少子化対策基本法（2003） 児童虐待防止法&児童福祉法改正（2004）	新潟中越地震 （2004.10.23） スマトラ島沖地震 （2004.12.26）
2005（平成17） 4月1日	再び専門学校講師（児童福祉論&養護原理）	長崎市種元駿ちゃん事件 （2003.7.）	
2005（平成17） 9月	共栄短大兼任講師（養護原理・児童福祉論・養護内容）	長崎・佐世保小事件（小6少女同級生カッター殺事件（2004.7.）	
2005（平成17） 9月	法政大学兼任講師（生涯学習の機会と空間1）		
2005（平成17） 10月	専門学校兼任講師（家庭福祉論・教育選択ゼミ1＝児童福祉）		愛知万博開催（2005。3〜9/25）
2005（平成17） 10月1日	東洋大学大学院社会学研究科福祉社会システム専攻修士課程進学 東洋大学現代社会総合研究所客員研究員委嘱	当事者勉強会「日向ぼっこ」開始（2006.3）	郵政民営化総選挙 （2005.9.11）
2006（平成18） 3月	都立養護施設オンブズマン委嘱 複数の養護施設第三者委員委嘱 戸籍調査の過程で従兄弟R氏と邂逅	いじめ自殺深刻化（2006。11）	小泉政権から安倍晋三政権へ（2006.9）
2007（平成19） 1月30日	**R氏の案内で母市川まつの墓参を実施**	**当事者参加推進団体「日向ぼっこ」サロン開設（2007.4〜）**	
4月		熊本の病院に「赤ちゃんポスト＝こうのとりのゆりかご」開設（2007.5〜）	東京都知事選挙石原慎太郎3選圧勝（2007.4）
6月	東洋大学大学院「修士論文」提出予定	厚生労働省「今後の目指すべき児童の社会的養護体制に関する構想検討会中間のとりまとめ」発表（2007.5.18）	年金記録不明5,000万件など「宙に浮いた年金」事務管理のずさんさ発覚。社会保険庁批判にさらされる。（2007.6）

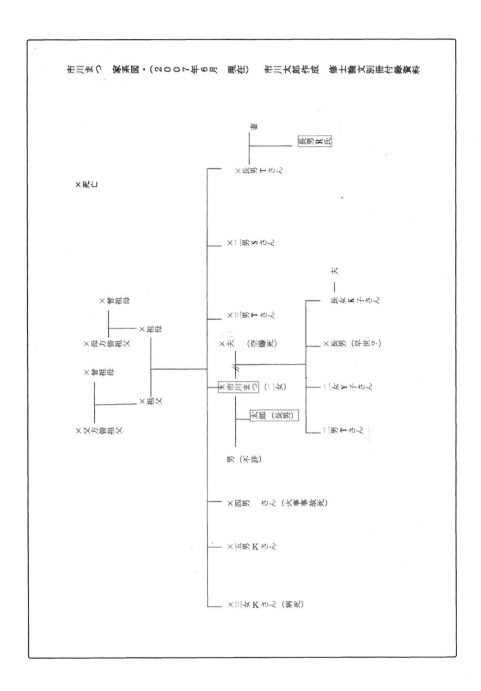

市川まつ　家系図・（2007年6月　現在）　市川太郎作成　修士論文別冊付録資料

×死亡

妻

長男 R 氏

×長男 T さん

×二男 S さん

×三男 T さん

×曾祖母

×祖母

×母方曾祖父

×曾祖母

×祖父

×父方曾祖父

×夫（空襲死）

市川まつ（三女）

太郎（長男）

男（不詳）

長女 K 子さん　夫

×長男（早世？）

二女 Y 子さん

二男 T さん

×四男 さん（火事故死）

×五男 T さん

×三女 K さん（病死）

64

あとがき―
『修士論文』（2007年9月　東洋大学社会人大学院）自費出版によせて

　私が57歳にして東洋大学大学院に『修士論文』を提出し、社会学修士の学位を得てから2022年3月現在、約15年以上の歳月が経過しようとしています。当時、我が『修士論文』は若干の編集の手を加えて明石書店から「出版」する話が進んでいました。しかし、「自分史」部分の内容には施設の卒園生や同学年・後輩達等の仲間の存在に配慮し、個人が特定されるおそれがあり「出版」を断念した経緯がありました。それでもあれから15年以上の歳月の経過があり、今回は「自費出版」という出版形式をとることでその責任を自ら負う決意をしたところです。出版に当たってはグッドタイム出版社長の武津文雄さんのご厚意を受けました。

この15年間を振り返ると「禍福（かふく）は糾（あざな）える縄の如し」の名言の通り「禍」と「福」は全く予測が立たず、不意打ちにやってくるようでした。『修士論文』を提出した後、私は児童養護における当事者参加の推進に邁進しました。当時、若き当事者の仲間達と大阪の当事者団体「CVV」に引き続き東京で「日向ぼっこ」を立ち上げマスコミに注目されました。「福」の時代でした。しかし過剰なマスメディアからの接近やその勢いに乗って行政サイドからの新規施策の受託に慎重だった私は若い人たちに後事を託し「日向ぼっこ」から離れ、国家資格である「社会福祉士」の取得に専念しました。「禍」と「沈黙＝冬眠」の時代でした。一方私の修士論文の結論の一つは「法律や制度」が自立支援をするのではなく、そこに繋げる「重要な他者・人材＝人財」の育成こそが肝要であること！でした。ゆえに依頼に応じる形で複数の大学、短大、専門学校などで兼任講師時代を送り福祉学生の養成に邁進しました。さらに戦後、若くして精神疾患（統合失調症とてんかんを併発）で病死した実母（享年49）や自立援助ホーム長時代などで出逢った若者の自殺・病死などに遭遇したことから国家資格である「精神保健福祉士」の取得にも同時並行で挑みました。この間「沈黙と冬眠」の時代が約10年ほど経過した頃、NPO活動の機会が巡って来たのです。「福」の時代の到来かと思いきやNPO活動の実際は「紆余曲折」の連続でした。活動が順調に進みかけた頃、突然「居場所」を失う「禍」に襲われました。以後新たなNPOの再生に苦闘を重ねなから2021年5月、晴れ

て東京都の認証を得ることが出来ました。NPO リービングケア草の根会の誕生です。「福」の到来でした。しかし今度は「コロナ禍」です。これはひとり自分事の問題などではなく、もはや人類生存にかかわり、世界中を巻き込こんだ「禍」の時代といえるでしょう。加えて私はすでに古稀（70 歳）を過ぎ、2022 年 4 月には6 回目の年男＝寅年（72 歳）という年齢に達します。世代交代を意識せざるを得ない年齢になりました。幸いこの国の社会的養護の情勢は、若い当事者活動の動きが活発になり、「動画配信」「SNS」「ZOOM」「オンライン」「スマホ」「ダブレット」「ライン」などの IT 機器による新しいコミュニケーション手段が急速に進み、まさに世代交代に拍車をかけているように思えます。私は長らくアナログ人間として、いわゆる IT 教育を受けていない世代でもありデジタル時代に適応すべく悪戦苦闘中なのです。

本書が、いわゆる団塊の世代の末裔（昭和 25 年）としてこの世に生を受け、図らずもこの国の社会的養護を生きることになった半生が児童養護施設生活経験者の一人の戦後史「証言」としてどれほどの社会的意義・価値があるのかはまさに読者諸氏に委ねられることではないかと思います。願わくは本書が今この国の社会的養護を生きている当事者やその経験者・支援者・研究者・施策担当者の方々にとって何らかの「出逢いと希望のかけはし」となればこれに勝る喜びはありません。

2022 年（令和 4）年 3 月 3 日　今は亡き実母市川まつ 58 回目の命日を偲んで

第2部　修士論文（別刷資料）

ある児童養護施設生活者の戦後史

〜一つの証言〜自分史の試み〜

まえがき

　なぜ今「自分史」なのか？「自分史ブーム」は1975（昭和50）年、歴史学者
色川大吉著『ある昭和史　自分史の試み』中央公論社刊が火付け役となって広がっ
たとされる。その後1977（昭和52）年、テレビ映画『ルーツ』の反響がさらに
これを後押しした。また、テレビドラマの『おしん』によってその時代や歴史の激
流に抗いながら懸命に生きる女一代記や庶民の人生を描くことが「自分史ブーム」
に拍車をかけたとも言われる。
歴史上の英雄・豪傑や偉人、立志伝上の自叙伝などではなく名も無き「普通の人」、「庶
民の人生」が見直された。次世代に伝え残すものとしての「自分史」は金や財産を
残すものとは異なる価値があるものとして自覚された。高齢化社会の到来も背景に
あったであろう。人生の秋・晩年を迎え、自分自身の越し方、行く末を静かに振り
返り、人生の締めくくりをいかにするか？等をテーマに、これを書き残し自分の人
生をまとめてみたい・・・。何らかの形で自分の生きた足跡を歴史の証言として、あ
りのまま残しておきたい・・・。こうした庶民の抱負や願望が、例えば「生涯学習講座」
に「自分史講座」が取り上げられたりしているのではないか。

　有名無名を問わず膨大で非情な歴史の波涛は、ともすればあたかも海岸の砂浜に
僅かながらその「生きた存在」や「事実」を刻みつけたとしても、たちまち寄せて
は返す波間に洗われ無常にもかき消され、跡形もなくその存在した事実・痕跡すら
消えてしまうだろう。在るか無きかの、かそけき民衆の一人としての存在にすぎな
い個人史に何の意味があろうか。所詮人間は「大海に飲み込まれる一滴の水滴にす
ぎない」「大宇宙・大自然の中にあって人間は風にそよぐ小さな葦にしかすぎない
・・・。」とも言われる。
だが先人は「人は大河の一滴、それは小さな一滴の粒に過ぎないが、大きな水の流
れをかたちづくる一滴であり・・・」（五木寛之『大河の一滴』より）、「小さな葦」は "考
える葦" ゆえに「宇宙や自然よりも尊い」（パスカル『パンセ』断章347より）の
であると説く。

自分史を綴ることについて、筆者は30年以上も前の勤労学生だった頃、歴史学と

文藝学の狭間を模索する若き魂の放浪と昏迷の中で、「・・・無名の人々の自分史を積み重ね、組み合わせ、構成する中で、歴史の本流の深みとその幅と、関連した構造とを巨視的に捉え直してみたい・・・」「・・・そうでなかったら、依然として指導者中心の歴史か、社会構成体の図式をなぞることに終始する無味乾燥な歴史にとどまるであろう。（略）今こそこの激動の歴史を生きぬいた民衆一人一人に、自分のかけがえのない経験を、それぞれの足跡を書いて欲しい。」（『ある昭和史　自分史の試み』あとがきより）という色川歴史学＝民衆史と出会った。

1960年代後半〜70年代前半にかけて、当時筆者は高校を卒業と同時に16年間暮らした児童養護施設を退所し、4年余りの歳月が流れていた。青年工場労働者として社会生活を送っていた。その間さまざまな挫折を体験しながら、ひたすら「向学心」に燃えて夜間大学に進学し、今後の生き方の方向性を必死に模索していた。施設での集団生活から解放された反面「自由な社会生活」の中で、家族の支援もなく、群衆の中の「ひとりぽっち」を実感し、時に孤立と先の見えない不安の中にあって苦悶していた。

色川歴史学が説くところの「民衆史観」「無名の人々こそが自分史を綴る」「歴史を生き抜いた民衆の自分史こそ歴史の本流にせまるもの」とのメッセージは孤独な若い魂に深く響き「無名の民衆こそ歴史の主人公」と受け止められ、これに共鳴し強く励まされたのである。

「いつかは書かねば・・・」「16年間の施設生活とその後の自己形成過程に関する自分史を綴ることは、民衆史観としての色川歴史学を踏まえながら、わが国の児童福祉における戦後史証言の一つになるに違いない」との思いを密かに抱いていた。しかし、反面自分自身の「当事者性」＝ルーツを知る恐れが越え難い厚い壁となり、挑み難く、なかなか取り組めないテーマでもあった。

一方、筆者は図らずも戦後数年して児童養護施設生活を体験し、施設から受けた「恩恵」と「感謝」を忘れたことはなかった。「施設のおかげで生きていられた」「施設がなかったら自分の存在はなかった」との想いがある。しかし、反面、施設運営者・同族施設経営者から受けた「施設児童であった」がために蒙った「理不尽な扱い」や「不本意な出来事」にも遭遇し、その狭間に長い歳月を積み重ねながらも、心は引き裂かれ、葛藤を繰り返し、鬱憤を抱えてきたことも事実である。

筆者は 16 年間の児童養護施設生活や退所後の社会生活・施設指導員時代などを経てさまざま困難に直面した時、「なんで自分だけがこんな目にあうのか」「何で人一倍努力しても報われないのか」「施設運営・経営者の独裁・独善・権力主義的差別的取り扱いはなぜ起きるのか」といった問題に苦しんだ。

　児童福祉施設でありながら、かたや施設長家族の息子は中学から有名「私立中学・高校」に進学し、乗用車を乗り回し、将来を保障されていた。かたや施設児童ゆえに、公立中学から中卒後は「就職」することを覚悟した。施設生活は楽しい想い出もあったが、集団生活上の「力や暴力・威圧が支配」する理不尽な上下関係の軋轢に日々怯え、苦悩し、ひたすら耐え忍ぶことも多かった。

しかし、たまたまある指導員の尽力で「都立高校への進学」が許された。だが、高卒後の進路は自助努力で開拓するしかなかった。身元保証の壁、勤労と学業の両立、経済的困窮・社会的孤立感との格闘等を経て大学を自力で卒業した。それは「自分が自分らしく生きる」上で苦しかったが当たり前のことだった。誉められることと思ったこともなかった。

　施設職員になった時、ある民間世襲の施設長は言った。「自分は小さい頃から施設の子ども達と同じ生活をしてきた。遊びも食べるものも皆一緒だった。だから施設育ちと同じで君の気持ちはよくわかるよ・・・」と。だが、その施設長は地元の有名進学公立高校に進学後某私立有名大学を卒業した。学費と生活費を自前で全て工面したという話は聞いていない。

また、別の民間世襲の施設長は言った。「自分も施設の子と同じ生活をしてきた。だから施設育ちと同じだ。むしろ施設長の自分の親は施設児童に対するより自分には厳しかった・・・」と。

　その施設長は大学卒業後施設を一時離れたが、一定の社会経験の後再び施設に戻り親の跡を継ぎ、施設長になった。「自分は施設の子の気持ちがわかる」と胸を張った。

こうした問答は筆者に率直な違和感を生じさせる。

　児童養護における「当事者性」についての理解不足・勘違いから生じる違和感だろう。自ら望んだわけでもなく図らずも社会的養護の下で生き、後ろ盾もなく社会の中で一人必死に生きて行くしかなかった当事者と、施設入所児童と同じ生活を共

有したから「君の気持ちがわかる」「私も君と同じだ！」といわれても無理な話である。

　問われているのは立場の優位性に対する想像力・感度（感受性）の問題なのだ。

　筆者は55歳になって社会人大学院に進学し、修士論文執筆を決意した。そのテーマは筆者自身の「当事者性探求」と「自己形成過程」を辿ることから始まった。「自分はどこから来て、どこへ行くのか　自分は何者か？」の問いを探求した。そこには戦争・空爆死・貧困・生活苦など歴史の激流に翻弄される無名の庶民や家族の姿と苦悩があった。

　筆者にとって半世紀以上、顔も名前も知らなかった実の母は戦後の混乱した生活苦の中で精神の均衡が崩壊し、社会から隔絶した閉鎖病棟病院で孤独な最期を迎えた。子もそれぞれ親子分離した施設生活を生き、半世紀以上も相互の音信がなく、その存在さえ知ることがなかった。子たちの受けた心の傷は深く、過去を振り捨て前向きに生きるためにも安易な「再会のドラマ」とはならなかった。ルーツ探求は新たな苦痛と孤独を呼び起こす旅の側面もあった。

　しかし、「自分は何者か？」の問いに対するかすかな手掛かりとして「セピア色の花嫁衣裳の写真」との無言の語り合いがあった。「あなたの子に生まれなければ全ては始まらなかった・・・」と。
筆者は施設生活やその後の社会生活の上で直面したさまざまな挫折や課題をどのように乗り越えて来たか、何がその原動力になったのかなどの実態を「自分史」＝「自己形成過程」として叙述しようと試みた。

　そのことによって児童養護の「当事者性」とは何かの問いへのヒントが示唆できるのではないかと考えた。さらに本年（2007年）は児童福祉法制定60年（1947年12月12日制定）の記念すべき節目の年でもある。筆者のささやかな「自分史の試み」があるいは、僅かながらでもわが国児童養護の戦後史証言の一つとしての有用性が確認され、インケア児童のみならず多くの無名の施設生活経験者＝当事者（戦後五十万人以上と推計されている）への励ましになるならば望外の喜びである。

第1章
自分史の試み―「自分史年表」を辿る

母まつの生涯と養護施設入所前後

1. 母の出生から病死まで 49 年の生涯　　個人史と時代史の概要

　児童養護施設入所児童の中には「親の顔も名前も知らず」に成長するものがいる。さらに「赤ん坊の頃の写真を持たない」人がいる。筆者の幼少期・施設時代のアルバム（中学卒業記念時に園長から「母より」と筆書きしたアルバムが贈られた）には最年少時の 2 歳過ぎと思われる施設での集合写真と 5 歳かと思われる七五三祝いの写真が数枚あるのみである。生後すぐに「乳児院」や本人が“ものごころ”がつく前に施設入所し、その後、家族とのかかわりが殆どなかったものはそうした「生い立ち」を抱えている。筆者もその一人である。「自分はどこから来てどこへ行くのか、自分は何者か？」という問いに対する手がかりを得るために、筆者の場合は病死した母の生涯を辿ることから始めるしかなかった。（戸籍では父親蘭は「空欄」である。）
母市川まつの生涯をその出生から病死に至るまでの経過は「自分史探求の経過記録」で現状把握可能な範囲で記述した。

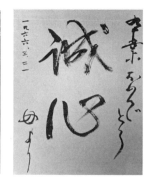

七五三のお祝い（右が著者）　　　ジャングルジムで　　　　　涌井まつ　自筆

　ここではさらに「自分史年表」に沿って、「個人史と時代史」との関わりの概要を
筆者なりにスケッチし、その上で筆者自身が母まつの生涯やルーツ探求過程から受
け止めた家族についての感慨を整理してみたい。なお、個人のプライバシー保護と
関係者等への倫理上の配慮から人名や関係機関・地名などは事実関係を損なわない
範囲で原則匿名化した部分があることをお断りしておく。ただし、実母の「市川ま
つ」に関してのみ、本人の実名と一部地名は歴史上の事実を重視する立場から例外
的にありのまま記した。

　母まつの出生は 1914（大正 3）年 12 月 15 日であった。この時代は国内では
明治天皇の逝去（1912 年 7 月 30 日）後、年号は「明治」から「大正」に変わっ
たばかりだが、日露戦争（1904 〜 05）勝利にその後の「大日本帝国主義化」へ
突き進む序章の時期といえよう。世界史的には第 1 次世界大戦が勃発（1914 〜
1918）し、日本は 1914 年 8 月、ドイツへ宣戦布告した年でもある。そして戦勝
国の一員として次第に国際的発言力を高め、いわゆる大正デモクラシー時代となる。
近代日本文藝史に多少の関心がある筆者には 1914 年が夏目漱石の小説『心』が執
筆された年としての印象がある。漱石は『心』の終章に明治天皇の御大葬の号砲を
乃木希典大将夫婦の殉死とともに「明治の精神に殉ずる」として主人公の自殺を描
いた。文藝評論家桶谷秀昭（おけたに・ひであき）によれば、"・・・日露戦争後に
日本が近代国家として完全独立を達成したときに、「自由」と「独立」と「己れ」
に満ちた近代において、その実現の代償として人はみなたったひとりの淋しさの中
で生きなければならないといふことを、『心』の主人公の感慨としていはざるをえ
なかった。"（桶谷秀昭「明治の精神と知識人」『歴史と旅』特集　明治天皇といふ
人、2001 年 12 月号、秋田書店、P83 参照）　漱石の『心』は筆者にとっては高校
時代からの愛読書の一つであった。

明治から大正へという時代の転換期に母まつは東京下谷区（現在の台東区）竜泉寺
町に軍属の工芸職人の父と母の次女として生まれた。残念ながらまつの母（筆者に
とっては祖母）の「人となり」に関する情報は現状では全く得られていない。後に
祖母は筆者を施設に「おぶって預けた人」として登場する。
　下谷といえば東京の下町の代名詞である。1947（昭和 22）年に下谷区と浅草区

が合併して台東区となった。樋口一葉記念館や一葉公園がある。朝日新聞社会部編（1986）『東京地名考　上』（朝日文庫、157 － 158 ページ、167 － 168 ページ）によれば、「・・・ 土地っ子は寺をつけて竜泉寺と呼ぶ。（略）この辺りは、かつて下谷万年町と並んで貧乏人が住んでいた。職人がほとんどで、昔は新聞をさかさまに読まないのがいればめっけものというぐらい。そういう熊さん、八つぁんが五百円、千円と金を集め、記念館の土地を買った ・・・。（略）銭湯で『たけくらべ』を暗誦する畳職人がいた。上島金太郎さん（故人）。彼の考証で作った一葉旧宅の模型が記念館にある。縮尺十分の一。きちんと織った畳、押入れの絵模様、精巧な細工が、荒物屋を開いていた二十一歳の一葉の、暮らしぶりをよみがえらせる。（略）・・・「花屋、仕出し屋、質屋。昔は街全体が何らかの形で吉原と結びついていました。・・・売春防止法で灯の消えた吉原（現・千束）に、今ではソープランド百四十軒、そこで働くおねえさん三千人とか。竜泉の街だけは、一葉のおかげで、すっかり文化的になってしまった。」とある。

戦中・戦後の混乱　治療経過と病死から見えたこと

　このような時代と土地柄が母まつの成長にどのような影響をもたらしたか、また五男三女で少子化の今日から見れば、大家族構成での生活の実態がどのようなものであったのかは謎である。

　母まつに関する自分史年表は生誕から一気に約 20 年後に飛ぶ。1935（昭和10）年 12 月 6 日、関東近県太田市にて航空技師田村善七氏と結婚。数日後に 21 歳になる直前であった。

　まつの兄の長男 R 氏（筆者にとっては従兄弟に当る）の話では「見合い結婚」だろうとのこと。第 1 部で触れた「セピア色の花嫁姿」が想起される。若き母まつの「晴れ姿」である。

　世相は翌年 1936（昭和 11）年の 2.26 事件を契機に太平洋戦争（1941 ～ 1945）に突入し戦時体制に突入していく。その間長女、長男（早世?）、次女を産んだものの 1944（昭和 19）年 10 月 20 日、田村氏と協議離婚している。まつ 29 歳の時である。はたして何が原因で夫婦関係の解消に至ったかについて全く不明である。

その約 4 ヵ月後、1945 年 2 月 10 日元夫田村氏が飛行機工場にて空爆死している。戦局は日増しに厳しくなっていたのであろう。それでも敗戦後の 1946（昭和 21）年 6 月ころに関東近県 A 市から都内の実家へ上京した。

　まつの精神分裂病の発病の兆しが現れてきたのは 1947（昭和 22）年頃である。祖父や祖母・まつの兄もそれなりの面倒を見ていたのだろうが、良くなる兆しもなく、母親らしいことも出来ずに長女を他家に子守りに出してからは次々と子どもを施設に預けてしまった。にも関わらず、病状は好転せず徘徊、物取り、放火、けんか、幻視、幻聴、不眠が続いた中で父不詳の子を妊娠＝これが筆者である。
おそらく祖父母や長兄（母の兄）が筆者が 2 歳半になるまで家族ぐるみで世話をしたことと想像される。
　しかし、まつの症状は悪化するばかり。思い余って長兄の世話で 1952（昭和 27）年 6 月 27 日、都内慈雲堂精神病院へ医療保護入院させた。その約 4 ヵ月後の 10 月 8 日、筆者は 2 歳 6 か月で祖母におぶられて養護施設　まつば園に預けられた。
　時代は日本が戦後復興を目指し、国際的独立を果たすべく米国との安全保障・対日講和条約を締結したころであった。街には戦災孤児や浮浪児が溢れかえり養護施設が浮浪児対策の「収容施設」として次々と増設されていった頃と重なるのである。
　母まつは入院の約 12 年後に病死した。筆者は結局生前に会うことも、その存在さえ知ることもなく経過したのである。
　母まつの 49 年の生涯は、想像するに戦争の爪痕を深く受け、戦後の生活苦にあえぎながらとうとう精神のバランスを崩し、最期は家族の看取りもなく孤独で淋しい臨終であったと思われる。精神分裂症状に痙攣性てんかん発作を併発し苦しみもがいた孤独な姿が想像される。唯一の救いは病状の安定期にはよく「読書」をしていたという情報が死後病院を訪問した元施設職員の方から最近になって筆者に伝えられたことである。「読書」を趣味の一つに挙げる筆者との僅かながらの「共通の趣味」と重なる望みが膨らむからある。
　こうした事実と母まつのライフヒストリーを辿ったうえで、筆者は改めてその事情はともかく、異父姉妹兄である他の子どもたち同様に事実は「棄てられた子」であったことを思い知った。この事実からは目をそらさないようにしたい。また、第

1部でも触れたように切断された「セピア色の花嫁衣裳」写真と同時に送られた異父姉からの面談を拒絶する手紙は、戸籍調査から初めて肉親（従兄弟）との出会いを得たものの突然現れた「招かれざる客」でもあったことも自覚せざるを得なかった。

2. 養護施設　まつば園入所　祖母におぶられて

　自分史年表によれば、1952（昭和27）年10月8日、筆者が2歳6か月ころ、祖母におぶられて都内の養護施設（当時）まつば園に入所した。筆者は施設入所児童「4つのライフステージ上の諸苦痛」について第1部（第1部　第1章の1参照）で紹介した。　筆者の場合、第1ステージ上の苦痛である施設入所前については全く記憶がない。また第2ステージ上の苦痛である施設入所時における家族分離不安についてもほとんど記憶がない。（「祖母におぶられて」の施設入所については後年、施設職員に訊ねて知る事にはなった。）

　筆者の乳幼児期は「記憶喪失」の状態とほぼ同様な症状ではないかと思われる。敢えていえば第1の「苦痛」の内容がやや特殊といえるかもしれない。即ち、「自分の出自に関する情報が全くない状態での成長事例」と考えることが出来よう。これが「自分はどこから来たのか、自分は何者か？」という思春期以降のアイデンティティー不安となった原因と思われる。つまり「自己の存在基盤」に関する不透明感が思春期におけるアイデンティティー不安の誘発要因となって「孤独」「孤立」感情を膨らませる要素として作用したものと考えられる。

　こうした事例はおそらく人生最初期に乳児院入所やその後の「年齢超過」による「児童養護施設への措置変更」となり、個別的な家族調整＝ファミリー・ソーシャル・ワークの実践がないまま、10年以上の長期在籍児童となったのではないだろうかと思われる。[注1]

　1952（昭和27）年ころの日本は、朝鮮戦争（1950年）後の「戦後特需」を経て徐々に戦後復興を果たし、アメリカとの対日講和条約・日米安全保障条約調印（1951年9月8日）によって戦後のソ連VS米国（東西冷戦構造）の中で西側＝自由主義陣営に属しながら外交の基本方針を定めた時期である。児童福祉分野では、日本国

憲法（1947 年 5 月 3 日施行）の精神に則り、児童福祉法の制定（1947 年 12 月）やその後の児童憲章の制定（1951 年 5 月 5 日）があり徐々に、いわゆる「戦災孤児・浮浪児対策」としての応急処置的な対応から「児童福祉の理念」の啓発・実施に転換していく転換期であったといえよう。筆者が入所したまつば園も社会福祉法人の認可を得た（1952 年 5 月 17 日）ばかりであった。ちなみに母まつが都内慈雲堂精神病院へ医療保護入院したのは筆者が施設入所した約 4 ヶ月前の 1952 年 6 月 27 日であった。

3. 施設生活　幼児・保育園時代の記憶

　養護施設まつば園は助産施設（1927 年 8 月 10 日）から始まったが、保育所運営（1934 年 4 月から）がそれに続いた。筆者の幼児時代は養護施設で生活し、そこからとなりの保育園に通園していた。その頃の記憶で鮮明に思い出すのは、生活場面では「男物の弁当箱」と「女物の弁当箱」の取り合いであった。かつて筆者が神田ふみよ編集代表『春の歌　うたえば』の中で「私にとっての養護施設の生活」と題したこの頃の記憶を綴った文章には次のような一節がある。注2)

まつば保育園　卒園記念写真

　　・・・同学年の子が多く、時に弁当箱のとり合いになり、女色 (おんないろ) ものの柄に当るとたちまち仲間から囃 (はや) したてられ、くやしい思いをして泣いた。また、若くて美しい保育園の先生のやさしい声かけに、なんともいえない安心感を抱いたりした。・・・（184 ページ）

　施設での集団生活上の軋轢はあったものの、総じて比較的平和で安定した幼児時代であったように思う。但し、「記憶喪失症状」は「自己の存在感」が確認できない絶え間ない「存在不安」を引き起す要因を内包していたとも言える。

4. 小学校入学と施設生活への気付き

　1957（昭和32）年4月、筆者は小学校に入学した。筆者は小学校時代の担任だった4人の先生を全て覚えている。1・2年生の時の担任は男性の角田先生であった。めがねをかけ、痩せ型で長身のやさしい人柄であったことを想い出す。筆者に限らずこの頃の施設児童は殆どチビであり、朝礼での整列の際には、背の順に並び、先頭か、せいぜい2〜3番目であった。そのたびに背の高い角田先生を見上げて、大人への畏敬の念を小さいながら感じていた。昼の給食時には、先生の机の前に座ることになり、「パンはこうしてちぎって食べるとおいしいよ！ミルク（当時は脱脂粉乳時代であった）は

よく噛みながら飲んで食べるとうまいし身体にいいよ！」など、つねにやさしく声をかけていただいたことを覚えている。

　自分が施設で生活していることにやや気付き始めたのは小学校1年生の頃である。施設から集団登校していたが、一緒に登校した同級生の女の子がいた。登校の時はあまり意識しなかったが、下校の時は、その女の子と一緒に帰った。そしてクラスの友達は皆、それぞれの「家庭」に帰るのである。兄妹でもないのになぜ一緒なのか？友達はどこに帰るのだろうか？単純な疑問から始まった。

　ある時、雨の中だったが友達が「遊びにきてよ！」と誘ってくれた。そのまま友達の「家庭」に行き、施設とは違う雰囲気に戸惑った。友達の母親が出てきてお菓子を分けてくれたり、もてなしてくれた。しかし、「自分には家庭や家族がない！」と感じた。こうした受け止め難い感じを小さな胸の内に秘めながら小学校生活を送った。

　1957（昭和32）年ころの日本は、国際連合に加盟（1957年3月8日）し、徐々に国際社会の認知を築きはじめていた。国内的には、経済復興を果たしつつ、「中卒後の集団就職」が始まっていたころである。母まつは精神病院で「電気ショック療法や薬物療法」の併用治療を受けていた。（1958年2月〜）しかし、症状は改善されず、てんかん痙攣をも併発していた。筆者はこうした母の病状を全く知らなかった。

注）
1）乳児院とは「乳児（保健上、安定した生活環境の確保その他の理由により特に必要ある場には、幼児を含む。）を入院させて、これを養育し、あわせて退所した者について相談その他の援助を行うことを目的とする施設」である。（児童福祉法第 37 条）

　2004 年 3 月 31 日現在、全国に 115 ヵ所、約 3,000 人の乳幼児が入所している。入所理由で多いのは「父母の精神疾患等」＝ 14.9％、「両親の未婚」＝ 12.0％、破産等の経済的理由」＝ 7.7％、「父母の就労」＝ 7.7％となっている。（2003 年 2 月 1 日現在　厚労省調べ）　近年は全体の 26.4％がなんらかの虐待経験をもった乳幼児の入所がある。

　　また、退所後に家庭復帰（里親委託を含む）するケースは減少傾向にあり、「子育てに自信がもてない父母等」や虐待などが原因と考えられている。従来家庭復帰や里親委託できない乳児が 2 歳過ぎると「年齢超過児」として児童養護施設などに措置変更されていた。2004 年児童福祉法改正でこの「入所年齢」の緩和措置がなされ、場合によっては「小学校就学年前」まで乳児院に入所延長可能になった。

　　　児童自立支援対策研究会編（2005）『子ども・家庭の自立を支援するために―子ども自立支援ハンドブック―』「第 3 章　児童福祉施設等の概要　1 乳児院」、財団法人　日本児童福祉協会発行、46 － 47 ページ参照
2）神田ふみよ編集代表（1992）全国養護問題研究会編「私にとっての養護施設の生活」『春の歌　うたえば　養護施設からの旅立ち』、ミネルヴァ書房、18 4 ページ参照

第2章
養護施設生活の日々　学童・小学校時代

1. 集団生活の日々　重症の夜尿児童

前掲「私にとっての養護施設の生活」（以下『春の歌　うたえば』からの引用としページを示す）によれば、筆者は施設生活の概要は次のように記述している。

　・・・私は物心ついた頃には、すでに養護施設での集団生活をしていたのであり、両親をはじめ、兄弟姉妹の名前も顔も知らずに育った。（略）創設者の園長先生（私達は"おかあさん"と呼ばされていた）は、戦前からの助産婦経験者で、当時の自覚的な篤志婦人として、地域の乳幼児保健衛生や保育事業に先駆的に取り組んでおられた方と聞いていた。戦後、天皇陛下から戴いたという御殿（ごてん）（皆そう呼んでいた）を中心に、保育所と養護施設を運営することになったという。学園は、大家族主義をとっていて、園長は「おかあさん」、その息子夫婦を「お兄さん」「お姉さん」と呼び習わしていた。
　私はたまたま「お兄さん」の長男と同年であり、同じ小学校の同級生でもあったことから幼い頃より勉学、素行、その他の優劣を比較されながら育った印象がある。したがって「施設児童」としての自分と、「園長の長男」との対比を何かと意識せざるを得なかった。それゆえ、私の心層の部分で「施設っ子」である自分の「園長家族の息子」に対する羨望と、止み難いコンプレックスが形成されていたことは拭いようもなかった。ひと言でいえば、私は「ひがみ」と「ねたみ」の塊のような、無口で暗い表情の、感じやすい幼少年時代を送っていたといえる。（略）一方、私は小学校4年生頃までは、重症の夜尿児童でもあった。自分ではどんなに注意していても毎朝のように夜尿を繰り返していた。夜尿児は罰として裸のまま立たされ、皆の晒し者にされたり、時には冬場の寒いなか濡れたシーツや毛布を冷たい水で洗濯して干すこともあった。しかし、反面、夜尿児童同士の連帯感も生まれ、互いに励まし合い声をかけ合いながら洗濯し

たことを想い出す。（略）（182 〜 186 ページ）

　今ではあまり考えられないが当時、その施設ではひとつ布団に２人の児童が寝るようになっていた。その組み合わせが「夜尿児童同士」となる。「夜尿児同士」の奇妙な連帯感が生まれる土壌があった。しかし、夜尿は実に悲しい習性である。失敗すると己の無力感を毎朝のように思い知り、辛い自己嫌悪に心と身体を傷めた。夜尿児専用のビニールシートを敷いた冬の冷たい敷き布団の感触は今でも鮮明に身体が覚えている。その上毎日ではなかったが「罰」としての見せしめや洗濯などが課されることもあった。日々「暗く、情けなく、いじけた」自分がいた。また「園長家族」と「施設児童」とは「隔絶された生活」を送っていた。筆者は「無口で暗い表情の、しかし感じやすい幼少年期」を送っていたと言える。

早朝マラソン　万引きの使い走り

　施設生活では上級生の言うことは絶対服従であった。子どもたちには遊びの流行があり、運動会や夏休みなどには時に「マラソン」が流行る事があった。ある中学生が「明日からマラソンをする。みんなついて来い！」などと宣言されると、もはや「やるしかない！」のである。起床６時よりかなり前の早朝に上級生からたたき起され、４〜５キロほど離れた繁華街と百貨店前までの往復を走るのである。夕方のランニングコース約２〜３キロほどはあったであろうか。今からみれば、いい想い出ではあるが当時は必死の思いがあった。

　また、上級生から「使い走り」の万引きを命令されると断れない辛さも味わった。学園の近所に子ども達が行きつけの駄菓子屋があった。そこのおばさんは目が悪く、時に釣銭やお菓子の値段を間違えるので子ども達は「がちゃめのおばさん」と呼んでいた。ある夏の暑い日の夕方、筆者は上級生に呼び出され、「がちゃめ」で「アイスとジュース」をかっぱらってこい！」命令された。万引きが悪いことはわかっていた。しかし断ることは出来ない。「やるっきゃない！」のであった。戦利品を上級生に「分けて」もらいながらも「自分は下級生にはこんないやな思いはさせたくない！」と感じる少年だった。これも施設生活での夏の想い出の一つである。

2. 白い割烹着の保母さんたち　同級生のボスとの葛藤

子ども期と遊び

『春の歌　うたえば』で筆者は当時の職員の様子を次のように記述している。

　　…職員は全員が住み込みで、まさに集団で生活を共にしていた。保母さん方
　　は、ほとんどが白い割烹着姿で髪も短く縛り、いつも掃除、洗濯に追われていた。
　　子どもたちは、職員に休みがあるなんて考えてもいなかった時代である。（183
　　ページ）

　筆者の記憶では、漫画家横山隆一の新聞連載『フクちゃん』に登場する白い割烹
着姿で家事万端をこなすお母さんが当時の保母さんの働く姿のイメージに近かった
ように思う。長谷川町子の『サザエさん』に登場し、いつも割烹着を着ているサザ
エの母舟のイメージはやや年配だが「生活感」があった。そこには「生活」と「暮
らし」の営みがさりげなく展開されていた。春、夏、秋、冬の衣替えの季節には衣
類の調節・整理が賑やかに行われ、「大きくなったね！もう着れないね！お下がり
をもらいなさい！」などの会話を想い出す。

　また、筆者は日々の入浴後「洗濯物」を出す時に乱雑に出す者がいると、そっと「た
たみなおす少年」でもあった。おそらく日々忙しく立ち働く保母さんや洗濯干し場
で大量の洗濯物が風にたなびいている光景を見ていて子どもなりに「大変だな！」
と感じたのだろう。

　また、ある保母さんは就寝前に大勢の子
ども達を前にして「今日のお話」をしてく
れた。筆者は「お話」や「物語」を聞いた
り読んだりすることが好きだった。

　その中で「一日一善」という話が印象的
だった。「人は一日一つでもいいから善い

ヤビツ山荘にて

ことをしましょう。それも誰かが見ている前でやるのではなく、誰も見ていないときこそ善いことをしましょう。今日一日を思い出して自分は一つでも善いことをしたかどうか反省してみましょう。これを"一日一善"といいます･･･。」

　この話に感動して筆者は誰かが見ていなくても「洗濯物の乱雑さ」を「そっとたたんだりまとめたりする」ような行動となったのである。

　筆者は白い割烹着姿で日々忙しく働く保母さんをやや理想化し、まだ見ぬ「母」へのイメージを重ねていたように思う。

　一方、同級生の中にいわゆる乱暴でガキ大将のボスがいた。このボスは幼児から中学卒業まで筆者と生活を共にし、筆者を悩ませ、苦しませた。短気でけんか速く、わがままで乱暴だった。普段からなるべく接触しないように心掛けていたが、どうかすると下級生や仲間に嫌がらせやけんかを吹っかけることがあった。最も悩ませたのは、やさしい保母さんたちに対するわがままや乱暴な言動であった。筆者は多少の正義感があってもあの乱暴さにはとうてい適わないと観念していた。理不尽な言動にじっと耐え忍びながら、同時に勇気のない自分が情けなかった。「けんかに強くなりたい！」と心底思った。隠れて「空手」の練習をしたり、風呂焚きの際、まき割で「拳」を鍛えたりしたことさえある。後に「武道」に関心を抱き「少林寺拳法」に入門して「黒帯」をとるようになった動機はまさにこうした体験があったからである。この葛藤は毎日続き、日常的であり苦しい生活の一部でもあった。

　しかし、後年そのボスが中卒で就職し、高校進学して施設に残った筆者は、逆に「後ろめたさ」や「働いて生活」をしているボスの姿に「ある種の尊敬と羨望」さえ感じることがあった。

　施設での集団生活は苦しいことばかりではなかった。現在では喪われつつある「子ども期」特有の集団遊びの宝庫でもあった。特に身体を使った集団遊び（相撲、馬とび、水雷艦長、天下とり、めちゃぶつけ、三角ベース）は極めて自由で豊かだった。筆者はコマまわし、ベーゴマ、メンコ、ビー玉遊びなどが得意であった。異年齢集団の中でのさまざまな豊かな遊びを通して、「決まりの大切さ」「上下関係のあり方」「おもいやり」「いたわり」「辛抱」などを学び、おまけに基礎体力までついた。さらに施設でしか出来ない年間行事（海の家、野球、ドッチボールなどの球技大会、

クリスマス会、誕生会、正月の凧揚げ大会、百人一首大会、温泉旅行、ハイキング）などが懐かしく良き想い出として残っている。テレビゲームやゲームセンターなど現代の子ども達の「遊びの貧困さ」やいわゆるバーチャルな世界と現実社会との区別がつきにくく、「生命の一回性」を実感できず、殺人等の重大な少年犯罪を引き起すという深刻な事例を考えると、子ども期における「遊び」のもつ効用はもっと深く実践的に研究されてもいいのではないかと思う。

3. 学校生活の発見　担任中村篤先生との出会い

小学校３年生の担任は中村篤先生だった。この先生はたいへん型破りで授業は脱線が多く、自分の軍隊生活や、戦争体験の話に熱中していた。全身をつかったユーモラスで情熱的な話し振りに生徒は笑い転げ、時にはもの哀しく、引き込まれ魅力的だった。筆者は相変わらずチビだったのでいつも先生の机の前に座ることになっていた。

　先生はよくタバコを買いに行かせたり、黒板ふきを掃除させたり、なにかと用事をいい付けては筆者に目をかけてくれた。「無口で暗い表情の、感じやすい」少年だった筆者は成績もそれほど目立たず平均以下だった。

ある時、いつものように脱線した授業で先生が皆に質問を投げかけた。手を挙げ応えることなどしたことのなかった筆者は、幾度かの躊躇の末、ついに皆につられて思わず「手を挙げた」のである。すると先生はすかさず筆者を当て「解答」を引き出したのである。衝撃であった。驚きであった。それまで、ただおとなしく、じっとしているだけの表情のない少年だった筆者は「授業とは手を挙げて応えてもいいのだ！」と知った。なんともいえない快感であった。認められた実感があった。勉強するとは？学校とは？こういうことだったのか！と少年ながら受け止めることが出来た。筆者なりの「学校の発見」である。

それまでは、ただ「出席」しているだけだったが徐々に授業に「参加」することを覚えた。このことがあって以来、筆者の勉強や学校へ向う姿勢に大きな変化が生じることになった。

その後の筆者の学業成績は学年が上がるに連れて、上昇していった。特に国語や社会が好きになり、読書の楽しみを知ることになった。同時に学校生活での積極性が芽生え、少しずつ性格の明るさも現れるようになった。すると施設生活では、あれほど重症であった夜尿が小学校５年生の頃にはぴたりと止まったのである。心底嬉しかった。自信もよみがえった。こうしてふり返ると筆者を悩ませていた「重症の夜尿症状」はやはり「情緒的な課題」からくるものだったといえようか。小学校３年生の時の中村先生との出会いは筆者の自己形成にとっては心身の成長のきっかけを創ってくれた非常に大きな「事件」であった。

4．家庭引取り児童の面会場面目撃　　脱走児童を追いかける

　筆者との夜尿児仲間に同学年のＴがいた。彼は気がやさしく、同級生のボスとの葛藤を筆者と共有していた。夜尿児童同士の奇妙な連帯感があった。寒い冬の選択場で失敗したシーツや下着を冷たい水で洗いながらよく励ましあった。

　ある日、事務所前の応接間を通りかかった時、Ｔの母親が面会している場面に遭遇した。一瞬「見てはいけないものを見てしまった！」と感じた。居心地が悪くその場を離れた。だが、着物姿の母親の映像が脳裏に焼きついた。その後２人は外出し、帰って来たのはうす暗い頃であった。母親は面会室に残ったが、Ｔは一旦、部屋に戻ってお土産のお菓子を分けてくれた。暫くして母親は帰っていった。Ｔは落ち着いて見送っていた。だがそう見えただけだったのだろう。その夜、Ｔが脱走した。「母親を追いかけていったに違いない」と直感した。学園内が騒々しくなった。筆者は近くの駅まで走った。「Ｔのバカやロー！脱走するなんて！」とこころの中で叫びながら走った。するとＴは駅の踏み切りの前で突っ立っていた。声をかけ連れ戻そうとしたが、応じなかった。電信柱にしがみついて離れなかった。

　「お前には親がいるじゃないか！ちゃんと迎えにきてくれるよ！それまで我慢して待ってろよ！」と叫んだ。Ｔは涙ぐんで「わかった！お前は親がいなかったよな！」と納得して連れ帰ることが出来た。辺りは真っ暗になっていた。空から白い春の淡雪が舞い落ちてきた。

　その後幸いにもＴは無事に「家庭引取り」となり一件落着した。後日Ｔからハガキが届いた。「くじけるな！たろう！」と書いてあった。

5. ある転校生の出現　　学校生活の充実

　小学校5年生の時、クラスに転向生の少女が現れた。ショートカットで清潔な印象があった。当時、演歌歌手ビューしたばかり水前寺清子に似ていた。たちまち男子の注目を浴びた。暫くしてその子は成績優秀であることも判った。多くの心酔者がいたようだ。筆者も密かなその一人であった。しかし、胸の奥に秘めるばかりで、何の展開もなく終った。ただ、音楽の時間にやんちゃな男子生徒から「おまえ好きなんだろう！」とからかわれ、ひどく慌てたことを覚えている。少年らしい充実した学校生活の一場面であった。

読書体験　　テレビの登場

　施設での生活は「大勢の他人の中での集団生活」で、毎日が「修学旅行」のような「合宿団体生活」だった。小学生時代ではそれほどでもなかったが、中学・高校生時代には一人になれる時間と空間を求めて、トイレの中や屋上や屋根の上ですごすこともあった。また人間関係が厳しく特に子ども同士の上下関係には絶えず緊張し辛い想い出が多い。こうした気苦労から開放される為に筆者は読書の楽しみの世界に没入した。小学校の高学年頃から学園の図書室や隠れ「倉庫」などに入り浸り、マンガも含めてさまざまな本との出会いがあった。『少年探偵団』『怪人20面相』『怪盗ルパン』『80日間世界一周』『『巌屈王』『ああ無常＝ジャンバルジャン物語』『南総里見八犬伝』などは小学生の頃に読んでいた。同時に少年漫画誌『少年サンデー』『少年マガジン』『少年キング』『少年チャンピオン』『少年画報』などを精力的に読んで過ごしていた。

　テレビの影響も大きかった。施設ではテレビの視聴時間が学年別に厳格に決められていた。だが、その範囲で楽しむことは出来た。プロレスの力道山、相撲の栃錦・若乃花、朝潮、大鵬、柏戸時代に熱狂した。筆者は「栃若時代」に、高砂部屋の朝潮のファンであった。理由は朝潮の「しこ名」が「朝潮太郎」だったからである。野球は巨人で9連覇の川上監督、長嶋、王選手の黄金時代だった。少年番組では『赤胴鈴之助』『月光仮面』『風小僧』『白馬童子』『笛吹童子』『紅孔雀』『七色仮面』『ま

ぼろし探偵』『少年ジェット』『隠密剣士』など今でも番組の主題歌を暗誦している
ものが多い。

6. 突然の呼び出し　理不尽な暴力
夜の恐怖　　弱肉強食の世界

　学校生活が充実していく反面、施設での生活は悲惨であった。成績が上がること
は職員からは喜ばしく誉められることではあっても、子ども同士の世界では全く逆
であった。『春の歌　うたえば』ではこの辺りのことを次のように綴っている。

　…ところで、施設生活を貫く最大の特徴は、幼児時代から小学校、中学校時代
を経ても一貫して「大勢の他人の中での集団生活」であった。それはともすると、「力
の論理」が支配する世界であったと思う。つまり、力の強いものが弱いものを支配
していく法則がすべてであった。この「弱肉強食」の論理は、職員の先生方とは全
く別個に、こども達の生活の中に厳然と存在し貫いていた。小学生にとって、中学
生ほど怖くて恐ろしい存在はなかった。
　養護施設出身者による女子大生強姦未遂殺人事件を扱った『荒廃のカルテ』（横
川和夫編著、共同通信社刊、1985年）の中に描かれている施設内の子どもたち同
士による苛め、性的悪戯、リンチ事件などは、程度の差こそあれ、私にも共通の体
験がある。
　学校の成績が上昇していた筆者は、ある晩中三の上級生に呼び出され、いきなり
顔面を殴り倒された。「おまえは、なまいきなんだよ！」と怒鳴り声をあげていた。
私の前には、やはり一級上の小6の上級生（この人は口から血を吹き出していた）
がやられて倒れていた。後で判ったことだが、その中三の先輩は高校進学希望だっ
たが、施設からの進学ができないので就職となり荒れていたのだという。当時の私
は、施設生活が嫌で学校生活の充実さに逃げ込もうとしたが、勉強しすぎると施設
で苛められる不安に日々怯えて暮らしていたといえる。
また、夜になると中学生に無理矢理ふとんの中に首を突っ込まされ、性器を舐めさ
せられる苦業にも悩まされた。これらの体験は、己の弱さ、無力さを思い知らすに

87

は十分すぎる事件であった。何故、このようなことを職員に訴え相談しないのか、との疑問が当然起こるであろう。しかしそれは、施設生活の実態を知らない者の弁なのであり、現実には、己自身の小さな胸の内に押しとどめて耐えるよりほかないのであった。・・・（略）（184 ～ 185 ページ）

　筆者はこうした理不尽な暴力の存在を告発し、加害者を断罪したいのではない。施設で暮らすということの事実はどのようなことか、何が起きているのか、これを子ども達の生活の視点で見るとどのような事実が浮かび上がるのかを伝えたいのである。
いわゆる研究者の「研究」や「調査」等からでは充分に把握しきれない真実な「体験」の重さを知って欲しいと念願している。その上で実質的な対策や課題を検討し、実践することが肝要であると思うのである。

7. 施設入所理由を尋ねる　　祖母におぶられて　　　　　　　　家族の発見と葛藤

　筆者は小学校 5 年生のある日、事務所の前を通りかかり、ためらいながらも思い切って職員に「（僕は）どうして施設にはいったの？」と尋ねたことがある。その女性事務職員は、めがねをつまみながら一瞬驚いた様子だった。「そーねー ・・・。」といぶかしみながらも立ち上がってなにやら分厚いファイルを取り出し、「お母さんが病気で、おばあちゃんにおぶられて来たんだよ！ 2 歳ころ ・・・。」との説明だった。「自分にも母がいるのだ！その母は病気だ」という。「おばあちゃんが自分をおんぶして学園に連れてきたのか ・・・。2 歳のころ・・・？」　ここまでは何とか受け止めはしたがそれ以上のことを聞くことが出来なかった。何か聞いてはいけないことを聞いてしまい、ひどく悪いことをしてしまったように感じた。踏み込んではいけない世界に踏み込んでしまったような気がした。怖いような気持ちもあった。新たな葛藤である。
　その後 2 度の自分からこの種の質問をすることはなかったが、「家族」とは何か、

まだ見ぬ母はどんな人なのだろうか？と見えないイメージを膨らませ自問自答を繰り返し、答えの出ないもどかしさを抱え続けていた。

8.　米軍慰問団の想い出　缶詰　粉ミルク　煮干漁り　　　　　　甘食パンとカステラ

　施設には時に米軍慰問団が訪問し、たくさんのお菓子やお土産・寄付物品をプレゼントしてくれた。特にクリスマスの時期に集中していたように思う。お揃いのジャンバー、セーター、Gパン・ズボン等が贈られ、小学生は冬場には皆同じような服を着て登校することになった。米軍慰問団が配布してくれたもので子ども達の人気は、米国産のビスケットや飴などが入っていた缶詰と粉ミルクの袋であった。缶詰はおやつに出され、外国産独特の臭いと味になかなか慣れなかった。缶のふたに缶きりが巻きついていて、くるくると巻き込みながら開ける楽しみがあった。また大量の粉ミルクの袋が廊下に山積みされ、中学生の中には夜、こっそり袋に穴をあけて粉を盗み舐めていた者もいた。

　施設の夕食は5時過ぎで早い。中学生は夜も9時過ぎると腹が減って我慢が出来なくなる奴がいた。すると子分を数人引き連れて、炊事場の奥に忍び込み、味噌や塩、時には味噌汁の出汁に使う煮干魚（にぼし）を漁りに「遠征」をした。筆者も何度かこの遠征に「従軍」し、煮干魚で空腹を凌いだ覚えがある。
総じて施設の食事は、朝は納豆、たまご、昼はコッペパンとコロッケ、夜は魚類が多かったように思う。人気メニューはカレーライスとハンバーガーである。子どもたちの憧れの食べ物は甘食パンとカステラだった。そもそも菓子パンというものがまだ施設にはなかった時代だったから、ケーキ屋やパン屋のウィンドウ越しに眺める甘食パンやカステラが垂涎の対象であった。正月にはお年玉で蜂蜜入りのホットケーキが食べられることが子どもたちの楽しみの一つであった。

　後年、誕生日には自分の好きなメニューを言えるようになったが、メニューを知らず、「とんかつ」「カツどん」「ビフテキ」等がご馳走であった。「何が食べたいか」と聞かれても思い浮かばず、聴かれることが苦痛でもあった。筆者は魚類が好きだった。特にサンマノのヒラキが好物であった。このため、蛋白源を豊富に摂取して

いたせいか歯が丈夫で小学生時代は毎年6月の健康診断で歯の「健康優良賞」をもらっていた。

9. 副施設長の息子との確執　　集団体罰事件
　　　　　　無実の罪を着せられて

　筆者が学園の創設者の息子＝副施設長の長男と小学校が同学年であったことは以前にも述べた。本来あってはならないことだが園長家族と施設児童との対比や施設児童に対する不適切な取り扱いは残念ながら避けられない課題だった。

　この点はわが国の多くの学園運営は創設者の同族経営や伝統的な世襲制をとっている児童養護界にとって、ある種の触れてはならないタブーの領域かもしれない。筆者は園長家族に対し悪意を抱き、批判・非難・告発しようとすることが真意ではない。

　しかし、筆者たち施設児童が理不尽に受け、心の傷として今尚忘れ難く記憶されているひとつの事件に触れないわけにはいかない。それは筆者が小学校4年生頃のことである。ある日、「お兄さん」（副園長）が突然、大廊下に全員集合をかけた。その上で中学生の上級生から小学生に至るまで、集合した児童全員に張り手の体罰が下されたのである。私の横に立っていた一級下の少年は張り手の勢いで窓ガラスにぶつかり怪我をした。体罰の理由は「金庫から金が盗まれた。盗んだのはお前達に違いない。誰が盗んだか白状しなさい！」とのことだった。「集団体罰事件」である。殆どの子ども達は全く身に覚えがなかった。副園長は軍隊経験があり、時に「体罰やむなし！」との強い信念があった。（筆者は副園長が手癖の悪い男子中学生に対し激しい体罰を加えている場面に何度か遭遇している。）ちなみに副園長は当時テレビ放送で一躍国民的英雄だったプロレスの力道山に似ていた。その「張り手」は「空手チョップ」でもあった。ただし「正義のための」それではなく「恐怖の凶器」そのものだった。実はこの事件には伏線があった。副園長の息子は「学級委員長」になりたくて、クラスや仲間に人気取りのための「現金」や「菓子」を配っていたのである。筆者も実は受け取った仲間の一人であった。「断るべき」であることは分っていながら「くれるものを断る」勇気がなかった。後でほかに受け取った仲間3人とともに「残金を返却」したのだが、副園長は「息子」を庇うあまり、その事

実を認めようとしなかったのである。子ども達は言わば「無実の罪を着せられ体罰」を受けたのである。理不尽！というほかない。

　この事件がひとつのきっかけになって当時の中学生が「荒れた」。近隣の自転車ドロやけんか、酒、タバコ、服装違反等を繰り返した。筆者は園長家族との比較で「学園の子」の立場の弱さに、ひたすら耐えることを学んだ。

10.　ある指導員の登場　中学進学

　こうしたことがあり学園生活は流れていった。冬のある寒い日の朝、見慣れない人が学園の園庭を掃除していた。筆者が小学校5年生だったと記憶している。ただの中年の「おじさん」のように見えた。しかし、筆者にとってこの人との出会いが人生を大きく左右することになるとは当時は全く思いもしなかったのである。

　筆者はこうして中学進学へとすすんだのである。

第3章
思春期のはじまり　　重要な他者との出会い
施設入所理由の告知

1. 夜中の悪夢にうなされる　離人症状　距離感の喪失　不安感情

　中学に入学する前後に筆者はよく「夜中の悪夢」にうなされることが続いた。ひとつは『学習百科事典』に夢中になり、宇宙の成り立ちや銀河系・太陽系などの空想図や想像図を楽しみながら読む少年だった。これが昂じて、夜中に「自分が宇宙の中のちりになって消えてしまう恐怖・・・」や「太陽が5つも7つも増殖し、拡大し、地球や世界そのものが焼け焦げ、押し潰されてしまう恐怖」や「一体どれが本物なのか？」と「太陽に向っておののく自分の姿」にぐっしょりと寝汗をかき、思わず「助けてくれー！」と声にならない声を殺しながら保母さんの部屋に駆け込んだことがあった。そして落ち着くまで暫く一緒にいてもらったことがある。

　また、学校の授業中に、突然先生の顔がドンドン小さく遠くなり、最後は豆粒のようになってしまう幻視に囚われたり、黒板の文字と自分との距離がとれなくなり、文字をじっと凝視すればするほど、黒板が遠くに小さくなってしまう恐怖の瞬間があった。

　夜中の悪夢はしばらく続き、筆者を人知れず苦しめた。そんな時保母さんの部屋の明かりがどんなに筆者の心に安心感を与えたかわからない。こうした体験は、人と人との距離が次第に遠ざかり、自分の存在が見えなくなり、世界の深淵に沈み込む恐怖におののいていたのである。一種の「離人症状」とでもいうものかも知れない。いずれにしても思春期の前期に体験したこうした出来事は「人生への不安」や「自分自身の存在への不安感情」の表出のひとつであったように思う。

2. 登校前に杉本先生に呼び出される　張り手の衝撃　こころの扉

　拙稿『春の歌　うたえば』には、筆者の「こころの扉」がこじあけられるエピソードが次のように描かれている。

　　　・・・およそ古今東西の多くの人生論において、人との出会いの重要性、その運命的な不思議さを説かぬものは少ないであろう。私にとって、小学校５年生の時に養護施設の指導員として出会ったＳ先生（杉本基＝すぎもと・もとい先生）との出会いこそは、重大で運命的な不思議さを示している。

　杉本先生はすでに40歳を過ぎていたが、おとなしかったのは初めの１年間くらいで、二〜三年後には、当時施設内で下級生の使い走り、万引き、保母さんへの反抗、暴力、苛めなど、地域や学校では、自転車盗、恐喝、不良グループ作りなどですさみきっていた中学生連中を、片っぱしから徹底的に改善しようと激しく体当たりでの実践に踏み切った。一人ひとりの荒れきった中学生の心を掴もうと、昼夜かまわず徹底的に付き合い始めた。その上、問題行動は絶対に許さないと、悪いことをしたらその場で誰が見ていようと激しい勢いで殴りつけ、蹴り倒し、厳父のごとき態度で臨んだ。

　時には、あまりの激しさに保母さんが止めに入ったこともあったが、全く耳を貸さなかった。毒には毒をもって制す！とばかり圧倒的な「力の論理」で悪の制圧に乗り出したようにみえた。その猛烈な怒りの激しさに施設の子の誰もが恐れおののいた。憎しみを抱いた者さえいたと思われる。しかし、怒声と張り手を振り上げる顔をよく視ると、両眼を真っ赤に見開きつつ、大粒の涙が滝のように流れ落ちているのが判るのであった。ただの憎しみと怒りで殴っているのではないと、その大粒の涙が語っているように見えたものである。

　私が中１の頃、学園内でボランティアさんのバッグより現金が頻繁に盗られる事件が起きた。関係者と思われる者は次々と応接間に呼ばれて調べを受けた。登校前の私にも順番が来た。杉本先生はいろいろと質問をしたが、私は思い口も心も閉じたままだった。すると、いきなり激しい張り手が飛んできた。「口を

きかないとは何事か！」とのことだ。

　それまで職員にたたかれたことなど殆どなかった私は、これには驚いた。悪いこともしていなかった。それでもたたかれたことに衝撃を受けた。そして泣きながら登校した。このことが私と杉本先生との出会いを作ったと言える。以来私は、杉本先生を恐れる半面、次第に先生の考えや教えをとり入れるようになり、手伝いも積極的に行うようにした。心の扉がこじあけられ、杉本先生も私を何かと頼りにするようになった。風呂焚き当番や小学生の学習指導などの役割を与えられ、私は懸命にその期待に応えた。（186 〜 188 ページ）

　当時の中学生は「荒れて」いた。筆者も小学生だった頃、中学生の存在は「恐怖」の的であった。「何を命令されるか分らない・・・。いつ殴られるか・・・」と怯えた毎日だった。こうした場合、①なるべく危ないひとの側には行かない　②乱暴をしない安全・安心な上級生の下につく　③どの上級生の下についたら安全かを見極めるなど子どもなりの「生活の知恵」を働かせて「生き延びる」のである。こうした子どもの独自な世界は自然界の「弱肉強食」の世界に近く、大人たちとは関わりなく存在していた。筆者はたまたま部屋割りで一緒になった中学生のH君の下についた。子どもたちの人間関係にはそれなりの派閥が存在していた。基本的には「部屋ごと」にそのグループが形成されたが、時には「部屋」を越えてのグループもあり、それなりの複雑さがあった。当時は「野球」が流行っていて、その組み合わせも「グループ」を形成する要素にもなった。

　筆者の上級生には、さらにその上の上級生が存在し、他のグループと見えない「張り合い」があった。子どもたちにとって毎日の生活の中で「誰の下につくか」（いわゆる「ボス」探し）が重要な「生き方」の選択であった。当時の中学生の「荒れた原因」には、先にあげた副園長による「集団体罰事件」もその一つで、子どもたち同士の「暗黙の了解」があったように思う。しかし、学園の先輩や仲間の中には「副園長」家族と「うまく」付き合える人もいて、そういう人たちは「家族ぐるみ」の交流を楽しんでいたように思う。筆者は当然そうした仲間からは「はずされ」、別のグループに所属していた。だが、それはそれとして静かに受け止めるより仕方なかったのである。

　ところでS先生の「張り手」の実践であるが、筆者はたまたま「張り手の衝撃」にも関わらず、ある意味では強制的に「こころの扉」をこじあけられ、結果としてそのことが契機となり、相互の信頼関係を築くことになった。ともすると筆者が「暴力」（愛のムチ？）を肯定しているのではないかと思われるかもしれない。この点では筆者はS先生の方法は誤りであったと考えている。なぜなら、S先生から受けた「暴力」を激しく恨んでいる卒園生の存在があるからである。やはり、たとえ「愛のムチ」とはいえ、「恨み」が長く刻印されるような手段は、最善の方法とはいえないのではないかと思う。

3.　重要な他者との出会い　風呂焚き当番　学習指導　リーダー養成

　人はその人生の途上である偶然の他者との出会いがその人の人生航路を大きく左右することがある。社会学ではそのような人の事を「重要な他者」と呼んでいる。

　『新社会学辞典』（New　Encyclopedia　of Sociology）1993．2.10　初版、編集代表：森岡清美、塩原勉、本間康平、有比較、703Rページ、によれば『個人は、他者との相互行為を通じて、社会ないし彼が属する集団に適合的な行為の仕方や態度、価値を身につけ、また自分自身を他者の観点から対象化してみるようになる。この過程における他者としては、ある特定の他者と、G.H.ミードのいう一般化された他者とが想定される。重要な他者とは、前者、すなわち、個人を取り巻く、人間関係のなかでも、最も重要な影響を及ぼす人々を概念化するものである。具体的には、たとえば、子どもの社会化の過程における両親、教師、遊び仲間などがあげられる。「役割取得」概念の有用な明確化を目指すR.H.ターナーの議論においては、レリバント・アザー（relevant other）という用語が採用され、この重要な他者の役割取得という考え方と、シブタニ（Shibutani,T）らの準拠集団という概念との対応が分析的に考察されている。（文献：略、担当：草柳千早）

　筆者の場合の「重要な他者」とは、まさに杉本先生との出会いということになる。先に述べた杉本先生の「張り手の衝撃」によってそれまで閉ざしていた筆者の「こ

ころの扉」がこじあけられ、次第に杉本先生の生き方や価値観を取り入れるように
なった、その過程で、日常生活上の筆者なりの「役割期待」を果たすことになった。
これが具体的には「風呂焚き当番」や小学生への学習指導（宿題をみたり、掛け算
の九九の暗記の手伝いなど）や学園のリーダー養成の求めに応ずる生活態度へと変
化していった。そして高校生の時期には「準職員」的な役割も期待され、可能な限
りこれに応えようとした。

　しかし、実態はまだまだ成長途上にあり、しかも思春期から青年期にかけての精
神的揺れ動きの渦中にあり、不安定な状態でもあった。これは第4章で触れるこ
とになる。

4．中学生日記　園舎の改築とバラック生活　東京オリンピック開催

　筆者は小学校5年生の夏休み頃から、「宿題」がきっかけではあったが、自分の
意思で「日記」をつけるようになっていた。今、手元に大学ノートタイプのものを
中心に中学から高校、そして社会人となってから25歳頃までの日記が全部で13
冊残されている。

　その中から、筆者の中学生日記の一部を引用する。当時の養護施設の生活が子ど
もの視点で描かれていることや筆者自身の「こころの動き、悩み・成長」等が素直
に記述されていて感慨深いものがある。但し、文中に登場する人物や地名などは個
人のプライバシー保護の観点や特定化をさける配慮をしていることをお断りする。

1964（昭和39）年7月21日（火曜日）くもり　　（中学2年生の夏休み）
　　　今年の夏休みこそは！と望んだこの夏休み。その第1日目はあまりよくい
　かなかった。と言うのは予定の起床の時間〜食事の時間まで、30分のずれがあ
　り、理科の補習（8：10）が長びき10：00からの洗たくが出来なかったこと、
　しかたがないので、1時から洗たくを始めた。そしたらその洗たくの時間がか
　かったこと2時間、まったく自分でもおどろいた。3：00からの予定は5：00
　までのてつだいとなっている。これは実行することが出来た。
　　　そのあと、先生がいなかったため僕が小学生の風呂の面倒をみた。この時
　はいささか僕もまいった。小学生はうるさくて、てんで言う事もろくにきかな

い、それに前の洗たく、風呂たきと長時間やったせいか、だいぶ疲れていたあとだったからだ。

　さて、次は6：00からの勉強の時間である。しかし、これは守りたいと思っても守ることが出来なかった。なぜならば家（園舎のこと）をこわし新築にするために自分の荷物をまとめることである。僕は前から「家はこわさないで、そのままのほうがいいな」と思っていた。ところがこうきた。僕は「何年も一緒に住んできた家をこわしてなにがいいのだろう」と思った。きのう、そのお別れ会なんというものをやった。

　だけど僕は「ふざけているよ、家をこわしてなにがうれしいか」と思いながら会を見ていた。みんなもあまりうれしくないようだった。これで今日は終った。なお、今日からY（同級生）が移動教室に行った。

＜解説＞

　学園は1964（昭和39）年の夏休み期間を利用して園舎の解体と新築の大事業を計画・実施した。旧園舎は、昭和天皇陛下から戴いた「御殿」であり、子どもたちには住み慣れ「御殿」への愛着があった。しかし、老朽化や雨漏りの弊害はかなりひどい部分もあった。これも時代の流れだったのだろう。この「解体」と「新築」の期間に子ども達や職員は隣の保育園のホールに建てられた「簡易バラック」に移動して臨時の生活を凌いだ。生活は不便ではあったが、半面「苦労を共にする」連帯感のようなものも芽生えてもいた。

　筆者はこの頃中学2年生ではあったが、学園の年長者としての「手伝い」＝風呂当番や小学生の面倒をみるなどの立場にあった。だが、中学生らしく勉強との両立にも悩んでいた。

7月25日（土曜日）晴れ　（移動教室終了日後の出来事）

　・・・その夜、またも僕にとって、いや一部の人にとっていやな事が起きた。それはテレビのことである。今夜10：00からどうしても見たい『いまにみておれ』という番組がある。そこで8：00になったからマイクロテレビをかりいにいこうとK先生（学童担当の保母さん）ところにいった。ところがそのテレビは海（学園の夏の行事で毎年1週間程度グループ別に「海の家」で海水浴な

どの臨海生活を楽しむ）に持っていったというのである。そこでしかたないから食堂のテレビで見る事になった。ところが、NとY（同級生でNは乱暴なボスタイプ、Yは陰日向のある少年）が「そんなところ（食堂）じゃいやだ！」といってK先生を困らせている。僕は別に見ることが出来ればどこでもいいと思っていたので承知して見ていた。いぜんとNとYはK先生のたのむこと（食堂で見ることをがまんしてほしい）を押し切ってとうとうおこって先生に「出てってくれ！もうわかったからよー、いつまでもそこにいるの、いってもいいよ！」なんていかにも先生をばかにしたいいかたする。ぼくは腹の中は（わがままをいい過ぎだ！）と煮えくりかえっていたがぐっとがまんしてみていた。

　　それは他人からみるといかにもそっちのけのように見えるがこうするよりしかたがないのだ。なぜかというと①に、もし僕がNにかかっていって（けんか）に負けたらそれこそ大変だ。Nはもう止めるものがいないから夏休み中あばれまわるだろう。②に、もしぼくが（けんか）に勝ってもNはかえってひねくれてしまい、S先生のいう事を守ることが出来なくなる。S先生のいうことというのはNのいいところをのばしてもっとよい人間にするためである。だからどうすることも出来ないわけである。

　　しかし、このままにしていたらどうだろう。今のNの状態はひじょうにあぶない体勢である。それはまず①に、小学生・中学生の一部を暴力的にこらしめてしまって「自分のいうとおりにしないとなぐる」といった形をしている。②に、先生方のいうことも全然きかない状態である。要するにNは今は押さえるものがいなくまったく自由きわまりない生活をしているわけである。こう思うと「早くS先生が（海）から帰って来て、Nをなおしてほしいものだ」と思い続けている。

<解説>

　施設生活の想い出で苦しかったのは同級生のボスとの葛藤であった。そのことは前にも書いた。ここではそうした葛藤が生活の中で具体的に日記の中で綴られている。そして既に筆者のS先生に対する期待も素直に記されている。施設生活の日常ではこうした対人関係の軋轢が苦痛の一つでもあるが、半面、こうした課題に立ち向かうことによって精神的な成長が促される要素ともなっているといえなくもない。（施設生活を肯定的に見る視点）

7月26日（日曜日）　晴れ

　　今日は風呂をたく日である。このごろは週番、食事当番、風呂当番などがひ
じょうに乱れてしまっている。それは「海」に行って（残った）人数が少ない
せいもある。しかしそれ以上にもっと深い原因があると思う。それは①に、S
先生がいなく、お兄さん（副園長）が全然指導しないからと、②は家をこわす
という大きな行事がひかえている。それでみんながだらけてしまっているわけ
だろう。特にだらけているのはNである。しかし、Nはいいところは多い。長
所①は明るくほがらかで皆と気楽に話をする。②はS先生に仕事をたのまれる
とたいへんおどろくほどやるやつである。③はまわりがどんなかんきょうでも
あまり気にしない。しかし、それは悪い点にもなる。もし、不良のかんきょう
でも気にしなく自分から積極的に、つきあってしまう。次に悪い所、①に調子
が良すぎて自分があやまちをしたと思う先生にいって人のせいにして罪をなす
りつける。これはよく僕がやられた事だ。②にすぐカッとなり、いわゆる短気
な所がひじょうに多い。だから小さい子は怖れているからいうことをよく聞く。
しかし、Nはそれを悪用してしまう、といったものである。だけどNは二・三
週間前からなんだか淋しそうな生活をしていた。僕はその淋しさをかくすため
にわざとはしゃぎ、ふざけ、さからっているのだろうと思う。だからへたにヘ
ンな事をいっておこらしたら、又、淋しくなって外に飛び出してしまうと思う。
そのせいか、今日の風呂にはいる時など、わざと僕を困らせて、ふざけている。
僕は、この時、Nはほんとうにかわいそうな奴だと思ってなんとか影をなくし
たいと思った。

7月28日（火曜日）　くもり

　　今日はK先生にお使いにいかされた。なぜ、「された」という言葉を使った
かと言うと強制的に「どうしても行ってくれ」と頼むからだ。しかしぼくは行
きたくない。いや、ほんとはいってもいいのである。だけどわけがあって行き
たくない。「わけ」というと、それは、お使いに行っている途中をNに見られ
たら、Nはぼくをきらって、はなれてしまう。そうしたら例のS先生の頼みは
きけなくなるのである。だから「絶対にだめだ」と言いたい。しかし、言うこ

とが出来ない。そうしてるうちにK先生はあきらめたように「必ずおかってに来て」といって出て行った。しかたなしに約束を守って、おかってに行き、お使いに行った。その途中にいろいろな話があった。それらの話はみんな僕のためことだった。だからよけいにやなんだ。僕だけが特別あつかいみたいなことをされたくないからだ。

　さて、なやみの事、Nにお使いをみられてしまったのか？それともこの日記を見られてしまったのか？急に僕に対する態度が変わった。それはその夜、風呂があるので燃やして「さあ、はいろう」と言ったら、「おれはやだね」といったり、はいるかと思えば、中であばれたりしている。それに僕のことをへんに見て、「おまえはいいな」といったりしている。僕はその言葉にかんにん袋の尾が切れた。「ちくしょうめ！」といって外に飛出た。まったく頭に来た。心の中は泣きたくなった。そして「早くS先生が帰って来て下さい」といのった。

7月29日（水曜日）　くもり

　今日はべつになんでもなかった。でも、きのうよりもNの態度はまるでちがう。なんだかなれなれしく僕についてくる。（略）

　その夜、ついに大変なことになってしまったのである。もちろん、とっくみあいではない。口げんかである。しかし、あとから考えると「どんなにNが悪くともがまんするのだった」と思う。しかし、ふつうの人間ならたちまちけんかになるところだった。

　僕は徹底的にやられて学園を出ようと思い、屋根に登り、一人で考えていた。「いっそのこと屋根から飛び降りて死んでしまうか」と思ったこともなんべんもある。それはS先生に熱心に「Nを良い方にひっぱってくれ」といわれているからである。だから「がまんするべきである」と思った。そして、もうこれからはあまりNとは口をきかず、「だまっている」ことにした。すると、下でK先生が僕をさがしている。僕あわてて隠れた。それはあの先生が僕とNとのけんかを見ていたからだ。K先生は必死になってさがしている。僕は心の中で「あの先生はほんとにほんとに、いい先生だなぁ」と思った。しかし、僕はそのことを態度で表すことは出来ない。非常に残念だ。

7月30日（木曜日）　くもり

　　今日も昨日と同じ理科の補習である。僕はごはんをあまりたべないで学校に行った。それはもう学園なんかもうほんとうにつまらないから（例のあのことから）学校のほうがおもしろい、と思っているのである。現に実に学校はおもしろい。友達は皆んな僕に親切である。特に1学期の評議員で現在は生徒会の会長をしているH君とは、むこうからつきあって、今はもうなんでも話せる仲である。しかし、それでも話せないことはある。それはやはり「学園に居る」ということである。もし僕がそのことを話したら両親のいない僕から離れてしまうだろう。そうしたら学校はとてもつまらなくなってしまう。でも、今は学校は僕の天国の様なものだ。それだけに家（学園）に帰るのがつらい、まったくつらい。

＜解説＞

　　ここには子どもなりの子ども社会における「対人関係」に悩み苦しむ少年の姿が率直に記述されている。その悩みは「屋根に登って考え、時には飛降りて死んでしまいたい」と思い詰めるほど深刻な状況であった。やはり毎日の生活の中でいやでも顔を突き合せねばならない苦痛は、たとえ子どもでもそれなりの深刻さがあるのである。

　　また、学園生活の苦痛を逃れるべく「学校生活」に活路を見出す希望もあった。しかし、それとても「学園生活」を友達に話せない限界があるのである。こうした「当事者」ならではの心理的苦痛はなかなか社会的理解を得ることが困難なテーマの一つである。このような微妙な当事者心理を理解しつつ、対人関係の苦しみや痛みについての適切な助言とサポートは特に思春期児童には欠かせない援助技術上の課題であると思う。

　　またすでにこの段階で筆者はS先生に対する「特別な愛着」を感じていることが分る。しかし、それとても大勢の中の一人である限界を意識してのことであった。

『春の歌　うたえば』ではこの時期の学園や社会の様子を次のように記している。

　1964（昭和39）年、私が中学2年生の頃、東京オリンピックがあり、この年を境に社会も学園も大きく変貌していった。懐かしく思い出深かった御殿が改築され、二階建ての鉄筋建築になった。社会は高度経済成長に突入し、道路、交通網を始め高層ビルの登場など、次々と街の様子が急速に近代化していくのが明確に自覚された。しかし、学園の建物の改築で大きく外観の変化はあったが、働く職員はまだ住み込み制で担当の保母さんも毎年のように代わった点については、旧態依然であった。
　このような状態は私が卒園する1969（昭和44）年に至っても変わらなかった。
（183〜184ページ）

5.　テレビのクイズ番組の招待でフォークギターが当る　独習開始

　筆者の中学生時代は空前のエレキギターブームだった。特にベンチャーズサウンドが大流行し、電気アンプ付きのエレキギターやドラムを叩き鳴らす光景は日常的であった。上級生がエレキギターに夢中になっている様子を筆者も側で憧れながら、見よう見真でギターの弾き方を盗み学んだ。「ダイヤモンドヘッド」「パイプライン」などの派手なギターの奏法がかっこよく目を瞠ったものである。その後はビートルズ・ソングも大流行した。ただし、筆者はエレキの音がうるさくあまりなじめなかった。むしろアメリカン・カレッジフォークソング（ブラザーズ・フォーやボブ・ディランの反戦ソング）やジョーン・バエズや森山良子の透明感のある美声とその反戦思想に魅せられていた。
　そんな時代状況の時、あるテレビのクイズ番組に招待されて出場した。司会が当時「三平で〜す。どうもスイマセン！」の流行語を引っさげて昭和の爆笑王と異名をとった人気落語家＝林家三平だった。筆者は幸いにもクイズで全問正解を果たし賞金とフォークギターが当った。それをきっかけにギターの独習が始まった。自己流の奏法ではあったが教則本と睨めっこしながら熱心に練習をした。

　フォークギターの音色は筆者の感性にピタリとはまった。中学生時代はまだまだ未熟で上達も遅かったが、高校生になって仲間もできてからはかなり本格的に学んだ。世の中の流行はグループサウンドであったが、筆者はカレッジフォーク派だった。ギターは筆者の孤独癖を癒す格好の道具となった。

6. 施設入所理由と母の病死を知らされる　実感が湧かず　自己探求の芽生え

中学2年生の終わり頃だったと記憶しているが、そろそろ中三になろうとしていた
頃、進路問題を真剣に考えなければならない時期だった。ある日、S先生に呼び出された。先生の部屋の中で1対1の対話だった。この頃のことについて筆者は『春の歌　うたえば』に次のように記している。

　　　・・・一方、私は中二の終わり頃、杉本先生より初めて自分の生い立ちや、親の話を聞かされた。先生はその頃、私の母のことを調べていたらしいが、どうやらある精神病院で死亡したとのこと、父は不詳とのこと、施設には祖母が預けに来たこと、母の兄が都内A区にて土地、家屋があるらしいが、母が死にその息子（私のこと）は全く面識もないので今さら会っても仕方ないとのこと。手切れ金らしき金を預かっているので園長に渡してあるとのこと。このような話を聞かされても、親のことがさっぱりイメージが浮かばず、考える手掛かりすらない状態だった。それゆえ、自分の出生についてはあまり深く考えず、この世に生を受けた事実のみを大切に思うことにした。しかし、S先生は私の母が精神病院で死亡したことから思春期の私に遺伝から発病する恐れを考慮し、私に精神安定剤の服用を勧め、私も簡単に同意し、中三の一時期のみ服薬した覚えがある。（188 ～ 189 ページ）

　施設入所児童にとって「入所理由」を理解することは極めて重要なことである。今日では児童相談所の児童福祉司と施設の家庭支援専門相談員や心理職など他の専門職種との連携により児童の措置理由の「説明」と「同意」等を適切に実践することはファミリー・ソーシャル・ワークの観点から、当然の前提であろう。とりわけ

長期在籍児童（10年以上の在籍を目安にする）にとってはその心理的安定や、施設生活への主体的参加姿勢を促す効果が期待される。しかし、筆者の在籍していた当時の施設にはそのような専門性はまだ確立されていず、もっぱら施設の「主任」的立場の人の職責とみなされていたようだ。筆者の場合は、S先生がその立場と役割を担っていた。

　S先生は既に亡くなっている（1977年5月28日、肝臓ガンを患い、57歳で病死された）のでこの時の援助者としての「準備」や「説明方法」に関する実際の感慨は知る由もない。だが児童にとっての重要な話をするに当って、どのような準備と方法を検討されたのか興味が尽きない。すくなくとも「個別に話をすること」「話をするタイミングを図っていた」「遺伝による発病を恐れ精神安定剤の服用をすすめる」などの配慮があったことを考えれば相当な準備と決断があったのだろうと想像される。

　乳児院からの措置変更児童や10年以上にもわたる長期在籍児童に対する「入所理由」の「説明と同意」（インフォームド・コンセント）や、さらに進路などの自分自身の「選択と自己決定」（インフォームド・チョイス）への援助プロセスは重要な自立支援分野の一つである。さまざまなケースの実践事例の確実な蓄積と検証、共同研究と実践が不可欠の分野と思われる。

　筆者のケースでは、こうした重要な課題が一人の職員（S先生）の善意や職責に委ねられ、十分なサポート体制や検証がなされきれていなかったとしたら、時代的な課題の一つでもあったと言えよう。しかし、こうした視点は40年以上経過している今日でさえも、なお未解決な課題として残されているように思う。

7. 15歳の選択　高校進学を勧められる　学級委員長に選出される
精神安定剤の服用

　拙稿『春の歌　うたえば』では、筆者の15歳の進路選択について次のように記されている。

　・・・中三になり15歳の進路の選択を迎える頃、S先生は私に「高等学校に進学しないか」とすすめてくれた。当時私の同級生は施設に8人もいたが、皆当然

のように中学を出たら就職と思っていた。一人家庭引取りで進学の可能性のある子がいたが、結局引き取られず就職となった。私も高校進学の期待がなかったわけではない。クラス委員として、生徒会の役員も経験していたし、十分進学可能な成績だったが、学園の中では前例のないことで費用も考えられず、自分からは言い出せなかった。学園の仲間への手前、自分だけが進学することなど出来なかった。だがS先生は学園の前例を覆すべく運動をし、奨学金も東京都からとライオンズクラブの２本立ての準備をしてくれたのである。

その甲斐あって、私は1966年（昭和41）年４月、都立の商業高校に進学した。（188ページ）

児童養護施設の入所児童に国が「高校進学」への道を開き、制度化したのは1973（昭和48）年からである。戦後児童福祉法制定が1947（昭和22）とすれば実に四半世紀以上の歳月が経過していたのである。

筆者の高校進学はその制度化以前であるので、やはり画期的なことだったといえよう。逆に言えば、もしS先生が尽力しなければ筆者の高校進学は実現しなかったということでもある。その意味でも筆者はS先生との出会いに感謝している。

しかし、その「高校進学」の費目名は当時から「特別育成費」であることにいささかの疑問がある。なぜ、国は児童養護施設の児童が高校進学することが「特別」なこととするのか。その「特別」という費目名に秘められた①行政福祉サービスの「悪しきパターナリズム」（恩恵・慈恵主義的福祉観。〜してやっているという福祉サービス提供者側からの比較的自覚されにくい援助姿勢）や「劣等処遇観」がありはしないだろうか。また、②「障害児・者」に対する「特別児童扶養手当」「特別障害者手当」などの「障害福祉観」を児童養護にも適応させている「偏見」と「差別」のニュアンスを感じるのは穿ち過ぎるであろうか。

筆者のような「当事者」の立場から見れば、児童養護施設入所児童がその能力や資質・希望に応じて「高校進学」することは何ら「特別」なことではなく、「等しく能力や資質と希望に添って」高校進学保障が児童養護にも配慮されるべきではないかと考える。その意味で「特別育成費」という費目名は早急に例えば「高等学校等教育費」などに改めることを提案したい。但し、単に「費目名」の改変がその主

眼ではなく、児童養護に対する公正で本質的な理解が進まなければ意味がないと付言しておきたいのである。

1973年以降、養護施設児童の高校等進学率は、15歳＝中卒・就職時代から、18歳養護保障の必要性の認識が浸透し、関係者のたゆみない尽力や当事者の努力もあり、格段に上昇した。2007年の今日では、むしろ「大学・短大・高等専門学校」等への「進学支援」の時代を迎えている。筆者の施設入所時代に高校進学が適わず「荒れた生活」を余儀なくされた先輩たちの無念や図らずもその被害にあった児童の「理不尽な苦痛」の体験を思うと「隔世」の観がある。
長年養護児童の人権擁護活動に多大な功績のあった元東京育成園施設長長谷川重夫氏（2003年物故）は、読売光と愛の事業団編（2003）『夢・追いかけて　児童養護施設からはばたく子どもたち』中央公論事業出版、の中で「児童養護施設児童の進学状況」という解説文を掲載して、この問題の社会的啓発の努力をしている。やや長くなるがその一部を引用する。

　児童養護施設に在籍する子供たちの進学は、一般の子供に比べてかなり厳しい。全国児童養護施設協議会調査研究部が、全国の児童養護施設552施設を対象に実施した進路調査によると、2000年3月に中学を卒業した入所児童1,959人中、高等学校（盲・聾・養護学校、高等専門学校を含む）に進学した児童は82.8％で、全国データの97％に比べ、およそ14ポイント下回っている。もっとも高校に進んだ児童であっても、中途で退学した率（2000年度中）は、9.8％にのぼり、全国データ（2.5％）の4倍近くに上っている。また、中学卒業後に就職をした入所児童は14.1％で、全国データの0.9％に比べ極めて高いことがわかる。

　さらに大学進学は、施設の子供たちにとって文字通り狭き門となっている。
　2000年に全日制・定時制課程の高校を卒業した児童養護施設入所児童1,001人を対象にした調査で、大学進学者（4年生大学、短大、高等専門学校の専攻科への進学）は、わずか80人で、進学率は8.1％（無回答者を除いて計算）。全国データの45.1％に比べると5分の1以下である。このほか、専修学校に進学した児童が8.1％と大学進学者と同程度いるが、両者を併せても16％

強で、81％は何らの進学もしていない。こうした低い進学率の原因の第１には、本人の学力の低さがあげられる。生育環境から勉学の機会に恵まれなかったことや、児童養護施設に入ってからも、一般家庭なら当たり前のようになっている学習塾、予備校への通塾はまれといった事情などが背景にありそうだ。

　ことに大学進学にあたってのハードルには、経済的な要因も大きい。高卒後、進学した児童に入学金、授業料などどのように準備したかを複数回答で聞いたところ、保護者からの援助が得られた児童は31.1％にすぎなかった。一番多いのは各種の奨学金の利用で66.5％、ついで本人の貯金34.1％、施設からの援助18.6％などとなっている。

　一般の高校生では、自分で貯金をため、大学に進学しようとするものがどれだけいるだろうか。施設にあっては、進学資金を、自分でまかなう子供が３分の１以上もいることは、彼らの置かれた環境がいかに厳しいかを雄弁に物語っている。（略）（179 ～ 180 ページ）

　筆者の場合は大学への進学の「夢」がありながらも、それを「口に出して」表明することが出来ず、「生きる」ために「就職」した。だが進学への夢は断ちがたく、４年間かけて進学資金を準備し、「夜間大学」へ進学した。この間の事情は第５章でさらに詳述する。但し、筆者は、施設児童の高校・大学進学問題は「進学率」を誇示するのではなく、「中途退学率」あるいは「卒業率＝学業達成率」にこそ注目すべきであり、その「中退原因」の「分析」と「対策」が急務との問題意識を持っている。

　児童養護施設児童の15歳の進路選択にはこのようなさまざまな背景や課題が存在する。筆者は中三の１学期には学級委員長に選出されながらも、S先生の配慮もあり密かに精神安定剤の服用をしていた。

8. 仲間からの嫌がらせ　　アンパンの想い出　　淡い憧れ人

高校進学の方向性が明確になるにつれて受験勉強が始まった。学校生活では担任

中３門出号　箱根旅行招待
左から著者一人置いて杉本先生

の指導もあり中三になるとクラス中の雰囲気が「受験体制」に染まっていった。とはいっても養護施設児童には「都立高校」一本の受験しか認められてはいなかった。都立高校への進学には「内申書」の成績が重要であること、特に１学期と２学期の「良いほうの成績」が採用されるとあって、それなりの緊張があった。筆者はこの頃からますます「学校生活」の充実と「施設生活」の「苦痛」との狭間で人知れず苦悩していた。

学校生活では偶然にも中学二・三年の時、あの小学校五年生時の転向生の少女が同じクラスになった。さらにその少女とは中学３年の一学期、二人とも「学級委員長」

（上）中学３年の卒業記念で
　　　箱根旅行に招待される
（下）中学生で NHK に出た時の写真

に選出され生徒会活動を共にすることになった。また担任の先生が「進路指導」では全国的に知られた方で、NHK の教育番組に２人共「出演」するということもあった。このときの歓喜はただ事ではなかったが、結局何の進展もなかった。

ある日の放課後、生徒会活動で遅くまで教室に居残っていた時、筆者の机の上にアンパンが置かれていた。その少女の心遣いであった。天にも昇る心持だった。こうしたふれあいはまさに学校生活の清純な青春の一コマであった。学校生活は充実していた。しかし、少女は有名都立進学高校に進学し筆者は都立商業高校へと道は分かれてしまった。淡い憧れ人であった。

反面、施設での生活は「高校進学の特例児」に対する目に見えぬ嫉妬のせいか、仲間からの勉強の嫌がらせ等が絶えなかった。教科書やノートの悪戯書きや登校時に靴がない、雨の日には傘がないなどが続いた。だが、例えこうしたことがあったとして筆者には、同級生が次々と「就職」して行く中で、一人高校進学する申し訳

なさがあり、ひたすらじっと耐えることにしていた。

9. 高校受験勉強の日々　　藤村、啄木、宮澤賢治などの詩歌・文藝に親しむ

学園の集団生活はかなり息苦しいものがあった。園舎の
改築、バラック生活、引越しの繰り返し、荷物の移動な
ど慌しい日々と共に、受験勉強も本格化した。しかし、
なかなか一人になれる時間と空間がない。やむをえず、
隣の保育園の教室を一時貸して貰いながら、かろうじて
勉強時間と場所を確保した。同級生は殆ど学習塾に通う
ものが多かったが学園ではそれは認められなかった。そ
れでも夏期講座はＳ先生の尽力で通学させてもらえた。

高校受験の写真

　こうした受験勉強の合間に筆者は日本文藝の詩歌や小説に親しむようになった。
小学校５年生の国語の教科書に宮澤賢治の「雨ニモマケズ」という詩に出会い、た
ちまち暗誦して魅せられた。以来、藤村の「椰子の実」や「初恋」、後には「千曲
川旅情の歌＝「小諸なる古城のほとり」、啄木の『一握の砂』や生活から湧き出る
短歌に共感を覚えた。
また、中学２年生の時のＴ先生（国語）は大変な国粋主義者で、行儀作法に厳し
かった。制服のエリのホックが外れていたり、授業態度が悪いと容赦なく激しく叱
った。Ｔ先生は授業中に自ら朗々と詠い、①「青葉茂れる　桜井の・・・」（楠木（く
すのき）正成（まさしげ）と正行（まさつら）親子の死出の歌）②水師営（すいし
えい）の会見（かいけん）（乃木稀典大将とロシアのステッセル将軍との敵同士の
友情物語の歌）などを強制的に暗誦させた。さらに『平家物語』の前文の暗誦を課
し、生徒に強要した。筆者は「怖い先生」との印象はあったが、なにやら野武士の
如き「死」を覚悟した真剣さに打たれた。実際その先生は肝臓を患っていて顔色は
悪く黄疸気味だった。これらの詩歌や文章は、40年以上も経た今日でも筆者は諳
んじていて当時やＴ先生の面影を髣髴と懐かしく想い出すことが出来る。
その意味で小学生や中学時代の初等・中等教育における教師の影響の強烈さを身に
沁みて感じている。

筆者の「文藝趣味」の根は小学生時代の読書体験をベースに、どうやら中学・青年前期のこの時期に培われたように思う。

10. 卒園生からの支援を受ける　　都立商業高校受験合格

　筆者の『中学生日記』にはたびたび卒園生が登場する。当時卒園生は日曜、祭日毎にS先生を訪ねてさまざまな相談を持ちかけては学園を訪問していた。こうしたことは日常的な風景だった。当時の卒園生は皆「中卒」ではあったが後輩たちに食事を「おごったり」「小遣い」をあげることは「先輩」の務めであり、かっこよかった。後輩たちは憧れに似た表情を浮かべながら後ろからついて歩いた。

　筆者は何回か先輩から小遣いをもらうたびに「勉強がんばれよ！」「参考書でも買えよ！」と励まされた。こうした時に感じたことは、「社会に出て働くこと」の大変さとその中で「働きに身を投じている先輩たち」への「畏敬の念」であり、「自由に遣える金」のありがたさである。先輩達からもらうことには筆者なりに「後ろめたさ」も感じていたが、ありがたい励ましでもあった。
　こうした恩義を感じながら筆者の高校生活が始まった。1966（昭和41）年の春のことだった。　この年の2月全日空ボーイング727機が羽田空港沖にて墜落事故発生。133人死亡事故だった。またビートルズが6月に来日し、日本中が大騒ぎをしていた。そしてこの年は丙午(ひのえうま)の迷信から出生数が激減し、後の少子化社会のメルクマークである合計特殊出生率1.58を記録した。

第4章
高校生活・青春の彷徨　自己探求の深まり

1. 文藝作品濫読時代
（芥川、三島、漱石、太宰、藤村、朔太郎、光太郎、文芸評論
佐古純一郎・加藤諦三人生論）

　筆者は晴れて都立高校への進学を果たした。しかし、本来、高校で学びたかったのは中学時代から好きだった「社会」や「国語」であった。どうやら「歴史」や「文藝」関係に関心が高まっていた。だが当時の養護施設では「高校に進学」することさえ「奇跡」だった時代である。
進路選択の順番は、①就職か進学か、②進学する場合には一定の成績が求められ、「私立」高校は認められなかった。

　都立高校一本のみ受験すること。③高校卒業後は「就職」することになるので、「普通高校」への進学ではなく「手に職をつけ、資格が取れる職業高校」への進学が望ましいと「商業高校」への進学となった。実のところ筆者は「普通高校」への進学を密かに希望していたのだが、そんなことを「口に出して主張する」ことは出来ない空気があった。さらに「普通高校」へ「進学」しても「その後の展望」が明確ではなかったから、「高校進学」には「感謝」しつつ、「商業高校」への「進学」は実のところ「不本意」入学であった。従って、進学しても「商業科目」などの「専門科目」への学習意欲があまり湧かず、もっぱら文学・歴史などの「文藝作品」に惹き込まれ、濫読するようになっていた。
　その頃、「学園」の図書室には『少年少女世界文学全集』や『日本文学名作集』などが配列されていたし、高校の「図書館」にも『世界文学全集』などがあり「読書」に夢中になっていた。
　芥川龍之介の初期短編作品『鼻』『羅生門』『蜘蛛の糸』などや晩年の『西方の人』『或

阿呆の一生』『河童』『歯車』などに惹き込まれた。特に芥川の自殺原因のいわゆる「ぼんやりとした不安」の言葉の意味や自死の床の枕辺にあったという一冊の「聖書」の存在は興味深いものがあった。後に筆者は夜間大学へ進学して「文学研究会」に所属した頃、芥川に影響を受けた拙い「習作」を書いて「発表」したことがある。今も芥川の「近代的知性と芸術の死」（佐古純一郎）の意味をこころのどこかで追い求めている。

　さらに作家松本清張の『昭和史発掘』のなかの「芥川龍之介の死」も愛読し、大正末から昭和初期にかけてのプロレタリア文学勃興期＝階級意識の目覚めと自らの出自からくる「小ブルジョア」的知性の運命を『敗北の文学』として切り捨てた宮本顕治の文藝評論にも強い関心を抱いた。

　三島由紀夫は『潮騒』が国語の教科書に一部掲載され、図書館で「全文」を読み感動していた。夏目漱石の『吾輩は猫である』は必修推薦図書であったがユウーモアがありながらも難解で最後まで読み通せなかった。しかし、『坊っちゃん』『こころ』は特に愛読した。『こころ』は人間の罪深い存在と苦悩が「黒いイメージ」で鮮烈に染み込まれた。国語の教科書に一部掲載されていたが、やはり「図書館」で全編まとめて読み「近代人」の孤独と「自殺」という深刻なテーマに強烈な関心を抱いた。高校2年の17歳ころがもっとも筆者の感受性が鋭敏で、次第に「自分とは何か？」「生きるとは？」「存在の価値」とは？ ・・・などの「自己探求」が深まり、「存在基盤の不確かさ」「出生が不透明」で「生きること、存在そのものが罪」であると認識した太宰治の作品に惹かれていった。『人間失格』『晩年』『斜陽』など「人間のたてまえ」と「本音」の間の虚偽を抉り出し、真実を見つめつつ、「救い」を求める「魂の苦痛」＝「スピリチユアル・ペイン」に強い共感があった。その頃、筆者は「暗い」表情と「不安」に落ち込み苦しんでいた。心配したS先生が「太宰を読むのは止めなさい」と注意をするほどであった。

　関連して、島崎藤村の『詩集』特に『若菜集』の「初恋」や「遠き別れに耐へかねて ・・・」の「惜別の唄」や「小諸なる古城のほとり ・・・」などは今でも暗誦している。さらに「詩と音楽」の融合や独特の語彙と孤独を鮮烈な「病と死」のイメージで紡ぎ出した萩原朔太郎の『詩集』「月に吠える」「猫」「青猫」の暗い情緒に溺れながらも、

112

反面、人間の剛直で純粋な美しく、そして力強いエネルギーを放つ高村光太郎の詩業にも惹かれるものがあった。やはり国語の教科書に紹介された「レモン哀歌」は長らく筆者の愛唱詩歌のひとつだった。

　高校時代でもっとも影響を受けたのは牧師でありながら精緻な文芸批評・評論を展開し、「近・現代人の孤独と魂の救い」の可能性を追求していた文芸評論家・佐古純一郎氏の仕事であった。特に『現代人は愛し得るか』『近代日本文学の倫理的探求』（審美社、1966、新装 I 刷　1977）、『椎名鱗三と遠藤周作』（日本キリスト教出版局　1977）、『文学をどう読むか』（現代教養文庫、社会思想社刊、1958、1971）、『文学に現れた人間像―虚像と実像の探求』（富士新書　1967）その他の文藝批評は、当時の筆者が未熟ながらも真摯に自己探求の試みを試行錯誤し「人間存在とその意味」「実存とは何か」「自分はどこから来て、どこへ行くのか・自分は何者か」などの問いと自問し、内面的で深刻な格闘していたからであろう。

　S 先生の勧めで近くのキリスト教会に通い、「聖書」や「讃美歌」に親しんだ時期もあった。後にその教会は S 先生の「葬儀会場」となり、さらに筆者の「結婚式会場」になったという縁が生まれた。

　また、自分の存在に自信がもてず、劣等感や自己不信の苦悩に沈んでいた頃、友人の紹介で知った新鮮で強烈な若者への人生論を展開していた加藤 (かとう) 諦三 (たいぞう) の『俺には俺の生き方がある』『生きる』『俺の胸に火をつけた言葉』『高校生日記』(大和書房) にも励まされた。とはいえある時は何ほどのことかに「興奮」し「自信を深め」たかと思えば、ふさぎこみ、自己や社会への不信に「生きる希望」を喪いかけるなど非常に内面的な振幅の激しい日々の葛藤が続いた高校時代は筆者にとってはまさに「さまよえる魂の彷徨時代」の青春であった。

2. フォークギター独習熱昂じる

　このように高校時代は「文学青年」気取りの時期でもあり、同時に「孤独と不安の日々」でもあった。学園では最上級生となり、もはや上級生や理不尽な嫌がらせをする同学年との葛藤から解放された反面、「自己探求」に基づく「魂の孤独」という新たな闘いが待っていた。筆者はこうした孤独や寂寥感をフォークギターの独

習に求め、その熱はますます昂じていった。ギター教則本を睨みながら、指の皮がなんども破れ、硬く固まるほど打ち込んでいた。そのうちギターを一緒にやる高校の仲間もでき、少しづつ上達していった。「花はどこへいった」「悲惨な戦争」「勝利をわれらに」「7つの水仙」「風に吹かれて」などのブラザーズフォアやボブ・ディラン、ジョーン・バエズ、PPMなど米国、英国のカレッジフォークやベトナム反戦ソングをよく練習した。

　高校へは自転車通学だったが、アルバイトで買ったギターケースを大切にしながらも、肩掛けベルトを手に入れ、ギターを担いで登校することもあった。ギターは学園のクリスマス会等での出し物で活躍することもあった。

3.　ベトナム反戦・野戦病院撤去運動に飛び込む　機動隊との格闘

　筆者の通学先の高校裏手には、たまたまベトナム傷病兵を収容する野戦病院が存在していた。1960年代の後半は世界史的にも空前の学生運動の季節であり、西のアメリカ自由主義・資本主義陣営と東のソ連の社会主義・共産主義陣営との国際的相克が次第に先鋭化していた。東欧チェコスロバキアの首都プラハへの「大国」ソ連軍の「侵攻」（いわゆる「プラハの春」事件　1968年8月）に「社会主義・共産主義」への「意外な幻滅」に静かな怒りを感じた。高校生ながらも「倫理・社会」の授業は「大討論会」になった。日本は当時、高度経済成長路線の延長で「昭和元禄」といわれた経済的繁栄を謳歌し始めていた。

　一方ベトナム戦争の泥沼化は傷病兵による市民生活の治安を乱す事件の発生となって、筆者にも身近な社会的事件として迫ってきていた。筆者は反戦意識や国際的「学生運動」時代の「反権力」機運に少なからず刺激をうけ、密かに深夜の「野戦病院撤去」運動に単独で飛び込み、「ジグザクデモ」に身を投じ、なんども「機動隊」のジュラルミンの盾と格闘し、ぶつかり、時には「放水車」からの強烈な放水にずぶぬれになったり、催涙ガスを浴びて呼吸の苦しさを体感しながら若者らしい正義感の発露を見出していた。

　この頃、デモに参加し、帰宅が深夜になることもあった。学園の職員には事実を伏せていて、そのために「夜遊び」をしていると勘違いされていたようだ。

4. 生きるとは？　自分はどこから来て、どこへ行くのか　自分は何者か？

筆者には大学ノート5冊分ほどの『高校生日記』がある。この時期の日記には「施設生活」「学校生活」が実に拙いながらも赤裸々に記述されている。

総じて「施設生活」では、最高学年になったことから、施設の子ども達のリーダーとしての役割が求められ、これに可能な限り応えようと努力している様子や葛藤が綴られている。

部屋では小学生の低学年から中学生まで4～5人ほどの相部屋であった、それゆえ、日記には集団生活上の個人的時間と空間のなさについての不満や下級生や中学生を相手にすることの苦痛や不満が自我に目覚め、改めて「自己の内面」を見詰め始めた高校生活に顕著になっている。実際施設での生活では中学生など下級生から慕われた反面、常に誰かがいつもついて周り煩わしかった。時には「一人になりたい！」と痛切に思ったものである。これは施設生活でのいわゆる比較的「良い子」といわれた児童の「良い子」ゆえの悩みや葛藤ともいえよう。

　こうした思いはおそらく筆者一人ではなく、多くの同じような立場に置かれた施設児童に共通するものではないかと思う。この『高校生日記』には、「自己を探求」し、思春期から青年期へと自己形成をしていく施設児童のある典型が示されているようにも思われる。そこでその一部を紹介してみよう。

1966年7月7日（木）くもりのち雨　七夕　（高校1年生　16歳）

　　昨日で古い日記帳も全部つけ終わったので、今日からことノートに書く。もうわかっている、本来ならばこの日記なんか書いていないで、せっせと勉強しているはずだけれども、どうしても今日は気がのらない。（略）

　　今日は本当に自分の時間がなかった。Tや女の子の新一年生（小学生？）に追いかけられ、いいかげん頭にきた。あしたテストだというのに、こっちの気も知らないでくっついて離れない。もう本当にイヤになって・・・。（学校のクラス）の奴らは一生懸命（勉強）やっているというのに、おれにはその自由がないのか？とにかく明日は、なんとかやらなきゃ。簿記と保健体育。しょうがないから、夜3時に目ざましをかけて、それから保健体育をまとめようと考え。

いま12時丁度。おやすみ

1966年7月8日（金）くもり　夜雨　強風
　　簿記のテスト、保健体育のテストが終った。簿記はまあまあだが保体は、90
％書かせる問題出たので失敗に終った。俺って　ダメな男だなぁ。せっかく2
時間で帰って来たのに食事食い終わったら雑誌をみてねてしまった。起きてみ
ると5時になっている。この時間が実にムダだった。この時間に地理を少しで
もやっておけば楽だったのに。・・・　反省しよう。また昨日と同じに、夜中の3
時に目ざましをかけて地理をやっちゃおう。おやすみ　夜12時13分

7月14日（木）くもり　高1コース8月号が来る（高校生向けの学習雑誌）
　　今日は、自由登校というので学校へは行かなかった。その代わり夏休みの
計画を立てる予定だったけど読書に夢中になってついやらなかった。本は、ア
ルベルト・モラビア原作、高橋豊訳“反抗期”（高1コース6月号付録）
　　約3時間半、ぶっとおしに読み続けた。ルイは丁度反抗期に入っていたら
しい。全く自分と同じような経験があったので、より親しみがわいた. ただ自
分より上手である. 彼は反抗期を破壊と言う名のゲームとして人生のすべて、
生きることのすべてに反抗をいだいた。そしてそれらの中の一つ一つを消して
なくしてしまおうとする。
　　ルイはある一つを除いてはほとんど反抗しおわった。ルイは満足感を覚え
るまで、それをそれを除いて反抗できた。
　　つまり、その一つだけはどうしても反抗できなくて、自分は人生へのきず
なを断とうとしているにもかかわらず、それを断つことが出来なかった。その
物はたぶん欲望、すなわち本能的欲望の異性への好奇心であると思う。それは
あの妙な家庭教師の誘惑によって覚えた絶対的な感覚である。ルイはその欲望
を捨てようとしたが・・・。
　　ところが家庭教師が死への病にとりつかれていたと知ったルイはその時急
に、もし死ななかったら・・・と考えてしまった自分に気付く。その希望はけっ
して家庭教師への心境ではなく、例のある感覚を求めようとするものだった。
そしてルイは自分の自己本位な考えに気付き、同時に同じような考えで成り立

っていると思われる社会に、人生にイヤケがした・・・。実によかった。ルイの気持ちがありありとわかる様な気がした。しばらく自分は興奮していた。

　そして一日が完全に狂ってしまった。考えろ！　考えろ！

　結局、計画は立てられなかった。　午後11時40分消灯

7月31日（日）　晴れ

　昨日まで自分がおかしくなってしまっている。今日もだ！夏休みに入って早くも10日余りが過ぎ去ってしまった。まるっきり計画は立ててない。この10日程は自分がどのように行動して良いのかさっぱりわからなくなってしまっていた。いわば密林の中で、方向感覚を失った様な、訳のわからない毎日を過ごしている。宿題もまだなにも手をつけていない。そんな夏休みで一体いいのかどうか。もちろん悪いに決まっている。だが、どんなにしたら・・・。イヤ、おれには、今のおれには自分がどんな生活を送ったら良いのか、又、これからどのように生きていったら良いのか、まるっきりわからない。実に恥ずかしい話だ。

　最近おれは働いている人と学生である自分と比較して嘆くことがよくある。社会で働いている人は自分の力でメシを食っている。自分の力でくらしを立てている。卒園生のI君（兄）は、毎日残業、残業で一生懸命仕事をしているのに、かんじんな給料は上がらないそうだ。まして夏休みもとれず、日曜日までも仕事をし、この暑い真夏の中を43度の室内で、仕事をしているそうだ。おれはこんな話を聞いて恥ずかしくなってしょうがなかった。I君は、それでも休まず、毎日仕事を続けられる。おれは本当に大変だなぁと思うこと事しか出来ない。

　ましておれと同年輩のT君やS君、今日来たFさん（同級生の女性）なんて、1年目だし、大変だろうと思う。毎日々働いて自分で生活する。自分の力で誰にも頼らずに生活している。おれはそんなことを聞くたびに、自分のだらしなさ、甘えている心などがひし々と感じられてしょうがない。なにしろおれなんか、自分一人で生きるということが出来ないのだ。心ならずや誰かに頼らねば

ならない。そうしなければ生活出来ない現状にある。こういう養護施設の中で生活していると、自分が弱くなる。要するに自律心がつかない。それは養護施設の字のごとく、心ならずや "誰かに保護されている。守られている。" という観念が強い。たぶんそれは養護施設の欠点じゃないのかと思う。けど、思っても仕方のない事だ。その欠点を補わなければ。

　おれなんか、養護施設の児童の典型的な形ではないかと思う。なにしろ2歳のころから箱の中に納められ、それから14年余りの間に、箱から出してもらうというよりも、自分で箱の外がどうなっているのか見ようとしなかった。そのうちに、その箱から外に出るのが恐くなって、中に縮んで柱にしっかりとつかまってはなさない。今まではそれが許されていた。すなわち卒業するまでは・・・。

　しかし、ひとたび卒業してしまうと、もう箱からは追い出されるわけだから、柱もない。つかまるものもない。中ぶらりんになる。でも、外に出たての頃は、ある程度の不安を感じながらも、保護者（箱）から飛び出て、自由に働くという、その "働く" というのにたまらない魅力を感じる。そして1ヶ月、2ヶ月と生活していくうちに、社会のきびしさ、一人で働いて、一人で自分の力で食うということのむづかしさがひしひしとわかってくる。そうすると、また、甘ったるい箱の中が無性に恋しくなってくる。でも働かないと生活出来ない。実に辛いのだろう。今のおれからみると、まるでムチを打たれている、苦しさにもがいているのだ。でも生きるためには、社会ではそれが当然の様になっているのだろう。同じ年輩で、こんなに苦しんでいる人がいるのに、おれはなんてぇざまだ！自分で生活出来ないんだからなぁ。働いているものからみたら、" なんて甘ったれているんだ " となるだろう。わかってる。わかってる。わかってんだけども・・・。そこがだらしないんだろう。本当に自分でどんなふうに生活していったらいいのだろう。どうしたらそのようになれるのだろう。イヤ、又、人を頼っている。ダメだ。オレはすぐに心を頼ってしまう。人に頼らず、自分の力でやることだ。けど、そんなことは、わかりすぎるほどわかっているんだけども、やっぱり甘ったれボウズにはムリなのか！　（略）

＜解説＞

118

　ここに記述されている日記は、ほんの一部にしか過ぎないが、高校生の未熟さや思考の飛躍があり、極めて不安定な面が見られる。しかし、少なくとも施設で暮らす自分自身の生き方の模索がある。働く卒園生の姿をまじかに見て、自分の置かれた環境に対する省察がある。暗黙の内に“自分とは何者か？どこから来てどこへ行くのか？”などの探求の芽がある。総じて筆者の高校生生活は「施設生活」と「学校生活」との間に生じるさまざまな出来事を未熟ながらも真正面に受け止めて生きていこうとする姿があった。だがそのスタンスはかなり不器用な生き方でもある。

　しかし、神経質で思い込み過ぎる傾向が垣間見られるように、高校生生活も後半になると、こうした自己探求の振幅が激しくなり、一時期、登校できない時期があった。

5. 神経症的不登校に陥り修学旅行（東北地方）不参加

　筆者は、次第に学校生活に行き詰まり、一時期不登校にさえなってしまった。それは自分の出自が不明で、両親や家族の存在を知らずにいたことや、自己の存在基盤に対する不安定感や学習目標などが達成されないこと、自分の人間としての弱さをも見つめ始め、人間の「原罪」と「赦し」などのキリスト教に関わるテーマに苦しむようになった。最も苦しんだことは、１年生の二学期以降、友人の勧めで入部した器械体操部での挫折体験であった。後方宙返りや器械体操の技が思ったように上達せず、そのような弱い自分が醜く、汚れきった哀しみに胸をふさがれ、自分が赦せずに、罪深い存在に思えて、激しい自己否定の観念に囚われてしまったことである。

　高校２年生のある日、学生服のまま登校しつつ、夏目漱石の小説にも触発され「自分の内面」を凝視し、魂の救いを求めるような気持ちを抱きつつ「寺で座禅をしよう」と決意したことがあった。日中、浅草の浅草寺の境内に向かい、座禅を組もうと試みようとしたところ、巡回中の警察官に呼び止められ、制服のまま、日中の繁華街を歩いていたことから、思いもかけずに「補導」されてしまったのである。パトロールカーに乗せられ、警察署にて「補導調書」をとられたが、事情を説明したところ、かえって「カツ丼」を食べさせてもらったことがあった。おまけに警察の配慮で簡単な説論で済ませてもらい、「学校への通報」を保留していただいたのであった。

しかし、この頃がもっとも精神的に苦しく、次第に「自殺願望」にも捉えられてしまう。当時、高校生の間にもシンナーやボンド吸飲が流行りだしていた頃でもあり、筆者は精神的な苦しさから逃れたいとの思いから一時期「シンナー」や「ボンド」吸飲に手を出したことさえあった。その結果、とうとう修学旅行に参加出来ずに、不登校状態に陥ってしまった。こうした苦悩は学園の先生には相談できず一人悶々と苦しんでいた。

6. 愛と友情　歓喜と絶望　青春の彷徨　クラシック音楽開眼

高校時代の後半は、このような精神的苦悩との闘いがあった反面、K君・N君・U君の３人の友人との出会いがあった。また、クラスの女生徒との交際などもあり、「愛と友情」のあり方や、ほんの僅かな出来事にも「歓喜と絶望」の間を激しく揺れ動き精神の振幅を繰り返していた。まさに青春期における魂の彷徨といえる。
　こうして感性が研ぎ澄まされ、「生きる意味や価値の喪失感」にもがき、自己否定感に人知れず苦しんでいた時期は、ある種の内面的な混乱期でもあった。施設での集団生活の軋轢もあったであろう。「孤独」「孤立」の世界に沈みこんでいたある日、学園の食堂に当時は珍しいステレオ装置が寄贈された。ある日の夕食後の時間に全く偶然だったが、ドボルザークの「新世界交響曲」やシューベルトの「セレナーデ」が流れ、思わず聴き入ったことがあった。さまざまな音色と個性をもつ楽器がある統一の下に見事な「均衡」を保った美しい世界が現出し、演奏されていることに驚愕した。筆者の内面的な混乱が音楽の静謐なバランスの美に捉えられ、図らずも精神的な高揚感と安らぎ・慰めを強く印象付けられた。さらに底抜けに明るいY・シュトラウスのウインナ・ワルツ等は、人生の肯定的で明るい面を強調しているように感じ、ひたすら暗い面ばかりを見詰めていた筆者の心を鼓舞し、勇気づけてくれるように感じたのである。
いうなれば、クラッシック音楽への開眼であった。以来、ベートーベンからモーツアルト、メンデルスゾーン、ブラームスなどに進み、中でもチャイコフスキーやラフマニノフ、ショパンなど短調の系の曲に惹きこまれた。まさに音楽を通して「魂の救い」を感じたといっても過言ではないと思う。クラシック音楽の趣味はかつて程ではなくなったが、今でも時に耳を傾けることがある。

7. アルバイトと社会生活体験　本箱とギターケースを買う

　高校時代には、S先生の許可の下に、いくつかのアルバイト経験をした。S先生の紹介でH舎での「洗濯作業」もその一つであった。かねてから自分の力で働き、金を稼ぎたいとの希望があったし、アルバイトを通して養護施設という「守られた箱」から「社会」の実態に触れたいとの思いがあった。春休みや夏休みの期間を利用して、作業服に身を包んで仕事を次第に覚えると、一人前の「社会人」になったような気がしていて誇らしかった。筆者が稼いだ給料ではじめて買ったものは「本箱」であった。
小説等の濫読が続き、本が増えすぎて整理できなくなっていたからである。さらに、最も欲しかったのは「ギターケース」であった。やや当時は高価な値段ではあったが、自分で働いた金で手に入れた貴重なもので、その後かなり長い間愛用し、活躍した。
　また、冬休みでは、友人N君の紹介で、年末デパートの贈答品の「配送」業務や夏休みには「電話帖」の交換作業の仕事にも関わった。働くことには何の苦痛はなく、むしろ社会の一員として認められたようで嬉しかったことを記憶している。幼い頃から長期にわたる施設生活しか知らなかった人間にとって、アルバイトを通して社会とのふれあいが実現出来た嬉しさがあった。幸いH舎の人や「配送業務」での対人関係では、皆やさしく、殆どトラブルごとはなかった。

8. 高校卒業後の進路選択　過去・現在・そして未来　援助者と当事者の想い

　高校卒業後の進路に関しても筆者は自分自身の「主体性」を発揮出来なかった。中学生の後半頃からぼんやり希望していたことは、「学校の教師」であったと思う。しかし、高校生になっても残念ながら、自分自身の将来に対する明確な希望や展望をなかなか見出せなかった。はっきりしていたことは商業高校に進学し、簿記やソロバンも平均的な成績であったものの、「サラリーマン」や「会社員」への就職は全く考えられなかったことである。「教育」か「福祉」への道はどこかに意識していたかもしれない。
　しかし、そのためには「大学」への進学が不可欠であった。今振り返れば、16

年間に渉る長期施設在籍児童にとって、自分自身の「過去」「現在」「未来」という
いわば３次元の時空間を明確にイメージすることは困難な課題であり、現在の福祉
用語で言えば「自己決定力」が充分に育っていなかったように思う。そもそも自分
の人生そのものが、自分の意志とは関わりなく、第３者によって決められて来たこ
とが当たり前になっていて、「自分はどうしたいのか？」「そのために何をどう準備
したらいいのか」といった進路選択の主体性や判断力が殆ど育っていなかったよう
に思う。

　結局、筆者は状況に流され、常に受身で、人生はなるようにしかならないと、ど
こか深いところで自分を信じきれず、受動的な諦念に支配されていたように思う。
従って、自分の進路決定の際、本当の意志を通すことも、主張することも出来ず、
結局Ｓ先生が「自分の知り合いで縁故関係があり、大企業で、福利厚生面で優遇さ
れ、給料も比較的高く安定した企業」などの要素で筆者の就職先（Ｂタイヤ東京工
場）を決定したのであった。
これに対し筆者は大恩あるＳ先生の意向に「反論」も出来ず、自分を主張するだけ
の意思も見通しも持っていなかった。

　Ｓ先生がどのような思いで、筆者の就職先を決めたのか、援助者としての方針や
見通しについての詳細を今となっては知る由もない。筆者は今だからこそ言えるの
だが、Ｓ先生に当事者としての想いをきちんと伝えながら、相互に話し合って高校
卒業後の進路を決めるべきだったと思う。ここに今日から見れば、当時は進路選択
における十分な情報提供をし、当事者の主体性に基づく自己決定権の保障という「当
事者参加」原理を貫く援助方法の不充分さが存在するといえよう。その意味で児童
養護における「自立支援」の基本には当事者への充分な情報提供と「当事者の主体
性」の育成が基本的な援助課題の一つといえよう。

9. 16年間の施設生活からの旅立ち　　ある決意　　東大安田講堂陥落事件

　1969年１月18日、高校３年生だったこの日、筆者は東大安田講堂陥落事件を
学園のテレビ中継で見詰めていた。1960年代の後半の学生運動はその後急速に凋

落していった。機動隊の放水車が一斉に放水すると、たちまち学生たちのバリケードは崩れ落ち、上空を旋回する数機のヘリコプターの騒音と共に、騒然とした空気の中で、「学問の象徴」「体制の権威の象徴」に懸命に歯向かい、学生たちの最後の抵抗を演じて陥落した

　東大安田講堂の壮絶な紛争をじっと観察していた。筆者の内面に何かがぼう然と落ちていき、一つの時代の転換を見たように思った。

　筆者はその2ヵ月後の3月16日、16年間の施設生活から「社会人」の第一歩を踏み出すべく旅立ちの時を迎えていた。学園の玄関前には大勢の後輩たちや送り出す職員が筆者を囲んでいた。ダンボールには、さまざまな「餞別の言葉」がマジックで書かれ、筆者のポケットには、前日の夜に手渡された小さな色紙用のアルバムがあった。そこには多くの下級生の「お別れと励まし」「忘れないで！」「遊びに来てね！」などの文字と絵が記されていた。この小さなアルバムを筆者はもう40年近く保管している。

　社会への旅立ちはそれなりの不安があったが、それまで多くの就職していった先輩たちを見送って来た経験から、「いよいよ自分の番が来たのだ！」という旅立ちの決意が自然と湧きあがってきた。
「後ろは振り返らない！」「前だけを見て、青年は荒野を目指す！」（五木寛之）等と自分を鼓舞したことを思い出す。用意してくれたボランティアさんの車に乗り、一路Bタイヤ東京工場のあるK市に向かった。

10.　インケア・アフターケア・リービングケアの課題

　これまでの筆者の16年間の施設生活＝インケアについては『春の歌　うたえば』に次のように簡潔にしるされている。

　　　・・・ところで施設生活を貫く最大の特徴は、幼児時代から小学校、中学校時代を経ても、一貫して「大勢の他人の中での集団生活」であった。それはともすると「力の論理」が支配する世界であったと思う。つまり力の強いものが弱いものを支配していく法則がすべてであった。この「弱肉強食」の論理は、職員の先生方とは全く別個に、子どもたちの中に厳然と存在し貫いていた。小

学生にとって、中学生ほど怖くて恐ろしい存在はなかった。（184 － 185 ページ）

　インケアとは施設での日常生活への援助であり、具体的には「衣食住」などの基本的生活習慣の獲得などの領域だけではなく、学習、余暇（遊び）などの領域を含めた広範囲に関わる領域である。こうした「施設内処遇全般」をここでは「インケア」と定義づけ、これを施設生活経験者＝当事者の視点で見ると、インケアの課題とは施設生活児童にとって最大のテーマである子どもたち同士の上下関係に起因する「弱肉強食の原理」の克服にあると筆者は考える。なぜならばこの避け難い原理が子ども達の生活の安心・安全・自由を奪いとっているからである。もちろん、一部の施設職員による「体罰」などの「人権侵害」行為も含まれる。

　これを克服する方策としては、まず施設長の施設運営理念が鋭く問われ、日常生活の中で展開される対人関係に、徹底した「弱肉強食」を否定する理念を生活に浸透させねばならない。具体的には施設内で最も弱い立場に置かれているものが、最も大切に扱われ、大切にされていると実感出来るような養育を徹底することだろう。
　更に施設長も含めた職員の「人権感覚」を絶えず高め、検証する必要がある。職員による「体罰」や「人権侵害」は決して在ってはならない。そのためにも「施設の密室化」を可能な限り取り除き、対社会に向けて、「解放」「公開」する努力が問われることになる。「入所児童の苦情解決の仕組み」と実質化、第三者評価制度の「公正」「透明性」のある機能強化が求められる。施設運営上の「同族経営」や「世襲制」など「閉鎖的独善的」体質に陥らないような「歯止め」を創意工夫をもって実践する勇気が求められる。こうした努力の上で、施設が「社会」や「納税者」から信頼される関係が構築されるのである。
　そして、具体的な日常生活を通して子どもたち、中でも上級生にこそ、徹底した「弱肉強食」を否定する「理念」を伝えねばならない。その意味で、施設の最高学年に位置する高校生処遇が鍵を握っているといえよう。子ども集団のトップが最も「弱肉強食」を否定する生活が展開出来れば、インケアの課題の殆どはうまく展開することだろう。また、暴力や「いじめ」は発見しにくく、「子ども集団世界の闇」に沈潜してしまいやすいのが実際である。ケアワーカー（直接処遇職員）は子ども同士の暴力やいじめの特質についての感性を磨き、深い理解と認識を高め、「早期発見・

早期対応」に務めることである。筆者の経験では、施設の良し悪しが施設長を始め、法人運営のトップの姿勢で決まるように、子ども達の生活の良し悪しは、その子ども集団のトップにいるリーダーの影響力が大きい。こうした施設生活の特質についての認識が職員間や子ども集団のトップに理解されて実践されていることが肝要だと思う。

　次にアフターケアについてだが、「施設退所後支援」をアフターケアと定義づければ、やはり、卒園生の組織化＝施設生活経験者の会などを団体化して、絶えず卒園生の状況についての把握に努めなければならないだろう。アフターケアに「卒業」はなく、ほぼ一生の付き合いが可能なスタンスが求められる。但し、本人のニーズが消滅し、むしろ援助者側に転換できれば、それこそ「卒業」の区切りの可能性がある。ただし、人生は一寸先は闇だから、やはり適切な関係性は維持していくことが求められるだろう。敢えていえば当事者の責任ある自己決定の下でアフターケアの「必要」が消滅していくことを目指すことになろう。

　さて、リービングケアとは、英語の（leave）で「離れる」「去る」という意味で、施設を退所し、それ以降の社会生活を円滑に送れるようにするための援助・支援であり、社会的自立支援といえよう。（浅井春夫編著（2007）『子ども福祉』建帛社、71 − 74 ページ参照）

　しかし、リービングケアは「施設退所前後」の特別支援＝援助プログラムとも考えられる。これを実質あるものにするには、やはり援助プログラムに「当事者の声」が反映し「当事者から学ぶ」姿勢が重要だと考える。施設生活経験者＝卒園生の現状や課題を適宜把握し、その声から学ぶことにより「真のニーズ」が発見され、対策の実質化が図れるのである。すなわち「当事者参加推進の仕組み」作りである。

　しかし、現状では施設退所後の卒園生の把握はなかなか困難のようである。創意工夫の余地はかなりあると思われる。

　リービングケアは「離れ行く人への援助」の意味もある。概念的にはインケアとアフターケアを「自立支援」プログラムとしてつなぐことにより、インケアの充実やアフターケアの促進に効果が期待できるのである。筆者は「当事者心理」や「施設生活」の実態に精通した専任の「リービングケアワーカー」の配置と養成が急務の課題と認識している。本書がそうした課題に多少でも役に立つことが期待したい。

第5章　社会生活のスタート
アイデンティティー・クライシスを超えて

1. 会社の寮生活のはじまり　青年工員生活　70年安保騒動

　16年間の施設生活からの旅立ちは会社の寮生活からのスタートだった。全国各地から集まった「高卒」の「青年工員」との共同生活であった。4人部屋に入り、先輩のリーダー格の指導の下に朝のラジオ体操、ランニング、オリエンテーション、社内訓練のプログラムがびっしり詰まっていた。

　『春の歌　うたえば』ではこの頃のことを以下のように記述している。

　　…高校を卒業し学園を巣立って18歳での社会生活の開始は、会社の寮生活であった。全国から集まった新入社員との共同生活には、不安と寂しさを隠しようもなかったが、会社の新人養成プログラムに乗せられて、日々あわただしく過ぎ去っていった。

　　　　タイヤの製造工場である会社は、モータリゼーションの波に乗り、相変わらず高度経済成長路線を突っ走っていた。その勢いは、1973年の第1次オイルショックで日本中が資源エネルギーの有限性に気付き、トイレットペーパーの買い占めの騒ぎにまで発展する頃、ようやくにして低経済成長時代へと落ち着いた。それまでの製造部門工場では、鉄の溶鉱炉の火のごとく1日24時間稼動で1年365日動いていた。労働者は8時間労働の三交代勤務であった。給料は夜勤手当などで高かったが、不規則勤務で身体は辛かった。（190ページ）

　筆者はこうした工員生活を送りながらも、高校生時代に体験した僅かながらの「学生運動」や「政治課題」に敏感にもなっていた。時代は70年安保騒動の胎動があり、学生運動そのものは沈静化の方向にあったが、筆者の読書傾向には、60年安保の犠牲者だった樺美智子著『人しれず微笑まん　樺美智子遺稿集』『友へ　樺美智子の手紙』や奥浩平『青春の墓標』、高野悦子『20歳の原点』などを読んでいた。ま

た、反戦文藝作品でテレビや映画になりベストセラーだった五味川純平著『人間の條件』を耽溺していた。『人間の條件』に描かれた日本の軍隊内の非人間的組織構造に筆者は「施設生活の上下関係の理不尽さ」と共通する課題を発見し深い共感を覚えたものである。

　ただし、或る特定の政党やセクト・組織などには所属せず、具体的な政治活動や反戦運動をする勢力とは一線を画して、あくまでも単独で行動し判断していた。会社では 70 年安保反対運動に対する警戒感から社内の工場労働者の政治活動に対する「自重」を促す警告が発せられることもあった。

2. 初めての給料　杉本先生への見舞い

　社会人になってはじめての給料は基本給が 24,100 円だった。自分の力で稼いだ金であり、「自立」への第 1 歩と感じ、嬉しかったことを覚えている。その頃から S 先生が肝臓を悪くしていて入退院を繰り返していた。会社の休日には「肝臓に効く」ということで「アサリの粉末」健康食品や入院で着替えなどが大変だろうと「下着」「アンダーシャツ」等を買って入院先の病院へ見舞いに伺うことがあった。
社会人となったばかりの頃は、それまでの学園の先輩たちと同様に休日にはよく学園を訪問して「卒園生」として「先輩風」をふかしに行く事があった。しかし、それもあまり長続きせず、筆者は次第に自分の人生の方向性に深刻な悩みを抱くようになった。工場での工員生活は自分の人生の本当の目的だろうか、自分の目指すべき道はきっとほかにあるのではないか、自分はこのままでいいのであろうか？本当は「歴史や文学」等を学び、音楽や芸術に触れる生活をしたい。単に働く環境だけでなく「学問」や「文藝」を学びつつ、人生の「真実」を追究したい！と強く望むようになっていった。つまり、社会人となってから本当に自分が望んでいること、目指していることが少しづつ見えてきて、やはり「大学進学」への夢と希望が押さえられなくなっていったのである。

　しかし、具体的にどのようにしたらいいのか全くわからず、一人読書や音楽鑑賞を通して独学で「音楽史」や「近代日本文藝史」などの専門書に手を出し始めていた。

　こうした密かな向学心を胸に膨らませていながらも現実は「タイヤの製造工場の工員」生活が動かし難い壁を作っていて、苦悩が深まるばかりだった。この時期の

筆者の日記には連日のように「先の見えない悩みや苦悩」が書き綴られていて、卒園2年目は学園に足を向けることもなくなり、人知れず「孤独」「孤立」の世界に沈潜していったのである。

3. 三交替勤務（一直、二直、三直） タイヤのベルトコンベアの奴隷

　工場の勤務形態は三交替勤務であった。一日24時間を単純に8時間・三交替で割る。一直とは朝8時から午後4時間まで、二直とは午後4時から深夜12時まで、三直とは深夜0時から午前8時までの勤務をさす。これを一ヶ月ごとの勤務表に従って、一直が一週間、次の週が三直で一週間、そして二直が一週間続く。夜勤手当が2割5分増しで加算され、それが魅力である人もいた。筆者はこうした交代制勤務は生産性を上げつつ、労働者にも高賃金を保証するという合理的考えに納得して、当初はさほど夜勤は苦痛ではなかった。しかし、仕事はベルトコンベアに運ばれてくるさまざまなタイヤを一定の種別ごとに選別し、品質管理を図る器械にかけて、その合否を記録していく単純作業であった。

　配属部署先こそ「品質管理」と銘打っていたが作業内容はベルトコンベアから流れ来るタイヤを人が裁いていく。タイヤの流れる量やスピードはベルトコンベアの流れに必ずしも一致しない。作業する人間の意志とは関わりなく増減する。ある程度の量とスピードになると次第に人間が「機械」や「ベルトコンベア」に合わせなくてはならない状況になり、「人間が機械を使いこなす」のではなく、「機械が人間を操作・使いこなす」ような錯覚が生じてくる。そして次第に「人間が機械の奴隷になっていく」と感じはじめると激しい空虚感に襲われることになる。ベルトコンベアの奴隷と化すのである。一旦こうした認識を自分に抱いてしまうとたちどころに「労働意欲の減退」に陥る。工場労働者の精神的危機が発生することになる。筆者もこうした経緯を辿りながら単純作業をこなしていた。単純作業自体は「生きがい」には結びつかず、次第に「勤務時間」を切り売りし、労働時間の8時間は「会社奉仕」で割り切り、時間外に「生きがい」を求めるようになっていく。筆者も次第にそうした傾向に傾いていった。

4. 大学進学への夢と現実　　読書の楽しみと葛藤　　出会いと別れ

　工場勤務２年目以降、筆者はますます密かな大学への進学という「向学心」と「現実の工員生活」との狭間で生活に行き詰まっていた。高校の同級生の中には大学進学したものもいて、筆者は休日にはその友人の通学する大学の授業にもぐりこんで「ニセ学生」の真似事をしたことさえあった。これは「ニセ学生」の仮面がとれれば更に失望が深く、悪循環であった。

一方、この時期は仕事の合間にかなりの量の本を濫読していたが、次第に「読書の楽しみ」が単なる「趣味」の範囲を出ないことに激しい葛藤と苛立ちを覚えるようになった。また、高校時代に出会って、卒業後も暫く交際していた女性に対し、筆者は内面的には「強い向学心」に溢れているにも関わらず、現実の自分は「工場労働者＝工員」でしかないことが情けなく、深い自己否定感に囚われ、心ならずも「その女性にふさわしい自分ではない」と思い込み、不本意な「別れを」を切り出してしまった。青春とは未熟であり、純粋であり、しかし残酷そのものであった。当時のその女性をどんなに深く傷つけてしまったか・・・苦い想い出の一つである。

5. 正月と盆への嫌悪

　筆者は社会人１年目の夏は、Ｍ学園の「海の家」の行事に参加し、学園との関係を保ち続けていた。しかし、年末から正月にかけては、「学園」に帰ることに疑問が生じ、一人会社の「寮」での歳末・正月を過ごした。その疑問は、正月近くになると殆どの地方出身の寮生は自分の「ふるさと」＝実家へと帰っていく。だが「自分には帰るべきふるさとがない！」と思い込んでしまったのである。学園に帰ればそれなりの楽しさや出迎えがあっただろうに、他の寮生たちの「帰省」に引き比べて、施設出身の自分達とは「違う」と強く思い込んでしまったのであった。「ひがみ」と「哀しみ」「寂しさ」が背景にあったのだと思う。筆者はこうして「正月」と夏の「盆」を嫌悪し、そのような「孤立」した自分が情けなく、ますます「自己否定感」に陥っていった。

6. アイデンティティー・クライシス（自殺未遂事件）生きろ！ということか？

　勉学への「向学心」はますます高まっているのに、現実は相変わらずの「工場労働者」でしかない自分がいる。このままでは自分の将来はない。社会人２年目の夏休み、会社の同僚や寮生たちが次々に「帰省」をしていくのを複雑な思いで見送った。
　ガランとして一人残された寮内で、「自分はどこから来て、どこへ行くのか？自分は何者か？」と自問自答を繰り返した。応えは得られず、「空」を切るばかりであった。

　いくら「本」を読んで「知識」を蓄えたからといって、それがなんになる！単なる「趣味」、「好き・好み」でしかないじゃないか！自分の過去・現在・未来を見つめても、何の見通しも手掛かりもなく、しかも「人」は次々と自分から離れていく。「孤独」と「孤立」感はピークに達していた。自己の「アイデンティティー・クライシス」に次第に絡めとられてしまったのである。「自殺」以外に自分のなすべきことはない！と激しく思い込んでいた。弱い自分は「罪人」であり、「罪」は罰せられなければならない。「罰」とは「自殺」以外にない！と本当に思い込んでしまった。街で少量づつ購入していた「バランス」という「精神安定剤」を買って貯めていた。好きな音楽（「世界の子守唄」シリーズ）のレコードを買い込み、枕下のステレオで流した。冷静な感覚ではとうてい自殺は決行できないと判断し、酒屋でウイスキーを買った。さらに、剃刀をそろえ、いよいよ自分のベットに横たわり、ウイスキーと共に大量のバランスを一気に飲み込んだ。朦朧とした意識の中でレコードの子守唄が流れた。剃刀を持ち出し、手首から左右の腕、首から胸・腹部の全体を切り始めた。鮮血が流れたが殆ど痛みがなかった。傷は上半身、両腕、手首、首の左右など、後の病院の治療結果から剃刀傷は全部で 38 針という。会社の周囲にはこの異変に気付く者は居なかった。

　暫くベッドで眠ったのか、鮮血の中で意識が朦朧としていた。死にきれなかった。殆ど夢遊病者のごとく、上着を羽織りながら、電車に乗り、いつのまにかM学園に辿り着いていた。どこをどのように移動したのか記憶がなかった。

幸い学園にはS先生はおられ、筆者の様子をみて驚き、直ちに緊急入院となった。

　生命の危機は脱したものの、身体や内臓の痛みは激しかった。翌日会社内の病院に転院し、診察が終った。全治一週間程度の入院だった。上半身と両腕の剃刀による傷跡は消えることはなかった。病院関係者の中には「切られの与三郎！」とからかう者さえいた。

「助かった」と言うよりは、「死ねない！」とわかった。「生きろ！」ということか？とベッドに横たわりながらぼう然としていた。

　この頃の筆者の日記が残されている。今読み返すとそのあまりにも狭く、自己中心的な思い込みは「純粋」とはいえ痛々しいほどの未熟さと自己閉塞性が横溢していて恥ずかしい限りであるが、当時の精神生活上の混乱とアイデンティティー危機の一端や、どのような立ち直りの経過があったのかが窺い知れることから敢えて引用してみよう。

1970年7月16日（木）猛暑　一直

　今日、薬屋で精神安定剤と称するエリナ錠（住友化学工業株）、極格安な薬を買った。180円だが、こいつを5個買い溜めれば90個になる。いくら安くて薄い効き目の薬であっても90錠も飲めば、しかも夜勤明けで体力が極度に弱っていれば…。少しずつ溜めよう。私は少しずつ、しかし、確実に死へ向って歩いているのだ。何故私が自殺せねばならないか…

7月28日（火）　二直

　柴田翔『されどわれらが日々』（1964年度上半期芥川賞受賞作品）の中にある佐野の自殺が私の心情をある程度表現している。自己に対する裏切りに因る生への挫折感。結局己を信じることが出来ずに死を選ぶ。敗者の切ないあがきだ。敗れ果てた者の究極の自己表現である。私はこころの底から彼の死を悼むことが出来る。彼は私の投影

のようだ。私もまた彼と同様、幾度となく自己を裏切った。そのための苦悶も味わった。それは余りにも惨めな卑屈な姿だ。顔は醜くこわばり、人を避け、人を恐れ、生きる事に罪障感を抱き、全ての人間的歓喜や幸福に敢えて背を向けねばならない、どうにも生きようのない、殆ど死んだ様な生き方をせざるを

得ないのだ。裏切りから生ずる自己の弱さ、自己の弱さから生ずる卑屈や絶望や無気力。そして容赦なく責めた
てる罪の意識・・・諦め。　（略）

8月10日（月）三直
　あれ以来、私は外に出る度にバランスというかつてS先生が私に与えた精神安定剤を買わずにはいられなくなった。薬局を見つけてはバランスを買った。今日も。私はいつか、近いうちに、その薬を全部飲み込んで死んでやるんだという妄想に取り付かれてこの8月を送った、もうすぐ死ぬのだと・・・　遺書を残して。S先生宛てに1通。N君に。K君に・・・。
　こう思いつづけて今日まで、どうにか生きてきた。私は20歳にして死ぬのである。若い。確かに死ぬには若い。だがしかし、若いがゆえに死の価値は充分にあるのだともいえる。青春の真っ只中にいればいる程、その死は貴重であり、意味深いものとなろう。50の中老が自殺するのと、20の若者が自殺するのでは、その重さや価値が全く違う。私は死ぬことに依ってのみ、私の存在価値を高めることが出来るのだ。いや、それしか私という人間の有るものはないのだ。ただ若いというだけしか。
　　全ての準備は整いつつある。あと少しだ。

　S先生に借りた『堕落論』高橋和己著を読破した。しかし、今の私にこのような本が何になろうか！絶望！

8月12日（水）
　　全ては終った。あとは死ぬだけになった。長かった。ああ！とてつもなく長い道だった。そして疲れ果てた。

8月19日
　入院2日目。私はついに死ねなかったのだ。死にきれなかった。不運にも助かったしまった。薬を飲み、身体中に、剃刀で至る所を自分の手で切りつけ、相

当程度の出血をしたものの、やはり死にきれなかったのである。最後に薬を飲んで寝てから今日迄のあわただしい1週間。本当に死ぬ気であったのに。今はとにかく生きていて、薬に犯された胃と食道や剃刀で切りつけた傷だらけの身体を治そうと、いや、治すつもりはなくとも、死ねない以上、そして、病院に入院している以上、生きようとする意思が確かにあるとう事を否定する事は出来ない。

　今日までの1週間は、全く夢のように、しかし現実的に過ぎていった。

　私は確かに生と死を夢うつつの中にでもさまよったのは確かだ。死から助かった今でさえ、私自身の内面的向学心や、或る目標を目指すだけの体制が造れてないことを思うと、やはり、私は私が生きていくという意味を掴み取れていないのだと思うと、現在こうして生きているということを本当に心から喜ぶ訳にはいかないんだ。

　今度の私の自殺未遂によって、私にかかわるあらゆる人に迷惑や心配をかけたことは解り切っていることなんです。

　S先生が私の為に、どれだけ苦しみ、悩み、失望し、落胆したかは、それこそ、私の想像を絶するものであろうことも充分にわかる。

　いや、先生にだけにではない。Kにしても（高校時代から交際していたガールフレンド）、K君にしても、更には会社の人間に与える影響がどんなであるかを全然考慮しなかった訳ではない。そんなことは百も承知のことだ。しかし、しかし、最後まで生きるのはやはり私だ。私自身が生きているのだ。私は決して利己主義で言っているのではない。人間は人間にその人間に合った、ふさわしい生き方をせねばならないし、そうでなければ、常に、絶対に生まれてきた意味はありはしない。本当の幸福を得るには、どうしても、その人間の本当の生きる道を歩む必要がある。そうしなければ、嘘の、仮そめの幸福しか得られないだろう。

　私はだから幸か不幸か、命をとりとめてはいるが、私が私の本来の生きるべき道を歩まねば、又、いつ自殺を思うか知れない。

　私はもう一度高校の勉強をして、大学に入り教職を得る努力をしたいと思う。今の私にはこれだけの文章を書くのが精一杯なのだ。とっても疲れる。

私はK君の兄を尊敬している。彼に学びたい。どうしても勉強したい！

10月18日（日）　くもり

　英検3級1次試験実施される。西荻窪の法政第一高校。

　今日は、新しい出発である。私はついに学問を志して歩み始めた。今日はそのほんの小さな一歩にすぎない。しかし、私は確かに足を踏み出したのである。これは私にとって記念すべき日である。いろんな苦悩の果てに、ついに私は学問で身を立てる決心をして、今、その第一歩を踏んだのである。

　頑張ろう！一生の戦いである。長い眼で眺めよう！私はこれまで、私なりに人の歩むべき道を探し求め、その為に傷つき、苦しみ、嘆いたりしてきた。私なりにやってきた。そして今、これからもやっていくだろう。

　私の目標は、この現代社会でに於いて、頑として存在している社会悪や、人間の苦悩、悲惨などを鋭くとらえ、これと真っ向から対決する事にある。私は人間が最も人間らしく、正しく生きていけるような社会を造って行きたい。

　人々が食物がないとか、金がないとか、勉強したいとかで、苦しまなくてもよい社会をめざしたい。

　どうしてもうまくいえん。こんな夢物語的な事を書く所存ではなかったのだが・・・。ともあれ、今日は私の新しい門出である。頑張れ！市川太郎に苦悩を超えた勝利あれ！

＜解説＞

　自殺の決行は8月12日となっている。これは会社の夏期休暇の開始日で、社員寮では寮生が次々と彼らの「ふるさと」へ帰省し、寮内はがらんとしていて残寮者は筆者だけであった。これも孤立感を助長する一因でもあった。
しかし、夏の自殺未遂以後、一旦はどん底まで落ち込んで、自暴自棄にもなっていたが、実用英語検定試験を受験することによって、再起を図る決意をしている。その結果、英語検定2級まで合格し、自信を回復したうえで、本格的に働きながら「夜間大学」への進学準備をすることにしたのである。

7. 大学進学への決意　仕事（貯金）と受験勉強の日々

　筆者の大学進学希望は「文学部歴史学科」ではあったがその勉学のテーマは余り
にも漠然としていた。「近代日本文藝史」への関心はあったが、いわゆる「文学」か「歴
史学」かの選択は未分化であった。しかし、当時筆者が居住していた地域には夜
間の大学は東京経済大学しかなく、しかも「経済学部」「経営学部」しかなかった。
たまたま会社の社員のなかにK大学勤労学生の先輩がいたこと、そのころの筆者
はとにかく大学で学べれば「ありがたい！」という心境で、もはや学部を問うほど
のわがままを言う余裕はなかった。高校時代の友人K君の兄（法政大学出身）から「社
会科学の基礎は経済学にある」という話を思い出し、これがヒントになり「経済学
部」を選択した。
　同時に、先立つもの、すなわち「学費」を捻出するために仕事（貯金）と受験勉
強との両立を決意したのである。幸い夜間部の入試科目は「現代文を中心とした国
語」と「英語」の二科目だった。これは自信があったので、とにかくひたすら「貯
金」と「受験」に対するモチベーションの維持に努めた。
　深夜勤を含む三交替制の労働環境で「仕事」と「勉学」の両立は容易なことでは
なかったが、それでも「目標」が確定すると心の揺れはありながらも着実に準備を
進めることが出来た。
　こうして、児童養護施設を退所し、高校を卒業後 4 年、自殺未遂後の 2 年間で、
当時の金で「80 万円」ほどの貯金を蓄え、いよいよ「大学入試」に臨んだのである。

8. 大学第 2 部（夜間）経済学部進学　文学研究会に所属

　1972 年 4 月、念願かなっていよいよ大学に進学できた。高校時代の同級生でス
トレートに大学進学した仲間に比べ 4 年遅れの 22 歳になっていた。
当時の大学は、1960 年代後半の学生運動の嵐と 70 年安保騒動の余韻がくすぶり、
キャンパス内には一部の「ヘルメット学生」が出没していたが、すでに「体制」は
決していたように思う。沖縄返還問題が主要な政治課題になっていたし、1972 年
2 月の連合赤軍浅間山荘事件は「学生運動」に対する幻滅を助長し、大学生を含む

社会一般は急速に「学生運動」や「政治問題」から離脱していった。

　経済学部への入学だったが筆者は「文学部」への憧憬があり、すぐに「第2部文学研究会」に所属した。勤労学生が多く、皆働きながらそれぞれ仕事と学業との両立に真摯な生き方をしていた。夜9時を過ぎてからの活動で、薄汚れたバラック仕立ての部室で、当初は「将棋研究会」との同室だった。文芸界は1970年11月の衝撃的な三島事件の後で、川端康成がノーベル文学賞を受賞史ながらも自殺を遂げ、庄司薫の『赤頭巾ちゃんシリーズ』の饒舌文体が新鮮な感覚を呼び、五木寛之はまだ40代になりたての新進作家で、マスコミに持て囃され、『さらばモスクワ愚連隊』『蒼ざめた馬を見よ』『デラシネの旗』『内灘婦人』『風に吹かれて』『朱鷺の墓』『青年は荒野をめざす』『青春の門』など颯爽と活躍していた時代である。同時に前衛作家の阿部公房の『箱男』『砂の女』『壁』などにも惹かれ、F・カフカ『変身』『城』やJ.P.サルトルなどの外国文学に触れることもあった。

　最終電車を意識しながら、部室での議論を切り上げ、駅前の居酒屋で、酒を酌み交わしながらの「文学談義」は楽しい想い出として筆者の脳裏に刻まれている。

　文学研究会では当時はささやかな「ガリ版刷り」の「機関誌」（当人達は"同人雑誌"のつもりだったと思う）を年2回ほど発刊していて、筆者は拙い詩や芥川龍之介を意識した習作短編やクラッシク音楽・文藝評論まがいの文章を書いて発表した。「勤労文学青年」意識が最も強かった頃である。

　当時の文学研究会の活動では「機関誌」の発行と秋の文化祭での「研究発表・展示会」、春先の「合宿旅行」などが行われていた。文化祭の研究発表のテーマには「プロレタリア文学とは何か？」「現代人気作家五木寛之特集」「戦後文学とは何か？」などのテーマが検討された。勤労学生らしいテーマ設定でもあった。筆者は密かに「近代主義批判―作家福永武彦の芸術小説"風土"をめぐる文体の問題」（仮）の執筆に取り掛かり、大学の「懸賞論文」に応募する計画だったが、結局力量不足で60枚ほど書いたが「未完の論文」に終った。

9. 夜勤と学業の両立　三交替勤務の激務の中で

　この頃、大学の夜間部の授業に出席するには三交替勤務の中の二直（午後4時

からの勤務）が続く一週間は通学が出来なかった。そこで、筆者は自ら夜勤の三直（深夜12時から午前8時までの勤務）に変更願いを出し、通学時間の確保に努めた、時には年輩の社員の中には三直がキツイとこぼす人がいた。筆者はすかさず「通学時間」の確保の為に「夜勤手当」を払ってまで、その人と勤務交替を申し出て「有り難がられた」こともあった。夜勤続きは身体にはきつかったが「通学時間」の確保にはかえられなかった。

　大学の授業には最前列を陣取り、殆ど休むことはなかった。「一分一秒でもムダにするまい！」「苦労して貯めた金で学んでいるのだ！」と授業をサボるなどもったいなくて出来なかった。この頃数人の「学生運動家」がキャンパスで「アジテーション」をしていたが彼らの日常的な「不勉強さ」を知っていたからマイクの「声」は「空しい響き」に聞こえ、そのような連中とは一線を画していた。

　大学の講義で最も惹かれたのは日本史の色川大吉教授だった。当時「多摩の五日市私擬憲法草案」の発見で、「近代日本民衆思想史」の発掘にテレビや新聞、マスコミに注目され、タレント教授的存在でもあった。早稲田大学など他大学からの聴講学生が押しかけてきて教室は常に満杯状態だった。『明治の精神』『明治の文化』『民衆憲法の創造―五日市憲法草案』『明治精神史』『ユーラシア大陸思索考』『歴史家の夢と嘘』など矢継ぎ早に著書が出版されていた。そのみずみずしく躍動感のある「文体」や「歴史叙述」「民衆史観」、情熱的な講義の中に垣間見える歴史家としての醒めた警句や諧謔、自嘲などが胸に響いた。筆者はゼミに志願したかったが人気教授でもあり、狭き門でもあったこと、文学や社会科学を広く学びたかったことから、マルクスの国家論や英文学への関心も捨てがたかったので、結局色川ゼミには入らなかった。

　こうして学芸への関心は深まり充実した勤労学生生活を送っていたが、夜勤勤務の連続で時には身体を壊しそうになり、学年末の試験の時期には通学電車のプラットホーム内で突然「吐き気」に襲われ「貧血」状態で倒れそうになったことが何度もあった。身体的には苦しかったが反面充実していた日々でもあった。

10. 退寮とアパート移住　　身元保証問題に直面（アパート契約と奨学金）

　会社の寮生活は4人部屋で、どうしても勉学環境ではなかった。何度か会社内での部屋替えが行われたが、やはり寮内での生活の窮屈さは限界に来ていた。いざ思い切って会社の寮からアパート生活に出ようと決心したが、不動産探しをする中で、「連帯保証人」を求められた。筆者はいまさらのように「家族」や「身内」のない自分の不遇さを嘆いた。2年生の進級時は移動したかったが、この「身元保証」の壁に阻まれて実現しなかった。

　また、大学の学費の補助を求めて「日本育英会」の奨学金の申請も試みたが、これも「連帯保証人」を求められ、家族のない自分の身元を保証してくれる人はすぐには見つからず一時はあきらめた。

　こうした葛藤を抱えながら、筆者はある決断を試みた。それは大学2部から1部への「転部」への挑戦である。筆者の内面には「2部学生」であることについての抜き難いコンプレックスが渦巻いていた。（今から思えば軽率な被害妄想だったと後悔しているが・・・）そのころから学費が急速に値上がり「転部」は経済的には夜間部の2倍以上の経費がかかった。しかし、どうしても昼間部への挑戦は「超えてみたい」壁のように見えた。「転部」は3年生進級時がチャンスだった。経済的なリスクはあるが、「転部」に成功したら、「会社」を退社してアパート生活に切り替えよう。連帯保証人はS先生に相談して高校時代の担任の先生にもお願いしてみようと決断したのである。

第６章　大学卒業と児童養護施設職員就職

1. 大学３年次第１部へ転部　会社を退職してアルバイト生活に入る

　その結果「転部」試験に「合格」し、とうとう４年間勤めた「会社」を退職してアルバイト生活に入ることになった。Ｓ先生と相談の結果、大学近くのアパートを見つけ、計画どおり連帯保証人問題の解決を図ることが出来た。

　経済的なリスクはかなり深刻なものがあった。学費の値上げは倍増していたし、貯金はゆとりはなかった。そこで日本育英会の奨学金の申請をし、今度も連帯保証人にはＳ先生にお願いし、同時に大学で知り合った学友の父親が保証人を引き受けてくれることになり、なんとかこの問題も乗り越えることが出来た。

　養護施設児童の進学問題にはこうした「壁」を何度か乗り越えなければならないのである。特に身元保証制度の改善は一部進展を見ているようだが、その割には制度の利用者が少ないという。おそらく「利用手続き」の煩雑さや「浪人」を認めていないことなどがその理由の一つではないかと思う。

　また、奨学金助成についても「浪人」は認められていないし、「金額」そのものもあくまでも「学費の一部補助」であり、「生活費」保障までには至らない。児童養護施設児童の「大学」「短大」「専門学校」進学問題は「進学率」そのものが低い上に、せっかく「進学」しても「中途退学」事例の「公式報告」は見当たらず、真の「退学理由」は不透明状態である。この問題は既に「高校卒業後の進学選択問題」（第４章の８参照）で若干触れたところでもある。

　筆者はこの経済的リスクを補うためにさまざまなアルバイトを経験した。新聞配達、喫茶店ボーイ、パン工場、クリスマス、お歳暮等包装業務、紳士服の管理・出荷業務、電気製品の倉庫業などなど。なかでも大学生協学生食堂でのご飯炊き、野菜刻みなどの裏方業が割合と長続きした職種であった。
一方、Ｓ先生がそのころ施設を一時退職し、再就職先の施設が大学に近かったことから、生活上の相談に伺いながら、その施設で夏休みなどの期間、小学生、中学生への「学習指導有償ボランティア」を依頼されたりした。

2. 文学研究会で習作『夜の淡雪─ある幼少期の出来事』発表

　大学は第1部に転部したものの、やはり2部の文学研究会のメンバーが懐かしく、引き続き活動は継続していた。結局昼間への転部は「学費」が倍に嵩んだだけで殆どなんのメリットもなかった。ただ、会社を辞めるきっかけとなり、アパート生活で一人暮らしを始めることになった重要な要素ではあった。

文学研究会での活動は筆者にとっては楽しみの一つであった。「書くこと」は苦しみが伴うが仲間との自由な議論はそれなりの充実感があった。

筆者は卒業の年の機関誌に、少年時代の想い出を綴った『夜の淡雪─ある幼少期の出来事』をガリ版刷りで執筆した。400字詰め原稿用紙に換算すると40〜50枚程度の短編に過ぎなかったが、学生時代の集大成のつもりだった。その年の秋の文化祭の研究・展示テーマが「戦後文学とは何か？」であり、「戦後文学」と「戦後史」を年表風に辿る作業がかなり大変だったことを記憶している。

あまり反響はなかったが大学の卒業を控えた最後の展示会の意気込みはあった。

3. 教職免許（社会科）を2年間で取得　　ボランティアNさんの好意

　3年生への転部の際、卒業後の「進路選択」として「教職課程」を履修することにした。1、2年の時は、仕事と学業の両立で精一杯で、「教職課程」への履修のゆとりは全くなかった。大学の説明では「教職課程」は通常4年間で履修するもので、これを2年間で取得することは相当困難だ！」という。しかし、筆者はこれに挑戦することにした。「社会科」の教員は目指す職業の一つでもあったからである。履修カリキュラムはほぼ隙間なく埋め尽くされ、殆ど空き時間などない状態での2年間であった。

　それでも何とかこなし、4年生の6月には都内の出身母校商業高校での「教育実習」（担当科目は世界史）を実施した。2週間の間、実習生として「通勤」することになったが、この時、学校の近くに居住していたM学園時代のボランティアNさんの好意でNさんの下宿先に転がり込んで2週間、お世話になった。感謝に絶えない。

当時の「教育実習ノート」が今でも残されているが、「中学か高校の社会科教員」への希望は膨らんでいた。

大学側では「教員免許」を2年間で取得することはムリ！との説明だったが、必死に頑張って免許取得に漕ぎ付けたのである。

4. 大学卒業後の進路選択　　教育か福祉への道か？

　経済学部の卒業生の進路選択は圧倒的に金融業会、会社サラリーマン志向が多かったが、筆者は「会社」勤めに魅力が感じられず、教育か福祉方面に進もうと考えるようになった。教育実習も終了し、4年生の秋には東京都教員採用試験（社会科）を受験した。結果は残念にも「不合格」だった。1次試験も通過できず、かなりショックを受けた。試験対策が甘かったのだが、自己採点では「いける！」と判断していた。他の学生は複数の受験対策を準備していて、しかも私立高校への受験者もいて、そういう連中には「コネ」を使って採用される者もいたという。筆者は余りにも世間知らずで、そうした受験対策について殆ど無知であった。複数の受験準備をしておくべきであったが全くしていなかった。東京都の教員採用試験を受験する際、その次を考えていず、途方にくれた。幸い「中学・高校」の教員資格は取得できることになったので、その資格を生かす道を考えるようにした。

　卒業単位は修得したものの「就職」が決まらなかった。ぼんやりと「教育」か「福祉」への道を模索していたが、大学卒業後、「科目履修制度」を活用して「社会保障論」を履修しながら「大学」とのつながりを継続した。その科目を通して「社会福祉」の基礎を自己学習した。当時「保険論」を担当していたH教授のゼミに所属し、知的障害児施設の滝野川学園の見学学習やゼミ合宿などに取り組んでいた。アルバイト生活で支えながら、進むべき進路を模索した。この間大学の紹介で「大学職員」採用試験にも挑戦した。大学職員なら引き続き図書館などで「勉強」も出来ると思い、受験した。これは一次試験には合格したものの、2次試験の面接試験で落とされてしまった。

　S先生に相談した結果、教員資格が生かせる方法は養護施設の児童指導員があるとの事だった。「教育」か「福祉」への道を考えていたので「教員への未練」があ

ったが生活優先の都合もあり「児童養護」に進むことにしたのである。ただし、その際自分が育った施設とは全く関係がない「他人の飯」を食うつもりで東京都社会福祉協議会に履歴書を提出した。そこで、たまたま声がかかったのが養護施設T学園だった。明治時代から「感化院」の歴史と伝統があり、キリスト教主義の施設だった。

　こうして1976年11月、大学卒業して半年以上経っていたが、児童指導員として児童福祉の道に進むことになった。26歳になっていた。

5. 児童養護施設T学園で児童指導員生活のスタート

　大学の「科目聴講生」（「社会保障論」）を継続しながら、児童指導員としてT学園に就職し、新しい生活がスタートした。その学園は私が育った大舎制のM学園とは異なり、小舎制＝家庭舎制の伝統があった。建物は3階建ての本館の他に木造の寮舎が別にあった。本館の1階には幼児寮があり、2階、3階と学童の寮舎が配置されていた。隣に大規模な保育園があり、同一法人が運営・経営していた。児童は一寮舎に15〜16人の男女混合縦割り編成だった。小学校1年生から中学3年生までいて担当職員は男子指導員1名と保育士3名の4人がチームを組んでの編成であった。M学園時代は「職員が住み込み」だったがT学園は「住み込み制」から「交替勤務＝集団養護」に転換したばかりの過渡期であった。
「住み込み制」を代表とする前近代的福祉労働が急速に見直され、「労働条件の近代化」の掛け声と共に、「一人担当制」の弊害が指摘され「交替制勤務」が導入され、「集団養護」の利点が強調されていた時代であった。筆者は女子職員（児童指導員や保育士）3人の4人のチームで2階の学童15人ほどの担当になった。M学園時代の大舎制との違いに戸惑いながらも「交替制勤務」になじむのも時間がかかった。自分の勤務時間を覚えることがなかなか出来ず、出勤時間を間違えたり、退勤することに後ろめたさを感じる事が多かった。

　前任者の指導員との引継ぎ後、早速「生活」が始まった。小学生はすぐになじめたが中学3年生の最年長者K君とMさんは簡単ではなかった。K君は既に進路が「就

142

職」の方向で固まっていたが学校では「問題児」扱いで、髪を染め、窃盗等の問題行動もあった。だがその瞳はくりくり大きく明るい性格であった。見た目の不良少年の印象とは全く違うことが直感で分った。筆者はこの少年とはいろいろとあるだろうが、うまくやれると感じた。しかし、Ｍさんはなかなか屈折した性格で一筋縄ではいかなかった。先輩職員や他の女子職員の助けなしではとうてい対応出来なかった。女子の対応の難しさを教えられた。この職場は筆者にとっては若き日々の第２の青春時代とも言える。筆者は若さに任せて施設の業務を次々と引き受けて活動した。クラブ活動では「ワンゲルクラブ」を担当し主に小学生を相手にハイキングや各地の公園などでの遊びや「宇宙・星座」の勉強や自然界の不思議などを面白がって子どもたちと一緒になって遊んだ。

　クリスマス会では各寮舎からの出し物があり、筆者は「みにくいアヒルの子」の童話を脚色し寸劇を実演したりした。また３月の卒業を祝う会＝「門出を祝う会」では、中卒・高卒の卒園生に向けての『卒業文集』の編集業務にも手を出し、毎日超過勤務の連続だったが睡眠不足以外は全く苦にならなかった。

6. 恩師杉本先生の急死（肝臓ガン）の衝撃　葬儀で卒園生代表・弔辞を読む

　こうして慌しく日々があっという間に過ぎていったが、就職した半年後の1977年５月28日、かねてから肝臓ガンで入院・闘病中であった杉本先生が急死された。57歳の若さだった。衝撃だった。

　筆者は杉本先生が亡くなる３日前の５月25日には、給料日でもあったので、病院に見舞いに伺い、あたらしい職場の報告やら、これからのこと等の話をしたばかりだった。

　その時、杉本先生の様子はかなり苦しそうだった。腹には「腹水」がたまっていて膨らんでいた。タバコの臭いにも敏感になっていて、拒否された。手土産の果物にも手を出さず食欲が殆どない状態だった。それでも筆者の就職を喜び、頑張るようにとの激励を受けた。筆者はあの頑丈な杉本先生が病に倒れるなど想像も出来なかった。必ず回復しまた元気に働くに違いないと思い込んでいた。

　知らせを受けた時、筆者は職場にいたが衝撃を受けぼう然としながらも、急遽関係者と連絡を取り合い、職場には事情を話し「葬儀」などに対応することにした。

S先生は馴染み深いI区のO教会に安置され、大塩清之助牧師の采配の下で葬儀が行われた。

　S先生の最期の職場だったK学園の児童や職員・関係者、そしてM学園の卒園生・旧職員、そしてS先生の兄弟・親戚一同など大勢の関係者が参列してしめやかな葬儀が執り行われた。筆者は卒園生代表として弔辞を読み上げた。大粒の涙がとめどなく溢れ落ち、声にもならない声がうめき出た。

弔　　辞
　　まつば園　卒園生代表

　市川　太郎
　杉本先生！とうとう本当のお別れの時がきてしまいましたね。今、こうして、先生の遺体を前に、最期の告別の言葉を述べるにあたってもなお、先生の死が信じられない思いです。
　こんなにも早く、こんなにも突然に先生の死が襲いかかってくるなんて！
　思い起こせば、先生との最初の出会いは、今を去ること16年も前、私がまだ、小学校五年生のころだったと思います。
　両親を失い、どうしょうもない家庭の事情で、養護施設に入れられて、50人も60人もの集団生活を強いられ、家族と離れて生活していた当時の私達まつば園の子供は、日々の騒々しい暮らしのすき間に、吹きすさぶ心の寂しさ、愛情に飢えた乾ききった心に、ともすれば、ひねくれ、歪み、すさんでいました。
　先生は、私達と本当に寝食を共にしながら、よく自己の波乱に満ちた半生を私達に語ってくれましたね。
　聖書の中にある"放蕩息子"の話を語りながら、口癖のように『昔のまちがいだらけの生活に対する罪ほろぼしのつもりで君達と接しているのだ。だから私が君達にしてやっていることに対して、恩など感じる必要はないんだよ・・・』と。
　先生の信念を支えているのはキリストの精神　愛であったと思います。
　親を知らない私にとってS先生は、本当に全き父親でありました。
　中学生の私を高校に進学出来るように全力を尽くして努力してくれました。その

144

為に、施設との対立をも辞せず、私の為に尽くしてくれました。

　又、高校卒業後も、私の個人史上の最大の曲がり角だった20歳のとき、私は自分の人生の苦悩に敗北感を抱き自殺を決行した際、それを未遂に抑え、救ってくれたのは他ならぬ杉本先生その人でした。

　その後、大学進学、就職など、私の人生の重要な結節点に於いて、常に先生は、私と共に在り、共に悩み、共に泣き、共に喜びました。

　これらのことは、単に私のみにとどまらず、卒園生の就職の世話、保証人問題、警察沙汰、果ては、恋人（結婚）のこと、養子縁組を成功させたこと等など、まつば園の卒園生で先生の世話にならなかった子供はいないでしょう。

　その一つひとつの出来事は、数限りなくあります。そして、こうした先生の努力は、私たちの心の中にしっかりと刻み込まれていく事と思います。

　先生は児童福祉界にあって、著名な学者先生、評論家とは異質な人でした。在野の実践家でありました。気骨のある野人でもありました。また、厚いキリスト教精神に貫かれた宗教家として、讃美歌を歌い、迷える子羊を己の命を挙げても救わんとする愛を示しました。

　晩年の先生は苦痛に満ちた肝臓ガンとの苦闘を顧みず、一心にまつば園の子供たちの今後の人生を心配していました。その様は、日々に、神の愛の道を歩み辿らんとする神々しささえ思わせます。

　今、私は養護施設T学園の指導員として、先生と同じ道を歩みつつありますが、先生の遺志を全身全霊でもって受け止め頑張りたいと思います。

　先生、長い長いこの世の務めを終えて、どうか安らかにお眠り下さい。そして、今後も私達の行く末を天上にてお守り、見詰めて下さい。

　先生、さようなら！

昭和52年5月29日（日）

　筆者は杉本先生の死に深い強烈な衝撃を受けた。そして後悔の念に駆られ、暫く精神の混乱状態が続いた。自分の進路や人生の岐路に対し常に援助の手をさしのべてくれていたかけがいのない人を喪った無念の思いが沁みこんで苦しかった。さらに何の恩返しも出来ないままの死に、激しく自分を責めるより仕方がなかった。

　S先生の遺族の方やK学園の関係者も方々の了解の下にS先生が残した福祉関係

の蔵書や遺品のかなりの部分を筆者が引き取ることになった。S先生の遺骨はO教会の共同墓地（関東近県のM霊園）に埋葬された。

7. 追悼集会（O教会）で卒園生・旧職員集まる　新しい出会い

　S先生の葬儀の約1ヵ月後、1977年7月7日、七夕の日に「追悼集会」がO教会の好意で執り行われた。筆者はこの間精神的な支えを失い激しく落ち込み、殆ど生きる意欲を喪失しかかっていた。なによりも「恩返しが出来なかった」自分を責めていた。こうした落胆と自責の思いに苦しんでいた時、新しい出会いが生まれた。筆者の職場で係りの業務が一緒になり、遅くまで共に働くことが増えたM子（後に結婚し妻となった）との出会である。M子は筆者より半年早く就職した職場の先輩であったが、ワンゲルクラブ活動や『卒業文集』の編集業務で苦労を共にしていた。多忙な日常の業務にも関わらず、「追悼集会」の準備やその他の私的な雑用なども手伝ってくれるようになった。気持ちが落ち込んみ辛い日々が続いていただけにその好意が「救い」であった。気弱になっていた自分を励ましてくれた。こうしたことから、S先生が引き合わせた縁ではないかとさえ感じ始めたのである。

　追悼集会は大勢の卒園生や旧職員が集い、夕食会を兼ねてS先生を偲び、和やかな雰囲気があった。大塩清之助牧師からのあいさつがあり、闘病生活の様子や葬儀の状況等の報告を改めてK学園の職員やM学園の卒園生が行った。遺品の中の録音テープが流れS先生が好んで歌った讃美歌や唱歌、なつかしいアルバムなどが公開された。
　最後に参加者全員でS先生の愛唱歌『海女(あま)の子供』を合唱して生前の先生を偲んだ。このときの記念の花が「紅い日日草」で筆者は長い間、この花への愛着を感じ続けている。

8. 結婚と新しい家族　長男誕生　仕事と育児の両立

　1978年4月23日、筆者はM子と職場結婚をした。式は杉本先生の葬儀が行われたO教会を選んだ。大塩清之助牧師の司式でまつば園の後輩や旧職員、高校時

代の友人・知人、大学時代の文学研究会のメンバーなども駆けつけてくれた。披露宴はまつば園の卒園生の好意で会場貸し切り状態にしていただいた。仲人は、大学時代のゼミ（「社会保障論」）のH教授ご夫妻にお願いした。アルバイト生活に追われ、熱心なゼミ生ではなかったし、不詳の弟子でしかなかったにも関わらず、快くお引き受けいただき感謝・感激であった。

　筆者は杉本先生の生前に「結婚の報告」が出来なかったことが悔やまれてならなかった。当時は、結婚式は挙げたものの「新婚旅行」の計画を立てるゆとりもなく、翌日から二人とも「出勤」するという、今日から見れば労働者としての「権利意識」が全く希薄だった。自分たちの都合で職場を休むことなど考えもしなかったのである。ただ、職場の近くに新居のアパートを借りて、家具などを少しずつ揃えることがささやかな楽しみであった。

　翌年 1979 年 5 月 13 日、母の日に長男が誕生した。筆者は母の日が嫌いだった。長い間母も顔も名前も知らずに成人したことから、母の日を祝う実感がなく、街の花屋でカーネーションが高値で売られたり、百貨店などでは「母の日プレゼントセール」が商業ベース独特の賑わいで「母のない子に対する配慮のない無神経さ」に嫌悪感を抱いていた。

　筆者の育ったまつば園の母の日は「園長先生」への感謝の日であり、お祝いであった。しかし、筆者には「母の日」の実感が湧かず、単なる学園の「行事」の一つとしてしか受け止められなかった。

　筆者の長男は病院で生まれたが、はじめて新生児として対面した時は、その余りの軽さと小ささから壊れてしまうのではないかとの印象があり、抱き上げることが恐ろしかった。一方、「父親になった」ということがずしりと重く心にのしかかり、改めて「父とは？」「家族とは？」を考えさせられた。それにしても家族や家庭についてのイメージが実感として掴めないまま「新しい家族」を創ることに関して、筆者の内面には絶えず心理的不安定感が去来していた。また、出産直後の M 子の目じりには毛細血管が破裂し、赤みを帯びていたことから、出産にともなう壮絶な労苦を垣間見るように思った。息子の名前には M 子の祖父の一字と S 先生の一字を組み合わせて命名した。

　息子は成長するほどに筆者に似てきた。「瓜二つ！」まるで「判子を押したようだ」

などとよく言われた。筆者は嬉しくて息子の写真を財布に忍ばせ、常に持ち歩き何度も何度も眺めたりした。しかし、M子の産休明けからは、共働き生活が始まり、「育児と仕事との両立」戦争がスタートした。養護施設の仕事に夜勤や泊まり勤務は必然だったから、交替で育児をしながら、夜間の一人育児は情けないほどおたおたしてしまった。仕事との関係で、時にはベビーホテルまがいの託児所を利用しなければならないこともあり、断腸の思いで息子を預けたこともあった。

9. 教護院への転身に失敗　T学園を退職

　養護施設勤務を10年勤めた頃から、筆者は「教護院」への転身を志すようになった。T学園の創設者は日本の教護院の歴史的源流を担った人物であり、たまたま没後50周年記念の年に、筆者は当時の中高生と共にクリスマス劇に取り組み、この人物の伝記を劇化し上演に成功したことがあった。さらに「少年非行問題」に関心があった。筆者は密かに業務上で知り合った関係者と教護院への「転職」相談を重ねながら、関西系の教護院A学園の募集に応じることにした。かなり思い切った決断だったが挑戦したかった。夫婦制だったので二人とも揃ってH県の公務員試験を受験した。息子は小学校3年生になる直前の時期だった。しかし、結果は「不採用」になり「夢」は破れた。当時のT学園の副施設長にこの間の経緯を伝え、潔く「退職」する決意を伝えた。かなり強く引きとめられたが「内密に転職」を進めながら、「失敗したから居残ること」など出来なかった。結局11年半勤めたT学園を退職し最初の「浪人」生活に入った。38歳になろうとしていた。これが筆者のその後の「転職」人生の始まりであった。

第7章　転職・迷走時代

1. 養護施設の高校生交流会活動に参加

　T学園退職後、最初の浪人中であったが、筆者はたまたま業務上の出会いで知り合った地方の児童養護施設長K氏の誘いに求められるまま、「養護施設の高校生交流会」活動の主要スタッフとして参画する機会に遭遇した。

　養護施設の高校生交流会とは、1988年（昭和63）夏の第1回鳥取大会から1998年（平成10）年の宮城大会までのほぼ10年間、児童養護施設で生活する高校生が集い、自己実現の一助とすることを目的として、施設生活や将来の社会生活などについて語り合うことに取り組んだ活動である。この活動は図らずも国連「児童の権利に関する条約」の第12条「意見表明権」行使の試みや施設で暮らす子ども（当事者）の「当事者参加」の試みと重なり、回を重ねるごとに急速な参加者拡大・成長を果たした。当初は高校生やアシスタントを含めた大会参加規模は40名足らずだったが、第4回岐阜大会（1991）での257名の達した参加者規模が最大のピークだった。その頃には全国養護施設協議会が主催し、厚生省（当時）が後援するなど、その活動は全国展開を見せ「公式行事」として認めざるを得ない勢いがあった。第5回長野大会（1992）では、はじめて参加高校生による「大会宣言」が採択され、これがその後の大会の高校生による「意見表明文」へと発展・進化する基礎を築いた。第6回秋田大会（1993）では、韓国、香港、台湾、シンガポールなどアジア交流事業とのジョイントまで実施され、交流会活動の最盛期を迎えた。筆者も、児童養護施設の高校生の「主体性の回復」や「当事者参加」実現、「高校生による国際会議開催」などへの「夢」を膨らませて、懸命に尽力した。

　しかし、第7回福岡大会（1994）後、参加高校生が当該施設の「体罰等」の人権侵害を告発する事件が発生し、マスコミで大きく取り上げられた。本来、高校生（当事者）の意見表明権の正当な行使が「施設のあり方」を告発し、人権侵害を含む「社会的事件」に発展したことから、一部の施設関係者から「高校生交流会」へ危機感が高まり、その後の交流会は「全国レベル」の開催が急速に困難になった。そして「不

透明」なまま「全国大会」は第10回宮城大会（1998）で幕引きになってしまった。なんともすっきりしない幕切れであった。

　全国レベルの「高校生交流会」は「中断」されたものの、影響を受けた地方の有志によるそれぞれの「交流会」が継続・活動をしてはいる。（石川県、京都府、愛知県、愛媛県、東京地区など）

筆者は「高校生交流会」の本質的な活動の意義＝当事者参加推進、を強く認めながらも、交流会の運営方法や方針など、活動路線の考え方が主要幹部と若干の異議が拭えず、結局不本意ながらも活動から離脱せざるをえなかった。慙愧の思いは深い。その後筆者は「当事者参加」の新たな推進方法を模索することにした。

2. アフターケア施設　自立援助ホームS寮へ転職

　T学園を退職し、最初の浪人生活の渦中で「高校生交流会」活動に邁進しながらも、縁があって、アフターケア施設・自立援助ホームS寮へ転職した。1988年11月のことだった。もともとアフターケアには関心が深かったし、S寮はわが国の児童養護界において児童養護施設出身者による創設の歴史をもった「当事者参加」推進の原点を担った施設だったこともあり仕事は面白く充実していた。S寮のスタッフは比較的若いメンバーが多かったこともあり、筆者が38歳だった年齢と児童養護の経験を買われて暫くして「寮長」に推薦された。

　ここで、出会った青少年達は、さまざまな経路を辿ってくる。児童養護施設の出身者ばかりではなかった。児童自立支援施設（かつての教護院）や家庭裁判所から補導委託施設（少年審判で「試験観察の決定」を受けた少年を受け入れる施設）の指定を受けていたことから少年鑑別所や医療少年院、初等、中等少年院などからの依頼もあった。時には家庭裁判所の少年審判に臨席し、窃盗少年、シンナー少年、障害事件少年などの身元引き受け人として少年たちの更生保護活動にも当った。

自立援助ホームは児童福祉法上の児童養護施設と異なり入所経路では、児童相談所が必ずしも関わらないケースが多かった。その意味で入所手続きは比較的簡便だった。しかも全国広範囲に入所窓口を開いていたので、関西系や遠く九州からの入所もあった。

　また、一般家庭からの相談には不登校や高校中退などのケースもあった。児童養

護施設からのケースにはやや軽度の知的障害があり、一般就労が困難なケースが多かった。てんかん症状やうつ病関係で薬を服用しているケースもあった。

　筆者はここで、中卒や高校中退の青少年の「高卒資格取得」や仕事が続かず転・退職が多い原因に対人関係障害・社会常識・社会で生き抜くための資格の取得（自動車普通免許、原付き免許、調理師など）の為に必要な「読み」「書き」「聴く」「話す」「計算」などの基礎的学習を目的とした「寮内の学校＝私塾」を創設する構想を抱いて「寮生ミーティング」等で提案し、準備を進めていた。数回の実験的試みを通して寮生の手応えも感じていた。

　しかし、少年たちとの出会いには「命に関わる」事例があった。

　家庭裁判所からの依頼で少年鑑別所に面会を重ね、入所を決めた傷害・恐喝事件のK少年（関西系）を本人の希望で寿司屋に就職させたものの、親からもらった垂直感染で肝臓病に罹っていて、緊急入院させたものの劇症肝炎という難病に転化し、入院後僅か2ヶ月余りで急死してしまった。この少年の遺骨の引取りを拒んだ親とのやりとりは「捨てられた少年」の無念を思うと慙愧に耐えない苦い想い出がある。

　この時期に出会った少年たちには個性的で印象深いものが多い。やはり関西系のT少年は児童養護施設から児童自立支援施設を経由してS寮に来たが、元気のいい関西弁をまくし立て、短気で喧嘩早い面があったが反面、神経質で繊細な面もあった。

　やけに筆者とは気が合った。夜になると筆者の側を離れず、自分の生い立ちや家族の悲惨な話（父病死、母自殺、姉自殺、妹行方不明、弟児童養護施設入所中）を何度も何度も繰り返し訴え、気が付けば夜明けになっていることもあった。同時に韓国籍であることに「不満」と「矛盾」を訴え、「外人登録証」の所持の義務化や指紋押捺の仕組みに「悲憤・慷慨」して止まなかった。「ワシは日本で育って日本語を喋って日本のメシを食って生きてきたんだ。何でこんな登録所を持って歩かにゃいけんのか？何で指紋、取るのか？ワシは泥棒とちゃうで！」と叫ぶのが常だった。筆者はひたすら共感しながら傾聴の役目しか出来なかったが・・・。

　筆者はT少年の怒りや憤懣に共感しながら、定時制高校に通学する道を援助した。その上で全国高校生交流会に誘い一緒に参加した。その帰路にT少年が育った児

童養護施設や児童自立支援施設を案内してもらったりした。彼は施設での当時の日記まで見せてくれて、大学ノートにびっしり几帳面に書き連ねてあった内容は幼稚で幼い表現ではあったが、繊細で感受生の鋭い一面が垣間見られた。彼は夏が苦手でアトピー性皮膚炎に苦しみ、肩口から首周りが常に炎症でただれていたし、若白髪の頭が内面生活の葛藤の激しさを暗黙のうちに語っていた。

　この少年は後に 28 歳の時の夏、アパートでガス自殺を図ってしまう。筆者には忘れ難い少年の一人である。

3. 神田ふみよ編著『春の歌　うたえば―養護施設からの旅立ち』 「私にとっての養護施設の生活」執筆

　自立援助ホームS寮での約 4 年半は、かなり充実していた。仕事自体は大変な面があったがやりがいもあった。

　そんな時、児童養護施設職員時代、全国養護問題研究会の神田ふみよ氏から原稿の依頼を受けた。「養護施設で育った体験と施設職員としての今を手記として書いてほしい」とのことだった。神田ふみよ氏は以前からなんどか筆者のこうした趣旨の原稿を依頼されたことがあった。しかし、筆者は「その必要性」は分るが、なかなか筆が進まない、書けない、などとその都度断っていた。

　そんなやりとりを何度か繰り返した後、さらに重ねての依頼があった。改めてその編集趣旨を伺った。

　　「戦後 50 年近く、戦争で親や兄弟を失った子どもたち、親の出稼ぎのため残された子どもたち、親の離婚や疾病、そのための家庭離散。さまざまの事情で養護施設
　　に入ってきた子どもたちは、卒園後をどのように生き、どのような困難にぶつかりながらそれを越えていったのだろうか。しせつはこの人にどのような力を貸すことができたのだろうか。そして、今、この人たちは親・家族をどのように考えているのだろうか。このようなことをありのままに綴っていただきたい。
　　　また、施設で生活した人たちの手記から、施設が社会で果たすべき役割、これからの課題を考えてみたい。そして、できることならこれらの本を現在施設

　　で暮らしている子どもたちへの励ましのメッセージとしたい。」（『春の歌 ･･･』
　　277 − 278 ページ）

　筆者は「手記」が児童養護施設の戦後史証言として意味があること、施設退所後に
ぶつかった困難は何か、具体的に知り、それを乗り越えていった経緯を知りたい、
現在施設で暮らして子どもたちへの励ましのメッセージとしたい！という点にここ
ろを強く動かされた。
　筆者が施設生活で体験し、また施設を退所した後で遭遇したさまざまな課題は、
自分一人の問題ではないこと、当事者の課題でもあり同時に施設職員の課題でもあ
り、ひいては社会全体の課題でもあることを認識した。
　また、大学時代に色川大吉氏の「自分史」に関する歴史学の意義にも感動してい
たので、敢えて挑戦することにしたのである。そうは思ってもいざ書き出すとなる
と自分をさらけ出す勇気が問われ、関係者への配慮もあったから簡単ではなく苦し
みながらもその一部を執筆した。
　神田ふみよ氏の出版趣旨は出版後すでに 15 年近く経過した今日、さまざまな本
の出版洪水の中で果たしてどのような意義と効果があったのか検証する必要性を感
じている。

4. 自立援助ホーム S 寮退職　地方の B 園、K 学園を経て再び T 園に戻る

　S 寮で寮生との関係性は良好であり、構想していた「寮生ミーティング」をさま
ざまな資格取得のための「学校＝私塾」の実践に手をつけ始めていた頃、S 寮を運
営していた法人組織内の問題が発生し、その結果筆者を S 寮に推薦した法人常務理
事 K 氏が退職することになってしまった。K 氏が不在のまま、居残ることの困難
さが想定され、不本意ながらも「退職」を決断したのである。このとき気がかりだ
ったのが関西系の T 少年のことであった。しかし、筆者の退職は「個人的な事情」
というよりは「職場の内部事情」がその真因だったので、とうてい T 少年には話
すことはできなかった。T 少年がどんな思いで筆者の「退職」を受け止めたのかは
考えまいとした。「そのうち一緒に飲もう！」と空しい言葉をかけた記憶がある。
　S 寮を退職するに当っての転職先を筆者は高校生交流会の発案者であった地方

（北海道）のB園を選んだ。B園のK施設長はかねてから筆者をB園に招聘することに熱心であったことや、筆者はK施設長のこれまでのどの施設長にも感じたことのない手腕と力量に強い憧れと期待を抱いていた。「この人に自分の人生をかけてみよう！」とまで考えたのである。

　S寮の退職と地方のB園への転職は同時に「家庭問題」でもあった。筆者は「家族共に」引っ越す覚悟を固めていたので、何度か話し合った。妻はそれでも了解してくれたが息子は「転校」を嫌がった。小学校を終えて中学生に進学する時期にあたっていた。とうてい無理強いは出来ないと判断し、とりあえず筆者だけ単身赴任することにした。

　ところが、単身赴任3ヵ月後の7月、筆者は突然K園長に呼び出され、「実は地方のK学園が人材不足で大変困っている。F学園長が是非とも君を招きたいと申し出ている。助けて欲しい！との内容だった。「ついてはK学園に行ってくれないか、7月からでも。」とのことだった。

　筆者は少なくとも3年間はB学園で「修行」しようと考えていたし、K園長も「筆者を育てる」意思があるものと思っていた。ショックだった。しかし、丁寧に頭を下げられ、懇願されると断れなかった。

　こうして僅か3ヶ月ほどでB園を去り東京に戻ってきた。だが、地方のK学園に赴任することは気が進まなかった。一旦はK学園赴任を撤回し、改めて「転職」を考えることにした。止むを得ず、学童保育の指導員募集に応じたりしたが、「面接」で「経歴」を見られ、「あなたのような方にはふさわしくない！」と断られてしまった。

　浪人生活半年以上が経ち、いよいよ進退に窮し、やはり、「求められているところに行くことにしよう！」と、再度K学園のF学園長に「赴任の打診」をしたところ、「一旦断った関係上、再度応募するなら採用試験を受けてもらう」との返事だった。不本意な思いはあったが背に腹は代えられないと、「採用試験」を受けて「合格」し、地方のK学園に「単身赴任」し「新任職員研修」も受けた。

　ここでも「仕事」自体は面白く、学園内の一室に「半住み込み」状態で、「本園」内の「高校生会」の再建・強化、学習指導、園芸活動、県内外職員研修会の運営・県内高校生交流キャンプなどに取り組んだ。業務以外に自立援助ホームや自活訓練ホーム事業にも関わり殆どフル回転した。月に4回程度、東京に帰宅したものの、

殆ど「単身赴任」で仕事人間だった。

　こうして、１年３ヶ月が経過したころ、ある日突然東京の元の職場Ｔ学園長から電話がきた。「単身赴任は大変だろう。どうかね。東京に戻ってこないか？」との誘いを受けた。関係者に相談したところ、「一旦辞めた施設から声がかかったということは求められていることだ。普通はありえない。それに東京に帰れるなら家族も喜ぶだろう」などという声に押された。

　こうした経緯で筆者の進路を巡る「迷走」が急展開し始めた。再び東京のＴ学園に戻ることになった。最初にＴ学園を退職してから７年ぶりの復帰ということになった。

　45歳になろうとしていた。

5. Ｔ学園副園長時代　児童養護における当事者団体組織化活動の準備に関わる

　Ｔ学園に７年ぶりに戻ったら、学園は卒園生や中高生の対応で苦労していた。寮舎生活の第一線に入りながら、卒園生対策、中学生・高校生対策に力を入れた。筆者を覚えている児童や職員もいた。７年前には小学生だった子がなんと高校生になっていたり、新しい知らない職員もいて時の流れを感じた。

　早速中高会の再建・組織化を図りながら学園の建て直しにとりかかった。高校生交流会の活動にも関わり、年長児童の生活参加姿勢を促進した。

　一気に再建することは困難だったが、それでも徐々に主に年長者・高校生を巻き込んでいった。施設を退所した卒園生を招き、中学・高校生との座談会を企画・実施した。また、学園内の清掃作業・タバコ撲滅活動・ワークキャンプ・クリスマス会等の取り組みにグループワークの手法をとりいれた。

　中学生・高校生などという年長児童はとかく施設生活が「特権化」し、恣意的で気ままな生活になりやすい。反面、依存的受動的生活に陥っていることに気付かず、その立場と役割を勘違いしている者が多い。筆者は「中高生会」の活動を通して、そうした施設における年長者の果たすべき立場と役割を明確化し、所属寮舎や学園生活に対する貢献姿勢を刺激し、彼らの失われた「主体性」の回復に努めた。さらに施設生活の閉鎖的な空間に埋没し「内弁慶」「視野狭窄」的生活態度に終始して

いる者に対し、例えば「高校生交流会」や「海外生活体験」などの機会を積極的に捉え、同じ児童養護施設での高校生でも一つ施設や環境が変わればその生活には大きな違いがあることに気付かせ、他の施設や海外生活を体験することで自分自身の生活をみつめなおし、自分の置かれた境遇や生い立ち・環境を「相対化」する視点を獲得、自覚させる試みを粘り強く継続した。その結果、ある女子高校生をスイスのジュネーブで開催された「国連子どもの権利委員会」での「日本国政府の権利条約に対する報告」審査の傍聴の機会を活用し、同じように日本から傍聴に参加した一般の高校生と共に「施設生活高校生活の実態に関する意見表明文」を発表するプレゼンテーションの機会を得たこともあった。だがその女子高校生は若干「権利意識」の持ち方を誤解した面やマスコミから「わがまま助長」とのバッシングに遭遇し、帰国後やや混乱の渦中に巻き込まれた体験をすることにもなった。

　学園は筆者を1年目は寮舎担当の首席指導員代行、2年目は副施設長代行に昇格させた。そして3年目は「副施設長」に任命し、養護施設部門運営管理の直接的な責任者とした。
　筆者の肩書きは「副施設長」ではあったが養護施設部門では事実上の「施設長」業務を担っていたことから「施設長」としての活動を対外的には邁進した。後にこれが重大な過失で、「ボタンの掛け違いの禍」を産むことになった。
　こうして「施設の運営管理業務」も任されて、順調に仕事が進んでいるかに見えた。筆者はこの時こそ、長年構想していた「児童養護における当事者団体組織化」活動に着手する好機と考えた。「当事者団体の創設と組織化」に共感し、共に活動していける同志を募り、着々とその準備を重ねて行った。同時に東京都社会福祉協議会児童部会所属の「リービングケア委員会」では「当事者参加研究班」の責任者としても活動の中心的役割を担っていった。

6. 無念の退職と再び迷走時代のはじまり　　当事者団体組織化の挫折と失意

　しかし、学園は同時に「本園大規模修繕」事業と「創立百周年記念事業」の二つの大きなプロジェクトを抱えていた。筆者はこうした学園内の重要な業務と学園外の「高校生交流会」活動や「当事者団体組織化」「東京都社会福祉協議会リービン

グケア委員会の活動」との微妙なバランス・両立が難しい局面があることを承知して、それ相当の慎重な配慮を怠らなかったつもりだった。

　それでも、やや対外的な活動（特に当事者団体の組織化と児童部会リービングケア委員会活動）につい学園を留守にすることが増えて、特に「大規模修繕事業」の連絡・調整に不充分さがあったのだろうと考える。

　大規模修繕事業がほぼ終盤に差し掛かっていた2001年1月、突然I学園長の呼び出しを受け、「君を副施設長に任命したことは事実だが施設長に任命した覚えはない。名刺の肩書きに「施設長」と印刷し、年賀状に「施設長」として名乗っていることが分っている。勘違いである。また大規模修繕の大事な時に学園にいないことが多かった。降格処分として直ちに副施設長は解任する。今後は一切の管理業務から外れてもらう。1月末日で机を整理し、グループホームの責任者として配置替えを命ずる。直ちに異動するように。・・・」とのことだった。突然の人事異動と降格処分が発令されたのである。

　おかしい雰囲気は感じてはいたが、実際は「寝耳に水」であった。筆者は余りにも突然のことで、ショックを受け、「反論」する気にもなれず、「暫く考えさせて欲しい」と申し出て辞去した。

　家族会議の結果、筆者の「名刺問題に関しての過失」は認めざるを得ないが、こうした余りにも恣意的な「人事」はとうてい納得出来ない。しかし、「反論」しても殆ど通じないだろうと覚悟した。それはこれまでもI学園長の独断と恣意的な人事権の発動によって、多くの犠牲者があり、その末路は結局「退職」に追い込まれ「放逐処分」となり、二度とその名誉回復はなされなかったことを知っていたからである。従って「無念ではあるが辞表を提出する」ことでせめてもの「抵抗の姿勢」を示そうと決断した。

　I学園長は先代の施設長の息子で、その法人組織自体が世襲制の同族運営・経営であった。もちろん施設運営の責任者である施設長と施設経営の最高責任者である理事長の存在があり、その「運営」と「経営」との適切な「チャック＆バランス」機能が無かったわけではない。しかし、施設運営の細部の実際迄理事長が的確に把握することは極めて困難である。勢い施設長の「報告情報」に経営判断が左右され易いのは否めない。社会福祉法人の公共性は民間施設の場合はどうしても「形骸化」

しやすく、実際は施設長の資質や専門性・人間性に左右されることになる。その意味でも施設長の社会的責任の大きさが問われるのである。

　結局筆者はそれまでの多くの犠牲者と同様、I学園長の「機嫌次第」で「優遇」され「冷遇」されたに過ぎなかった。施設長の人事権の発動によって「上昇」させたかと思うと、機嫌を損なった瞬間にはその梯子を取り外し「失脚」させたに過ぎなかったともいえる。筆者のこうした体験は地方のB園でのK園長がとった「他の施設に行って欲しい」という「懇願的命令」と重なって、苦い思いが拭えなかった。

　翌日I学園長に辞表を提出して、「退職の意思」を伝えた。こうして無念の退職とせっかく形が見え始めていた「当事者団体組織化」の活動は挫折したのである。失意の思いは深かった。

　口の悪い噂では筆者が「大規模修繕事業」を中途で投げ出した無責任な人間、「高校生交流会」も「リービングケア委員会」も「当事者参加団体の組織化」もみな「中途半端で投げ出した無責任な男」との悪評を立てる者もいたという。また筆者が「施設出身」だから「対人関係や社会性に問題」があり、「独断専行」「横暴」「人と信頼関係が結べない男」などの誤解と偏見に満ちた風評さえ流す者がいた。

　筆者はこれらの悪評や誤解・偏見に対し、一切の弁解や言い訳をしなかった。

　ただひたすら「名刺問題」の「過失」の責任をとること、自らの生き方に多少の「傲慢さ」があり、知らずに第三者を傷つけていただろうことに対する反省の思いから当分の間、「謹慎」することを自らに課すことにしたのである。しかし、それにしても志半ばで、しかもこれからの活動が「本番」だったこともあり、「失脚」の憂き目にあった体験は心底「無念」でならなかった。おおげさな言い方が許されるながら筆者の「失脚」によってこの国の児童養護における「当事者参加」の歩みが10年は遅れただろうとさえ感じている。

　しかし、これは同時に新たな筆者の迷走時代の幕開けでもあった。

第8章　保育士養成兼任講師と社会人大学院への進学

1. Ｔ君の自殺と悔恨　　当事者性の探求の決意

　Ｔ学園を不本意ながらも「辞職」し、3度目の「浪人生活」に入り、「失業保険」で暮らしていた頃、突然Ｓ寮の職員から電話が入った。聴くと「Ｔ君（28歳）が自分のアパートでガス管を咥えて自殺した」という。驚愕とショックで暫く言葉が出なかった。2001年7月20日だった。Ｔ君が亡くなったのは7月17日だったという。死後三日目で福祉事務所の人がアパート訪問して発見したという。詳細は不明とのこと。

　早速葬儀の日程を確認し、7月22日、斎場での葬儀に参列した。とうてい信じられなかった。

　筆者はＴ君との対話の中で、筆者自身も「施設出身者」であることを話していた。Ｔ君は「市川さんは他の人と違う。話をよく聴いてくれる。」と評価してくれていた。同じような体験を持つもの同士のピアカウンセリング効果ともいえるかもしれない。

　Ｔ君は自分の生い立ちを語りながらその悲惨な境遇に加えて、在日韓国人であることの社会的差別や偏見・誤解に苦しんでいた。筆者に出来ることは、ただひたすらＴ君の話を傾聴し共感することだった。しかし、筆者が自分自身の施設入所理由や家族に関する理解（当事者性）がもっと正確に認識していて深まっていたら、別な対応が出来たかもしれない。新たなアプローチを助言し、提案できていたかも知れない・・・。Ｔ君の葬儀に参列しながら筆者の悔恨と無念の思いは深まっていった。

　やはり、自分自身の「当事者性」について、いつかははっきりとさせなければなるまい。それがＴ君から受取った宿題であるように感じたのである。こうして筆者は改めて自分自身の「当事者性」探求の必要性を自覚した。しかし、当時はその手段や方法について全く手掛かりがなく、時間だけが流れていった。

2. 保育士養成兼任講師と現場への未練・葛藤

　実はＴ学園を「辞職」した直後、筆者は「Ｒ大学院」への進学に挑戦した。しかし、当時は「辞職」直後で、間に合わせの受験でしかなく、ほとんど受験勉強など出来なかった。研究テーマも当時は①少年非行問題　②近代日本社会事業史（歴史研究）③児童養護における当事者参加の可能性について　④福祉人材養成とスーパービジョン　などで、殆どテーマが絞られていなかった。

　結果は見事に「失敗」であった。そのために「大学院」進学を全く諦めてしまった。そんな時、知人から「保育士養成専門学校」講師の紹介を受け、とりあえず就任することにした。担当科目は「養護原理」であった。その後複数の専門学校や短期大学からの「講師」依頼があり、主に「児童養護の現場」経験に基づく授業を展開した。担当科目も「養護内容論」や「社会福祉方法方法論」＝「援助技術論」などに膨らんだ。幸い筆者の現場経験に基づく「授業」は学生の評判がよく、筆者も熱心な学生から学ぶことも多く、励まされたりした。

　保育士養成兼任講師のかたわら筆者は「児童虐待防止法の改正を求める全国ネットワーク」活動の手伝いの要請に応えることも同時進行で実行していた。各種シンポジウムやパレードなどの裏方仕事である。また、この時期に日本子どもの虐待防止研究会（JaSPCAN）東京大会開催のプログラムの一環で「虐待防止キャンペーンビデオ制作」の企画に出演・協力もした。その上で施設生活経験者＝当事者の立場で「学術会議」のシンポジストの推薦を受け、「虐待からの回復　当事者からのスピークアウト」と題した「発言」をし、同じテーマの分科会の司会を任され、後日機関誌に「分科会報告」を執筆し掲載されている。（市川太郎「虐待からの回復　当事者からのスピークアウト」『子どもの虐待とネグレクト』特集　第8回学術集会分科会報告　Vol.5　No.1　July　2003　参照）

　こうした活動をしながらも次第に筆者は「やはり児童養護の現場への未練」が残り、葛藤を繰り返していた。

3. 再度児童養護施設の現場復帰・挫折

　保育士養成兼任講師をしながら児童虐待防止活動にも関わってきたものの、筆者は現場への未練を抱えていた。実はT学園を「辞職」した直後には関東近県SホームのF施設長からの誘いがあった。しかし、筆者はその当時は「大学院進学」を最優先にしていたので、丁寧にお断りした経緯があった。

　その大学院進学が失敗に終わったことで、「現場への復帰」が現実的になっていた。しかし、暫くは「兼任講師」を続けていた。2003年秋、或る仲介者を通してSホームのF施設長に「赴任」の打診を行った。筆者は「一度は断った経緯があるから無理だろう」と思っていた。ところが「喜んで迎えたい」との回答であった。

　そこで、筆者は全ての「兼任講師」を辞退し、2004年2月から赴任可能な手続きを進めた。「主任指導員」としての待遇でSホームに「単身赴任」することになった。

　実はF施設長とは筆者が地方のB園に在任していた時、F施設長の企画で、B園のK園長による職員研修講演会がSホームで開催された。筆者はその時、K園長の前座講師を努めた縁があったのである。

　Sホームはキリスト教会が母体で創設された定員40人程度の小規模施設（2004年当時）であった。F施設長も教会所属の牧師を兼ねていた。児童養護施設とはいえ、「小舎制」に近い施設運営で、「家庭的処遇」を基本方針にしていた。しかし、東京での経験に比べると、施設職員はまるで「里親」的なかかわりを求められ、それぞれの「所属」の寮に「張り付く」感じで働いていた。断続・変則交替勤務で、職員の疲労とストレスはかなりのものが感じられた。そこの施設しか知らない職員も多く、まじめに勤める職員ほど担当の「寮」に張り付き、子どもとの距離が近すぎて「息苦しく」その分視野が狭くなりがちで、辛そうに見えた。

　専門の保育士や児童指導員の業務というよりは「家政婦」に限りなく近く、その児童観も「恵まれない子」「かわいそうな子への無償の愛」を示すといった「恩恵・慈恵的」養育観が支配的であったように思う。こうした養護方針は「幼児や小学生低学年」までは有効性があるが「思春期・中学・高校生」への対応は「困難」が予想された。

反面、児童記録や書類作成には「パソコン」等が導入され「最新のIT機器」をそろえようとする意気込みがあり、「古い児童観」と「最新IT機器」とのアンバランスがその施設のちぐはぐさを象徴しているように見えた。

　筆者が赴任した直後に中学生男子による「集団窃盗換金」事件が発生し、直ちにその対応に追われた。中学生数人による近くの公園その他で、駐輪していた一般の自転車の籠やバッグなどからテレビゲームやゲームカセットなどを盗み、これを「リサイクルショップ」等で「換金」していた事件である。盗難被害者が中学校に届け出たことから事件が発覚し、学園の関係者の関わりの問合せがあったものである。筆者はこうした事件への対応にはそれなりの「経験」と「自信」があったので、かえって男子中学生との「距離」を縮める絶好のチャンスでもあると思った。赴任当初からこうした「問題行動」対応に追われたが、施設からの期待も感じられたので順次その期待に応えることにした。赴任当初はF施設長からの「期待」を一身に受けながら事件解決などに「活躍」出来た。だが、2～3ヵ月後、一人の中学生女子の「不登校」ケースの対応から、その「期待」に微妙な隙間風が吹き込んできた。

　一時保護をすることになり、児童相談所との「連絡・調整」や「連携」が求められることになった頃、「筆者の対応」が児童相談所の「意に添わない」部分が露呈された。F施設長は直ちに筆者を「対児童相談所対応」から「はずし」、次第に「筆者」を「中枢からはずす」言動に豹変したのである。その変化は余りにも急激であった。

　筆者がSホームに赴任してはじめて分ったのは、「施設長」の権力・権限の「絶対化」であり、「絶対君主」としての「権威主義」がまかり通っていたことである。

　例えばホームでは「施設長」だけは「先生」と呼称させ、それ以外の人はみな「さん」付けであった。これをF施設長が自ら「公然」と周囲に要求していたのである。

　また、毎朝の打合せではF施設長の「発言」が「絶対であり」、その「意向」に沿わないことがあると、公衆の面前で特定の職員が「名指しで叱責」を受ける場面が何度もあった。F施設長は特に「男子指導員」に対する「要求水準」が高く、これを公衆の場で「叱責」「追求」することもあった。男子職員の「面目」はまるつぶれである。その結果、女子職員は殆ど「発言」が出来ない状態にもなってしまう。毎朝の朝会での「女子職員」の表情の暗さ、おどおどして怯えたような声の小ささ、覇気のなさの原因はこうした施設長のスタンスが大きく影響していたと思う。

　さらに問題なのは F 施設長の意見や方針が「コロコロ変る」のである。F 施設長は方針や対応の誤りに気付くと直ちに前言を翻して、職員の前で「謝り・訂正」することがあった。「謝罪」と「撤回」はいいのだが、その結果「疑心暗鬼」の思いを助長させてしまうので職員間の混乱の元であった。

職員は園長の発言や方針の何を信じたらいいのか、判断に「苦慮」することもしばしばだった。筆者は F 施設長が外で見せていた牧師としての「物分りのよさ」「やさしさ」「謙虚な」人柄を信じて赴任しただけに、この内部の実態（権力主義・権威主義）には驚きと非常なショックを感じた。

　F 施設長は既に自ら「末期ガン」に罹患していることをカミングアウトしていて、その分やや正当な判断が出来なかった側面があったともいえよう。だが、施設内での「絶対君主」振りは、職員にとっては「迎合」するしかなくなり、いかに園長先生に「気に入られるか」がその学園で生きていく処方箋となっていたのである。ここでも民間施設独特の施設長への「権力集中」による「裸の王様」が君臨していたことになる。

　職員間の人間関係も園長との距離感が左右して、「疑心暗鬼」「不信と中傷」の息苦しい世界になっていた。筆者はこうした雰囲気に「この施設は早晩大きな事件に繋がってしまうのではないか」との危機感を感じていた。

　こうした施設の体質に問題意識を感じている自覚的職員もいたが、「連帯・結束」するまでには至らなかった。

　その他挙げればきりがないが、筆者は赴任して半年足らずでこうした施設の実態に触れながらも、たちまち「居場所」を喪ってしまったのである。筆者にも足らなかった点があったのだろうが、最後には、園長や幹部職員からの「排除の圧力」や公式に「人事上の降格処分」を言い渡され、反論する余地もなく、赴任後僅か 10 ヶ月の 2004 年 12 月一杯で「依願退職」を申し出ることになった。新たな現場での「挫折体験」であった。

　　筆者注：S ホームの F 施設長は、約 1 年後に「ガン」で逝去された。ここに謹んでお悔やみ申し上げたい。しかし、その生前に施設内で「入所児童」と職員との「性的問題行動」が発覚し、これを自分の一存で隠蔽しようとしたこと。

さらに退職後とはいえ、再び「入所児童」と職員による「性的問題行動」が発覚したこと。その際、臨床心理士の児童に対する面接調査によって、一部複数職員による「体罰」事件も明るみに出た。これによって、県からの「改善勧告」を受ける事件などが報道されたことは誠に慙愧に堪えない。これらの一連の事件は、これに関与した職員の直接的な責任は重大だが、筆者から見れば職員に対する適切なスーパービジョンもなく、確固とした施設養育理念の不在による「被害者」の側面もあったのではないかという点も指摘しておきたい。
（2006 年 7 月 27 日　S 県知事　S ホームへの運営の改善について（勧告））

4. 失意と絶望の中で大学院進学

　現場復帰を果たし、これから実践課題に全力を尽くそうと思っていた矢先に、問題の所在を掴んでいながら、結局「権力・権限」の壁に押し潰され、はじき出され、「排除」されてしまったことは筆者にとっても激しい失意と絶望感に駆られる結果になった。加えて 4 回目の「浪人生活」を余儀なくされたことに深い失意があった。筆者の迷走はさらに続いた。時に「自殺願望」さえ襲ってきていた。
すでに 55 歳になろうとしている年齢やその後の見通しが全く見えない苦悩から、途方にくれる日々が続いた。
　この時期に筆者の支えになったのは約 20 年来の友人 M 氏の励ましと進路助言であった。M 氏は直ちにある関係機関の採用試験を受けるように助言と手配をしてくれた。また、筆者の経歴を高く買ってくれて、問題をかかえて混乱している児童養護施設への「調査」と「助言」の業務を紹介しながら、共に動いてくれた。採用試験の方は結果的にはうまくいかなかったが、筆者には大きな励ましだった。「調査」と「助言」の仕事は結局「施設オンブズマン」の仕事につながり、その後も継続している。
　ある時 M 氏は筆者に大学院の「入試要項」一式を手渡しながら、「大学院で自分自身の当事者性を明らかにする研究をやらないか？」と誘ったのである。
　筆者は既に R 大学院の入試に失敗していた過去があり、自信もなく、乗り気にはなれなかった。しかし、M 氏はあきらめず何度も何度も挑戦するように説得したのである。

筆者が本気で大学院進学を決意したのはそれから暫くしてからであった。

5.「わが当事者性の探求」を修士論文のテーマに定める　死者からのメッセージ

　M氏の粘り強い説得によって、筆者の脳裏にはアパートでガス管咥えて自殺したT少年との関係性が浮かんで離れなかった。
T少年の自殺は間接的に筆者も加害者ではないか？という声が頭の奥底から聴こえてくるようだった。もし、自分自身の当事者性をきちんとT少年に伝えることが出来ていたなら・・・、もし、T少年に家族問題に関する適切な助言や援助が出来ていれば彼は自殺しなくて済んだのではないか？

　また、劇症肝炎で病死したK少年の親に、遺骨の受取りのやりとりをした時、その親を責めるだけではなく、その当事者性に関する理解がもっと深いところにあれば別のアプローチがあったのではないか？

　T学園のころ19歳でマンションの屋上から飛降り自殺したK少年を思った。彼は筆者によく「ギターを教えてよ！」と声をかけてきた。多忙だった筆者は「そのうちにナ！」かわしてしまっていた。彼の母親は筆者の母と同様の病で入院をしていた。筆者はK君の死を伝えるために病院を訪ねたことがあった。まだ当事者性に関する理解が薄かった筆者はK君の母にその死を充分に伝えきれなかった。

　筆者のM学園時代の5つ後輩にS君がいた。喧嘩早くてガキ大将だった。卒園してからめったに会う事はなかったが、貴金属の仕事をしていた彼の引越しを手伝ったことがあった。そのS君が20代の若さであっけなく病死した。S君の短命は彼の当事者性とどのように関わるのであろうか？いつか筆者とは一つ上の姉M子ちゃんに訊いてみたいと思う。

　そして亡くなったS先生のことを思った。筆者の当事者性に関して最も心を痛め、病死した母の病院を訪ね情報収集し、筆者の本籍地を訪ね親戚関係者に筆者の近況を伝えていた。また、遺伝の再発を恐れ筆者に精神安定剤を服用させたS先生。筆者が勇気を奮って自分自身の当事者性を明らかに出来たら、どのように答えてくれるだろうか？と自問自答した。

　これらの死者からのメッセージを感じながら、背中を押されるように筆者は社会

人大学院への進学を決意し、その修士論文の研究テーマに「わが当事者性の探求」を定めたのである。55歳の遅咲きの学習・勉強であった。

第9章　セピア色の母に出会えた
　　　　あなたの子に生まれて

1. セピア色の母に出会えた　　あなたの子に生まれて　　墓参に臨んで

「わが当事者性探求の旅」はこれまでの別冊付録　第1部　自分はどこから来てどこへ行くのか？自分は何者か？と第2部　ある児童養護施設生活経験者の戦後史　一つの証言　〜自分史も試み〜などからある程度明らかになった。もちろんその全貌はまだまだ闇の中であるし、今後時間をかけて関係者との出会いのチャンスを待ち、少しずつ照明を当てクリア出来ればと思う。急がず慌てず、構えすぎず、自然体でいたい。

振り返ってみればさまざまな壁を越えてきたように思う。児童票調査では、筆者が16年育ったM学園にはすでに見当たらず、かろうじて児童名簿のみが残されていた。児童相談所には、規則で児童票が「廃棄処分」されているとのことであった。

戸籍調査では、母まつの本籍、両親、祖父母、兄弟妹などの親戚や異父兄姉妹の存在を知った。母まつの結婚と離婚、結婚相手の田村善七氏はまつと離婚後とはいえ戦争の犠牲者で空爆死した。そして、初めて母の兄の長男、従兄弟R氏との出会いがあった。R氏からの聞き取り・対話では、筆者の知られざる母まつの生涯や異父兄姉妹の存在とその複雑な思いが胸に響いてきた。これらの基礎的な資料をもとに①家系図の作成　②自分史年表の作成にとりかかることが出来た。

母まつが入院し病死したJ精神病院では半世紀以上前の「カルテ」が開示された。そこには戦争に伴う生活苦・その容赦ない後遺症から心の病に罹患し、その治療過程から長期にわたる孤独な闘病生活が彷彿と浮かび上がってきた。そして臨終では急激に襲ってきたてんかん大発作が発症し、苦悶の末49年の生涯を閉じた経過が

記録されていた。

　そして異父姉からの面談拒否の手紙に同封され、半分に切り裂かれた「セピア色の花嫁姿の母まつ」の写真に出会えた。それは 21 歳になる直前、和式の結婚衣裳に包まれた若き日の記念すべき母まつの姿であった。はじめて見る母の姿、表情・顔であった。

　わが子を次々と他家や施設に預け「母としての役割」を果たせず、病院で孤独な死を迎えた生涯が重なって見えた。異父姉妹であるまつの子どもたちは、いかなる理由があろうと「母から棄てられた」事実に「こころの傷」を抱えながらも、懸命に生きて行こうと決意していた。

　しかし、「生きる」とは？自分はどこから来て、どこへ行くのか？自分は何者か？の問いにどのような答えがあるにしろ、どのような生き方があるにしろ、「あなたの子に生まれなければ」全ては始まらなかった、今改めて思うのである。

　筆者は、従兄弟の R 氏と共に亡き母まつの墓参に詣でながら、「わが当事者性の探求の旅」の第一幕が降りたことを強く感じた。

2.　施設入所児童 4 つのステージ上の諸苦痛と援助課題
若干の提言　筆者の場合

　ところで、施設入所児童 4 つのステージ上の諸苦痛と援助課題にはいかなるものがあるのであろうか？ここでは敢えて、筆者自身の事例を検討し、筆者の当事者性についての総括を試みてみようと思う。
そこから見える若干の提言をまとめてみよう。

以下は施設入所児童 4 つのステージ上の諸苦痛と援助課題の表（表 1）だが、これを筆者の事例に当てはめて作成整理（表 2）し、若干の提言を試みたものである。
表 2　施設入所児童 4 つのステージの諸苦痛と援助施策及び課題　筆者の場合との比較　（市川作成：2007）
　　注：筆者の場合は太線の→で示す

ステージ	主な苦痛	援助施策	課　　題
①入所前	家庭崩壊 →母病気入院・父不詳 被虐待体験 →不詳・記憶喪失 人間不信 →自己存在証明不安 自己肯定感欠如→不安感情	早期発見・発生予防→母の徘徊・放浪・医療保護入院 安全確保・緊急一時保護 インテークワーク→？ 説明と同意・納得→幼児なりの対応	児童相談所機能→不明 法28条・司法関与→なし 権利ノート活用→なし 自己決定力・自己選択権→幼児なりの対応
②入所時	家族分離不安→不明 愛着障害 →不明 しがみつき →不明 無気力・あきらめ→暗くおとなしい性格	家庭調整 →不明 個別対応 →不明 心理治療 →重症の夜尿児童 アドミッションケア→？ ケースアセスメント→？	家庭支援 →不明 関係機関連携 →精神病院 心理治療・ケアワークとのチーム実践→不明
③施設生活	いじめ・弱肉強食→被害者 暴力の連鎖・威圧・体罰 施設内虐待→性的悪戯被害者・怯えと葛藤の日々 施設生活を隠す、話せない(学校、友人、職場など)→話せる人を選ぶ・葛藤あり	施設運営理念（人権意識向上）→恩恵・慈恵主義 インケアの充実・スピークアウト→各種行事中心 ケアワーカー資質向上→一部生活困窮者あり 現任訓練・リカレント→？ スーパービジョン→なし	法人組織のあり方→世襲・同族経営 苦情解決→児童の自治会 第三者評価→なし 施設オンブズマン→なし 説明責任・権利擁護→閉鎖的・父権主義・ケアイズム・劣等処遇 当事者の生活参加→管理的部屋長制度

④退所前後の社会適応過程	退所不安・孤立・自殺→２年目で自殺未遂 失業・住居喪失→浪人生活 身元保証問題→アパート契約・大学奨学金連帯保証人 対人関係不調→孤立化 養護の再生産→葛藤 虜犯・触法・犯罪→なし 社会的差別・偏見・誤解→スピークアウト	自立支援計画→監査対策 アフターケア→個人の努力・ボランティア リービングケア→なし 退所児童相談援助→個人 卒園生・旧職員組織化と交流→同窓会・座談会	専任職員配置→なし 相談援助体制→なし 就労支援→個人 進学支援→奨学金応募 当事者団体の組織化→「日向ぼっこ」結成

<総括・提言>

入所児童４つステージと諸苦痛　援助施策及び課題を表１で示したが、筆者の事例ではどうかを検討・考察する。

　まず、①第１ステージ　入所前の苦痛について

　一般的には家庭崩壊のプロセスや被虐待体験などで遭遇する「苦痛」が多いが筆者の場合は２歳６か月過ぎで施設入所している。ここでの苦痛は家庭崩壊や被虐待体験というより、親の存在証明が確認出来ていない漠然とした「自己存在証明不安」を基底とした苦痛と考えられる。

　その結果筆者は「暗く、おとなしい、あまり感情を表に出さない内向的な」性格となり、たえず「漠然とした不安感情」を抱えて成長したものと思われる。だが、むしろ筆者が注目したいのは①「入所前」②「入所時」の両方の人生における重要なライフステージについての「記憶喪失」という「症状」である。

　この場合の「記憶喪失」とは、自己についての手掛かりのない「空白」＝「欠如感」を意味する。筆者の長期にわたる人生や人間・さらに自己の存在に対する「漠然とした不安」の根源は確かめようのないこの記憶喪失という「空白」＝「欠如感」がその根本原因ではないかと考察するのである。

被虐待体験や家庭崩壊のプロセスで遭遇するいわば「形ある苦痛」と異なり、幼少期の自己存在証明の得られない「漠然とした不安感情」＝「欠如感」は、眼には見えないが確かに存在する苦痛のひとつと言えよう。

　ここでの援助施策と課題は児童相談所を中心とした要保護家庭・児童などの「早期発見」やその「発生予防」であり、発見後の「安全確保」、必要によっては「緊急一時保護」である。被虐待ケースでは、安全確保実現のための緊急性があれば保護者の意向に反してでも「分離」することを規定した児童福祉法第28条やその場合の家庭裁判所・警察など司法関与などがある。筆者の家庭や母は、「精神分裂病＝統合失調症」の発症による「徘徊・放浪」等の問題行動があり、警察などを通じて「医療保護入院」となった。当時の様子を直接知る関係者は生存していないし、児童相談所などの関係機関の記録がないので詳細は不明である。

　また施設入所前後に関わる対応として、インテークワーク（ケースの発見から受理・入所手続きなどの過程）や施設入所理由などに対する「説明と同意」「納得」等の手続きを通して当事者の「自己決定力」や「自己選択力」を援助する課題があり、その必要性がある。だが、今日実施している「権利ノート」などの活用を通した対応は筆者の事例では「権利ノーと」そのものが存在していないし、入所手続きやその対応の詳細は「不明」である。筆者は2歳の幼児での入所だったが、その年齢や発達に応じた「対応」が求められよう。特に「記憶喪失」症状が後の「自己存在証明不安」はいわゆる「学童期」の「潜伏期」を経て思春期の「自己探求」の祭、「不安や苦痛」が顕現されるのではないかと考察される。筆者の中学生期の日記や高校生の内面的混乱期がこうした現象として現れたものと思われる。

　次に②第2ステージ　入所時の苦痛について
一般に家庭崩壊や被虐待ケースでの一時保護や施設入所は、安全確保の緊急性があり、保護者や家族分離が避けられない。しかし、たとえ被虐待ケースであっても、子どもによっては「分離不安」や「愛着障害」などの「症状」を示すことがある。入所直後の保育士などへの「しがみつき」行動は、そうした「分離不安」が原因と考えられる。

　筆者の場合は詳細が不明であるが、性格的に「暗く、おとなしく」「こころを簡単に開かない」傾向が入所時の「不安感情」を背景にしていると考察する。

　入所時の援助施策としては、一つひとつのケースに応じた個別対応が基本である。特に被虐待ケースではその虐待のレベルや家庭崩壊などについてのケースアセスメント（事前評価）が、場合によっては入所後も適宜必要であろう。筆者の場合は、例えば家族との分離不安が「重症の夜尿」症として現れた可能性が考えられる。早期の心理治療が施されていれば「軽減」或は「解消・治癒」していたかもしれない。

　実際の援助過程は不明であるが、少なくとも関係機関連携としては入院している母の病院との適切な連携が求められたであろう。

③第3ステージ　施設生活上の苦痛について
既に筆者の施設生活の一部で触れたように、筆者の場合は子ども同士のいじめや暴力、性的悪戯の被害者であった。また職員の理不尽な体罰にも晒された。上級生、中でも当時の中学生は「恐怖」であり、日々怯えて生活していた面があった。また学校生活では施設生活の苦痛を逃れる「居場所」ともいえたが、反面、施設生活を友人・知人に話す際、葛藤を抱えながらも「話せる人を選ぶ」ようにしていた。

　施設生活への援助施策には、先ずなによりも施設運営理念（人権意識向上）が問われる。中でも施設長はじめ法人理事長を中心とした理事・評議員会の徹底した民主化・公開性・高い運営理念の絶えざる検証と向上心が求められる。民間施設の大部分を占める社会福祉法人経営がともすると同族経営・悪しき世襲制などが支配的で、その結果、閉鎖的独善主義・権力権威主義（特に職員人事権に集中的に現れる）がまかり通りやすい体質がある。役員（理事・評議員・監事など）構成の徹底した民主化や社会的公正さを確保し情報公開や第三者評価システムの積極的公正な活用などその透明性を高める努力が求められる。法人理事・評議員会の形骸化・権威主義化が施設運営と実践現場との深刻な乖離を生み、その結果、図らずも「施設内虐待」「人権侵害」「会計上の不祥事」事件などは発生することがある。苦情解決の仕組み、第三者評価システムの実質的な活用が求められる。

　また、直接処遇職員（ケアワーカー）の専門性・人間性の絶えざる向上（職員研修の充実・適切なスーパービジョンの実施）などによるインケアの充実が必要である。

　筆者の事例では、当時の施設運営及びその児童観は「児童福祉」というよりは「恩恵・慈恵的」児童観が支配的であり、その運営管理の基底には前近代的社会事業観

の水準にとどまっていたように思う。一部の職員には生活困窮者も混在していて、その児童福祉に携わる専門職員としての資質を問われる場合もあった。ともあれ、施設オンブズマン制度の積極的導入や入所児童の権利擁護に努め、父権主義的ケアイズム（施設処遇の閉鎖的権威主義）に陥らない努力が求められる。そのためにも提供する福祉サービスの公正なサービス評価者として、当事者を位置付け、施設の運営管理システムやその現場実践に当事者が積極的な自己決定が保障されるような生活参加の仕組みを工夫し、実質的な当事者参加を推進する必要がある。

　④第4ステージ　退所前後の不安や社会適応過程での苦痛について
①から③は課題が多いとはいえ児童の状況把握は比較的容易である。しかし、第4ステージである施設退所後のアフターケアは当事者が目の前にはいないことから、意図的な現状把握の努力がないと「凧の糸が切れた」ような状態になる。当事者のライフサイクル上のリスク（社会的孤立、失業、住居喪失、社会的差別や偏見との葛藤、身元保証問題、就労・進学支援、結婚・新しい家族形成上の相談援助など）への備えが肝要になる。こうしたリスクは一般的には当事者から「発信」しなければ把握しにくく仮に把握し時には既に手遅れ状態（自殺・犯罪などに巻き込まれ、自傷他害の事件が発生するなど）になる。筆者の事例では施設退所前後の不安は比較的乗り越えられたが、退所後の社会的孤立観が最もピークに達した2年後の夏休みが「自殺未遂」のリスクに遭遇した。

　こうした苦痛に対する援助施策は、身元保証制度、就労・進学支援を含むアフターケアから施設退所前後の時期を中心に集中的なケアを計画実施する独自なプログラム（リービングケア＝自立支援計画）の開発とその専門的技術を備えた言わばリービングケアワーカーと認定されるべき専門職の養成が求められる。

　現状ではこの分野が一部の個人的なボランティア精神に支えられた実践に依存してきた経緯がある。今後は自立援助ホームとの連携をさらに強化し、退所後当事者が直面する社会生活上の実態から学び、インケアや自立支援計画のあり方を見直す努力が求められる。この分野がいわゆる「後追い養護」にならないような創意工夫（予防的自立支援計画）こそ、当事者参加の実質的実践につながるのである。そしてそれぞれの施設がそれぞれの当事者団体を育成し、その総括的ネットワーク＝「当事者参加推進団体」（関西CVVや東京の日向ぼっこ）などに集約されその連携をめざ

したいものである。これは筆者が構想する「児童養護の当事者参加推進団体＝権利擁護センター（仮称）」構想の一部であり、わが国の児童養護に対する当事者からの提言でもある。

3. 児童養護－出会いと希望の架け橋　"愛と（哀）の交差"

　児童養護施設生活16年と施設職員時代約25年間、その後の「保育士養成」等兼任講師時代を含めて、筆者のこれまでの児童養護とのかかわりを総括的に述べれば以下のようなモノローグになる。すなわち「児童養護－出会いと希望の架け橋"愛と（哀）の交差"である。

　　　　児童養護－出会いと希望の架け橋　"愛と（哀）の交差"

　・・・俺が施設生活者だった頃、「オレは、どこからきて、どこにいくのか？」と学園の屋根の上から空に向かってつぶやいた。学園の集団生活は、力の論理が支配する弱肉強食の世界だった。
大人には見えない施設生活の闇の中に一筋の光を求めた。
　そして、施設職員になった時、「荒れる子どもに心の闇」を見た。哀しかった。

子どもと共に捨て身で生きて死んだ大人がいた。その人が闇を照らす光となった。施設職員の立場になって、その人と共に子どもの心の闇を照らした。
　『愛とあい（哀）が交差』した。・・・

立ち直った奴もいたが、もがいて苦悩してついに死んだ奴もいた。
中年を過ぎた今でも、あの頃の施設生活の仲間が、先生がいる。人間同士のささやかな絆がある。
今、大人や学生や子どもたちに伝えたい！『よく生きることは苦しい！だが、やはり生きることはすばらしい！』と。

弱肉強食で力の論理が支配する施設生活の現実。心の傷のうずきに荒れる子どもたちがいる。しかしそこで「重要な他者」とも言うべき援助者との出会いが人生を大きく変える。
共に泣き、共に喜び、共に怒り、共に悲しむ人がいた。しかし、その愛さえも届か

ない現実がある。まるで「生き急ぎ、死に急ぐように」人生を疾走する若者がいた。
"愛"と"哀"が交差した。

幾度かの壁を乗り越え、いくつもの岐路を踏み分けて、自分の信じる道を懸命に探ってきた。出会いが希望の架け橋となるように・・・。

第 10 章（終章）
残された人生をいかに生きるか
　　当事者参加推進への希望

1. 当事者参加推進勉強会「日向ぼっこ」の結成

　これまで書いてきたように筆者は児童養護施設で育った当事者が、その生い立ちゆえに自らの責任ではないにも関わらず、社会で生きていく上での「生き辛さ」や「孤立感」に苦しみ、最悪のケースでは自ら命を絶つリスクの存在について指摘した。それはなによりも筆者自身だけではなく、児童養護施設生活経験者＝当事者が抱えている「苦痛」と重なった。そうした苦悩は社会一般の人々には殆ど知られていない。

　このようなことを繰り返してはならない、何とかこうした問題を解決する方法はないものだろうか？と模索を続け、何度か同じような問題意識を共有できる施設生活経験者＝当事者たちとその支援者で「当事者団体」を組織化する試みをしたことがあった。しかしさまざまな事情で「不発」「挫折」に終った。

　2006年3月3日、筆者はT大学院（社会学研究科福祉社会システム専攻修士課程）に所属し「わが当事者性の探求」をテーマに掲げ、その調査・研究をいよいよスタートさせていた頃、学内のメンバーの仲介で一人の児童養護施設生活経験者＝当事者であるHさんという女子学生に出会った。社会福祉学科の3年生（当時）で昼間働き夜間に学んでいた。Hさんと話すほどに筆者と同じような経験と問題意識を抱えていることがわかって驚いた。さらに学内にもう一人当事者の女子学生（当時2年生）がいることを紹介された。Tさんは筆者もよく知っていた東北の児童養護施設の当事者だった。

　3人ははじめて学内の学生食堂で出会い、それぞれの施設生活経験や、問題意識を語り合った。たちまち「共感」と「連帯」の思いを共有した。筆者はこの若いが極めて素直で熱心な当事者の女子学生の存在に驚きながら、この出会いの仲介の労をとったIさん（当事者ではないが児童福祉に関心が深く、あるNPOのシェルタ

ースタッフのアルバイトをしていた）も含めて、4人の「児童養護の当事者参加推進勉強会」がスタートした。

　数回の勉強会を重ねた頃、「この勉強会に名前をつけよう」ということになった。話し合いの結果「日向ぼっこ」と命名された。児童養護の当事者参加勉強会「日向ぼっこ」の結成である。

「日向ぼっこ」はこのあと着実な勉強会を重ね、その勉強会の様子を「日向ぼっこ」通信として編集・発行し続けた。さらに当事者の声を施設職員の研修会や社会福祉学会、児童養護施設長会などに発信し続けた。その結果、新聞などのマスコミが注目し始め、報道されるようになった。さらに2007年4月、都内の自立援助ホーム1階部分を「改装工事」し、とうとう「当事者サロン」事務所の開設に漕ぎ付けたのである。大学もこの「日向ぼっこ」の活動を評価し、平成18年度社会貢献賞に選んだほどである。

　以下は「日向ぼっこ」通信28号（2007年3月30日発行）「児童養護の当事者参加推進団体「日向ぼっこ」活動開始1周年に寄せて」と題した筆者の原稿抜粋である。

（一部名前・地名などを匿名化した）

　（略）

　　思い返せば約1年前の06年3月3日、都立児童自立支援施設見学後の打ち上げの際、K駅近くの居酒屋でメンバーのIがHと筆者を偶然に出会わせたことが「日向ぼっこ」活動開始のきっかけのひとつとなった。「日向ぼっこ」のネーミングの由来も、数回の勉強会を重ねたあと、Hが「人には陰と日向がある。『陰日向』はどうだろうか」との発言がヒントになり、春まだ浅かった当時の気候も含めて、「児童養護の当事者が温もりのある再出発が可能な活動を目指そう！」と「日向ぼっこ」とネーミングしたのだった。

　　活動開始当初は毎週のように集まり、ほとんどゼミナール方式で児童養護の当事者参加に関する文献研究から始まった。そのうちあるきっかけで学外のメンバーが加わり、勉強会の中身もますます濃いものになって行った。いわばこの時期が第1の「出会いと蓄積の段階」であったと言えよう。

　　こうした積み重ねの上で、さらに大きく飛躍したのはやはり夏休み後の06

年10月、日本社会福祉学会第54回全国大会（立教大学にて）でH代表が学会発表を成し遂げたことである。11月には大阪にて第60回児童養護施設長研究協議会の当事者分科会でH代表が「発題」の重責も果たした。この時期が第2の「自信と飛躍の段階」であろうか。その後の展開は急速であった。11月の「虐待防止のパレード参加」辺りから新聞等のマスコミ取

材が入り始めた。12月に読売、毎日と連続で「日向ぼっこ」やHが紹介された。しかし、Hは決して浮かれることなく着実に07年春以降の開設を目指した「当事者サロン」構想の検討を提起し続けていた。この時期は第3の「マスコミ発信と当事者サロン構想模索の段階」といえようか。

　このように「日向ぼっこ」は大きく3段階のホップ、ステップ、ジャンプを経て、目前に迫った「当事者サロン」開設という着地点に立とうとしている。実に短期間での急成長ではある。しかし、「継続は力なり」の諺どおり、これからの課題と責任もある。だが、これまで同様、課題から逃げず、いつでも前向きに、ポジティブに前進したいものである。（以下略）

　2007年5月現在、「日向ぼっこ」はそれまでの「勉強会」から「当事者参加推進団体」に名称変更し、さまざまな活動を開始している。（主なもの）

　6月3日現在　正会員11名（うち当事者6人）　賛助会員15人　合計26人になっている。

07年4月21日　サロン開設セレモニー　お祝いの会　毎日新聞報道（4月22日）

　　　4月28日　第2回座談会　テーマ：「こうのとりのゆりかご」（赤ちゃんポストについて）　関西テレビ取材

　　　4月29日　明治公園にて　フリーマーケット開催

　　　5月3日　お好み焼きパーティー

　　　5月6日　運営会議　日向ぼっこサロンの運営の運営について

　　　5月20日　第3回　座談会　テーマ：施設のこと話してる？

　　　5月28日　平和コンサート

5月27日　浅草界隈街探訪・買い物ツアー

　今後の予定も、児童養護施設関係者の「研修会」やNPO法人第三者評価機関からのシンポジウム出演依頼、児童相談所関係職員研修会、児童の権利擁護推進担当の弁護士グループからの研修依頼、勉強会出演などなどその活動が広まってきている。

　「日向ぼっこ」は日本ではじめての「児童養護の当事者サロン」である。社会全体ではマイノリティーでしかない「児童養護の当事者」たちの「憩いの場」「立ち直りの場」「再生の場」になり、この国の児童福祉施策に「当事者の声」を発信し、施策に反映させ、当事者の社会的孤立を予防する「当事者参加推進」の役割などが期待される
団体である。

　なお、筆者は「日向ぼっこ」での役割はあくまでも「顧問」であり、「後方支援」に徹している。中心となって活躍・発信するのは若い当事者の人々であってほしいとの願いからである。

　　　　2.　　「当事者の声なき声」から学び、真の当事者参加実現のための
　　「子どもの権利擁護センター」（仮称）開設をめざして

「施設入所児童4つのステージ上の諸苦痛」に象徴されるのは「当事者の声なき声」を如何に受け止め学ぶかということである。筆者の当事者性に関する自己形成過程をみても施設児童が如何に当事者としての本当の「声」＝「意見表明」を発信することが困難か、また仮に「発信」しても充分な受け止め方が難しいが分るであろう。その結果「自殺未遂」などという不測の事態に陥ることがある。

　筆者はこれまでの筆者の「当事者性の探求」の過程や、わが国の児童養護の現状と課題、その社会的養護のあり方などを考察した結果、児童養護における「当事者の当事者による当事者のための権利擁護センター」（仮称）開設の必要性を構想している。

　当事者の声を発信しやすくし、これを的確に受け止め把握し、その声に「主体性」

を持たせ福祉サービスの対象者から「自立」し、いずれ自らが「福祉サービス」の担い手または何らかのその人らしい貢献をする人材・人財に成長・転換し、それぞれの自分らしい「自己実現」を果たしていく。そのために①当事者の社会的孤立を防止し、②本来、所与として在るべき当事者の「生きる権利」が何らかの事情で「欠如」し「奪われ」、③その結果社会的養護の対象者として生きることになった当事者の「本来の人として生きる権利」や「奪われた権利」の回復を図る。

　そのための「当事者の交流の場」や「緊急一時保護機能」「相談援助機能」「児童福祉施設職員などを対象にした研修機能」「児童養護・当事者活動などの調査・研究機能」「出版・広報活動機能」「関係機関連携＝ネットワーク形成機能」など児童養護における当事者参加推進のための「権利擁護センター（仮称）」構想である。しかもこのセンターの主要なスタッフは狭義の施設生活経験者や当事者が中心となり広義の当事者と協働して運営していく。いわばカナダ・オンタリオ州の当事者支援機関 PARC がその先行モデルとなろう。その際最も重要なことは「人材＝人財」養成と当事者参加の実現の2つであると考える。

　筆者の事例でも「重要な他者」との出会いによって人生航路が大きく左右されたように、児童養護の当事者の自立支援についてその最も重要なポイントは「よき人との出会い」であると確信する。そのための「人づくり」「援助者養成」が鍵となる。

　どのような援助者像が期待されるかは新たなテーマだが、簡潔に要約すれば「当事者から見て魅力ある人」「こころの住人となれる人」「当事者から信頼と尊敬が得られる人」等が象徴的な人物像である。「権利擁護センター（仮称）」ではこうした「重要な他者」との「出会いの場」を創出・実現の機能（人財養成機能）もあわせもちたいものである。

　一方「当事者参加」実現の参考モデルとして近年注目されているのが理論モデルとしてのロジャー・ハート（2000）の「参加のはしご」がある。（『子どもの参画』萌文社）

　子ども参加には1．非参画段階（①操り参画②お飾り参画③形だけの参画）と2．参画の段階（④子どもは仕事を割り当てられるが、情報は与えられている⑤子どもが大人から意見を求められ、情報を与えられる⑥大人がしかけ、子どもと一緒に決定する⑦子どもが主体的に取りかかり、子どもが指揮する⑧子どもが主体的に取りかかり、大人と一緒に決定する。

各段階の「子ども」を「当事者」とし、「大人」を「施設養護」とした場合、「参加のはしご」は「当事者参加」のあり方のヒントになろう。

　当事者の声なき声に真摯に耳を傾け、当事者から信頼と尊敬が得られる人材・人財とともに、この国の児童養護に「真の当事者参加」の実現に少しでも近づくことが出来れば幸いである。

（自分史の試み　了）

あとがき

　やっとの思いで、「別冊付録」ではあるが自分自身の「当事者性探求」の旅の終着点に来た。思えば長い長いトンネルの闇を抜け出る出口に出たような気がする。視界は開け、新しい「自由な世界」が広がった筈である。「自分はどこから来て、どこへ行くのか？自分は何者か？」という筆者にとっての根源的テーマへのアプローチだったが、思った以上に苦しい坂道であった。途中で「辛くて」「苦しくて」何度も「止めよう」「あきらめよう」と思った。しかし、これをやり遂げなければ筆者の人生の区切りがつかない。新たな出発もない。とにかく苦しくても登り続けるより仕方なかった。

　トンネルは抜けたが、そこには新たな視座があったか？新しい世界が開けたか？実は積み残した課題が余りにも多いことに気付いている。別冊付録とはいえその執筆には膨大な時間と労力の大半をとられ、肝心の「本論文」の「当事者性に関する実証性」（４つのステージ上の諸苦痛と援助課題への考察）が不充分になってしまった。そもそも筆者は「別冊付録」＝「自分史の試み」を執筆するために大学院へ進学したのであった。しかし、「自分史」は「論文」とはいえない、との指摘を受けて「別冊付録」扱いとし、「本論文」を執筆することになったのである。

　「自分自身の当事者性を明らかにする修士論文を作成・執筆するのだ！」と意気込んで社会人大学院の門を叩いたものの、視野が狭く、思い込みばかりが強かった筆者は「学問的実証性」の壁は余りにも厚かった。この壁は今もまだまだ越えきれてはいない。ほんの僅かだけその入口に佇んだだけにすぎないという思いが強い。その意味で、可能ならば次なるテーマ、「当事者運動の実証的研究（仮題）」に挑んでみたいとも思う。

本書の執筆に当って多くの関係者の援助と支援を受けた。中でも筆者が人生の迷走の渦中で自信喪失と失意の底にあった時、絶えず筆者を叱咤激励し、大学院進学決意させたＭ氏に感謝したい。氏の叱咤と激励がなかったら本書は書けなかった。

　戸籍調査の過程で出会った従兄弟Ｒ氏のご協力に感謝したい。筆者のルーツ探

求の具体的な詳細の殆どに渡って貴重な情報を提供していただいた。

ゼミの仲間からも有形無形の応援を受けた。特に高橋重宏ゼミの伊藤千尋氏（社会福祉士＆精神保健福祉士）には精神病院関係の資料提供や質疑応答、論文執筆上の助言と示唆を受けた。特に名前を記して感謝の意を表したい。

東洋大学大学院の高橋重宏先生（主指導教授）や高山直樹先生（副指導教授）には筆者の思い込みの強さによる弊害を最小限に押さえるよう厳しくかつ暖かくご指導いただいた。感謝である。

児童養護の当事者参加推進団体「日向ぼっこ」のメンバー諸君には筆者の「修士論文」の完成に到る間、特に「サロン」開設時期と「論文」執筆時期が重なり、大事な時期に活動の支援が出来ず、本当に迷惑をかけてしまった。心よりお詫びする。

また筆者を今日生かしてくれている存在としてのS先生の霊に感謝したい。筆者はS先生からの宿題を未だ果たせずにいる。本書はS先生からの宿題のささやかな一つの「報告書」にすぎない。

なお、筆者が育った児童養護施設M学園の役員関係者の方々の名誉を傷つけ、誤解を招く表現があったかもしれない。筆者の未熟さから来る瑕疵があったとすればひとえに筆者の責任である。特にまつば園のK理事長を始め関係者の方々には感謝したい。

また、まつば園の旧職員・先輩・同僚・後輩の方々には「誤解」や「不本意」な書き方に「意義申し立て」があるかもしれない。その場合は筆者としてはしっかり受け止めた上で適切に対処したいと思う。逃げるつもりはない。

最後になったが、筆者の修士論文作成に後方・側面などから、さりげなく、しかし、本当に辛抱強く筆者を支えつづけた妻美智子と家族に本書を捧げたい。あなたの忍耐と寛容の精神が無ければ本書も筆者の人生も存在しなかった。心より感謝する。

2007（平成19）年6月

修士論文提出を目前にして

市川　太郎合掌

第3部　修士論文（本論文）

児童養護における当事者参加の有用性に関する研究
　－施設入所児童4つのライフステージ上の諸苦痛と
　その援助課題についての一考察－

第1章
問題提起および研究の概要

第1節　問題提起

　近年社会問題化している子ども虐待問題等への的確な対策を検討すべく "児童虐待の防止" 対策や戦後 60 年近くが経過したわが国の "社会的養護のあり方" への再検討・検証が喫緊の課題となっている。

　こうした状況下にあって、厚生労働省主導の検討会（社会保障審議会児童部会報告書等）や東京都児童福祉審議会の中間まとめなどが公刊され、児童養護に関する包括的議論がなされてきた。しかしそれらの議論には "当事者の視点" や "当事者参加" についての関心が不充分であることについての疑念が拭いきれない[1]。

　また現行の施設養護は関係者の真摯な努力にもかかわらず、福祉サービス提供者側のパターナリズム[2]（温情的庇護主義）の弊害を内包し、その一部の施設運営に於いて前近代的擬似家族主義的運営課題（世襲制・排他性・閉鎖性・独善性など）を抱えながら主に内部告発的な契機によって入所児童に対する体罰等の人権侵害事件や施設運営上の不祥事事件が発覚しマスコミ報道で表面化することがある[3]。（千葉・恩寵園事件 1996、鎌倉保育園事件 1998、埼玉・育児院事件 2004 等）。

　筆者はこうした施設入所児童への権利侵害事件等の再発防止策の一つに施設養護における "当事者の視点"[4] ＝「当事者参加の仕組み」の導入と構築が必要不可欠であり、それを的確に実践する人材・人財養成と配置が求められていると考える。

　さらに現行の施設養護には第1に施設入所前、第2に施設入所時、第3に施設生活、 第4に施設退所前後の社会生活適応過程（施設退所後の社会的自立に至るまで）のそれぞれのライフステージ（筆者はこれを「施設入所児童4つの苦痛」として象徴化した[5]）があり、関係者の真摯な努力にも関わらず、それぞれ4つのライフステージにおける "当事者参加" が実現されていず、施設入所児童のライフサイクルを見通した自立支援となっていない。その結果、例えば、ある施設入所児童

はその入所理由を知らず、施設や養育者を選べず、入所時は家族との分離不安にさらされ、一部には施設職員による体罰などの施設内虐待等に苦しみ、集団生活の中ではともすれば個人は埋没し、子ども同士のいじめや厳しい上下関係・弱肉強食の世界が待っている。加えて、施設生活はややもすると受動的閉鎖的生活空間に陥り易い特性があり、その結果、入所児童の主体性・社会性の芽が育ちにくく、施設退所前後には社会生活への不安に怯え、施設生活と社会生活の極端な落差について行けず、さらに一般家庭の児童に引き比べて若年での「自立を強いられる」[6]ことになる。施設退所後は失業・転職の際の居場所がなく、貯金も家族の支援も相談者もなく、次第に社会的孤立に陥り犯罪や自殺未遂などを引き起すことがある。その上、施設退所後の当事者の躓きは「事後的な後追い養護」になりやすい。問題を発見した時には既に手遅れ（自殺または殺人事件など）という事例さえある[7]。

　このように施設入所児童や施設退所後の「生活経験者＝当事者」の声は充分かつ適切に聴かれているとは言えない。こうした問題の背景に援助者側の"当事者の視点"の欠如や「当事者参加」の仕組みが構築されていないことが指摘できる。

　1994年国連子どもの権利条約がわが国も批准されて以来、「子どもの権利擁護のあり方」が子ども家庭福祉分野での重要な課題となっている。児童養護の現場では、「子どもの権利ノート」、「苦情解決の仕組み」、「第三者評価制度」などの「子どもの権利擁護の仕組み」が外形上は整えられてきた。また「体罰禁止」、「子どもと援助者との対等・平等なパートナーシップ」の関係づくりが求められている。「施設内虐待」などの施設の人権侵害事件がマスコミなどで報道されるたびに行政サイドからさまざまな「再発防止」に関わる「通知」や「指導」、「勧告」等がなされている。

　しかし、ケアの現場では、被虐待児・軽度の発達障害児など「ケアのむずかしい子どもの入所」が増加し、ある施設長は「あたかも野戦病院のごとし」と形容し、例えば入所児童の執拗な「試し行動」などに翻弄され、援助者のいわゆるバーンアウト問題は喫緊の課題となっている。こうした混乱する施設のケア現場に対し、改めて「子どもの権利擁護のあり方」「子どもの権利をいかに考えるか」が重要な課題となっている。

　障害福祉分野においては"障害当事者の声"を行政施策に反映させ、例えば不充分ながらも施策立法過程に"障害当事者の声"を取り入れている。児童福祉（児童

養護）分野においては " 児童養護サービス利用の当事者の声 " が十分に施策等に反映されていず、立ち遅れが著しいことは、児童福祉および児童養護におけるサービス水準向上という観点から懸念される [8]。

注）

1.　望月彰編著、『子どもの社会的養護―出会いと希望のかけはし』、建帛社、2006 年、175-180 頁。（第 12 章筆分担執筆；「子どもの社会的養護－出会いと希望のかけはし」）。

　本書では、筆者による「施設生活経験者＝当事者の視点」で社会的養護についての課題と展望を示した。厚生労働省、社会保障審議会児童部会『児童虐待の防止に関する専門委員会報告書』2003 年 6 月、厚生労働省、社会保障審議会児童部会『社会的養護のあり方に関する専門委員会報告書』2003 年 10 月（通称『あり方報告書』）。この二つの報告書は、児童虐待防止と社会的養護のあり方に関する包括的議論を踏まえていることに留まり、東京都児童福祉審議会（『社会的養護の下に育つ子どもたちへの自立支援のあり方』中間のまとめ　2005．8）も同様に当事者の視点が不充分との印象がある

　厚生労働省、社会保障審議会児童家庭局、『今後目指すべき児童の社会的養護体制に関する構想検討会（座長＝柏女霊峰・淑徳大学教授）の中間のまとめ』、2007 年 5 月 18 日この検討会には筆者が顧問を務める児童養護の当事者参加推進団体「日向ぼっこ」がヒヤリング団体の一つとして招聘され、委員との議論に参加し、児童養護の当事者の立場で「社会的養護のあり方」についての「意見書」を提出し、当事者の立場から第 1 に社会一般の「社会的養護についての無理解」等からさまざまな「生き辛さ」を感じている実態や第 2 に措置される施設や出会った援助者の資質によって当事者の人生に「ラッキー、アンラッキー」という大きな「格差」が生じている実態などを指摘した。また、第 3 に入所から退所後の社会適応過程で 4 つのライフステージごとにさまざまな「諸苦痛」があり、そのライフサイクルを見通した「当事者参加」の一層の推進を図ることなどを提言した。

　「構想検討委員会・中間のまとめ」案は、「社会的養護のあり方」を「供給者主体からの発想」から「子ども主体の支援体制の構築」で検討するとの発

想の転換が示された点は一歩前進だが「当事者参加推進」という文言はみられず、尚課題が残されている印象をもっている。

2. パターナリズムは・・・援助者と利用者間の援助関係において「援助者－上」「利用者－下」という上下関係が発生し、適切な援助関係が構築できないことをいう。ここでは筆者は福祉サービス提供者側の一方的な「温情的庇護主義」と定義した。

パターナリズムが発生する背景として、利用者から援助者への依存心、福祉サービスに対するスティグマ（福祉サービスを利用することは恥ずかしいことだいう意識）、行政を含む福祉施設や機関に対する「お上」意識などが考えられる。

パターナリズムを予防するには、援助者、利用者ともに、福祉サービスの利用は、人として豊かな生活を送るための当然の「権利」であることを忘れないことが重要である。援助者は利用者に対して「○○してあげている」という姿勢で援助にあたるのではなく、利用者は権利として福祉サービスを利用しているのだということを常に認識する必要がある（改訂・保育士養成講座第2巻2006『児童福祉』全国社会福祉協議会　P183より）。ここでは福祉サービスがサービス供給者側からの一方通行で、サービスの受け手である当事者の声や利用者によるサービス評価機能が福祉施策に反映されにくい構造にあることを指摘したい。

3. 施設内虐待を許さない会編（2006．10）「虐待は家庭だけじゃない！〜虐待家庭から救い出された先の養護施設で待っている虐待〜』『児童養護施設の施設内虐待に関する資料集』によれば、朝日新聞（1996年4月10日「千葉県・恩寵園で入所している児童や生徒計13人が施設から逃げ出し、県内各地の児童相談所に保護された」。

この施設では、大浜浩園長（59）の体罰を伴う厳しい指導が以前から問題になっており、これに反対する職員とトラブルが起きていた。神奈川新聞（2000年7月28日）「神奈川県・鎌倉保育園で部屋に置いてあった菓子がなくなり無実の児童を犯人扱いして自白を強要した。また、別の園児が通う小学校で同級生に暴力を振るったことが問題になった際、指導員が「殴られる痛さを知れ」と平手打ちをした」。

　埼玉新聞（2004 年 7 月 20 日）「埼玉育児院では、施設長の言葉による人格の辱めや“体罰”に加え、複数の職員による暴力行為など心理的・身体的虐待が日常的に行われていたとして今月 6 日、県内初の施設長解任と職員への「適切な対応」を求める運営改善勧告を県から言い渡された川越市の児童養護施設「埼玉育児院」の事件が報道された。第三者機関（県運営適正化委員会＝青木孝志委員長、委員 5 人）への申し立てから 40 数日で虐待が認定され、6 日後には県の独自調査で判明した新たな虐待事実を示した知事名の勧告が出た。」などの報道が記録されている。

4.　前掲書、望月彰編著、175-176 頁。
「当事者の視点」とは、例えば社会的養護の下で生活している者、または生活していた経験者の視点をさす。
5.　施設入所児童の 4 つの苦痛については、拙稿（2004）「子どもの意向を汲むとはどういうことか」『ケース研究』281、第 3 号、115 － 122 頁参照。
6.　青少年福祉センター編（1989）『強いられた「自立」』ミネルヴァ書房は中卒後に施設を退所した青少年の社会的自立の現状と課題を一般家庭の同世代と比較し、さまざまなハンディを抱えながらも、若年で社会的自立に直面する施設児童の現実を「強いられた自立」と称した。
7.　乳児院、児童養護施設で育ちながら中卒で退所後 19 歳の時、女子大生を絞殺した事件。横川和夫編著（1985）『荒廃のカルテ　―少年鑑別番号1589』共同通信社に詳しい。
8.　障害当事者の声が政策に反映される歴史的経緯はさまざまな文献があるが、ここでは全国自立生活センター協議会編（2001）『自立生活運動と障害文化　当事者からの福祉論』現代書館、と中西正司・上野千鶴子著（2003）『当事者主権』岩波新書の 2 冊を挙げておく。

第2節　研究の概要

　本論文は筆者自身が児童養護施設生活経験者（＝当事者[9]）として育ち、施設退所後、苦学して大学卒業、児童指導員として児童養護施設に就職し約30年[10]近く戦後日本の児童福祉サービスの形成と発展と共に児童養護施設のあり方を模索、実践してきたが、その本来の役割と課題を改めて、考察する必要性から本研究に至った。

　児童養護施設サービスにおいて、当事者支援は重要なキーワードであり、当事者支援にとって「児童自身の当事者性に関する理解＝生い立ちの整理」等、家族問題・自己受容への援助などが如何に重要であるかを痛感している。

　しかし、当事者は自分自身の当事者性を認識していくにつれ、自分の置かれた状況を周辺に知られたくない反面、信頼している他者にだけは自分の状況を理解してほしいという一見矛盾したような言動をとりがちで、複雑な心理的葛藤を抱えている。

　これらの葛藤は、重要な他者との出会いなどによってその葛藤の苦痛や逆境から回復が可能になり、当事者の「レジリアンス[11]」が促進される。

　このようなレジリアンスの促進は、当事者の生き方や進路決定などにおいて主体的な意志をもち当事者自らの選択が可能となるよう、その葛藤や苦痛を余儀なくされることから開放させる。これが当事者参加の有用性である。このレジリアンスを促す要因を本論文では①「重要な他人との出会い」と②「当事者参加」との関係性について考察し、より具体的な援助システムのあり方を提起することも研究の目的となる。

　本論文は第1章問題提起をはじめ、全5章の構成で作成する。第1章では、「児童養護施設生活経験者＝当事者」を明確に定義した上で、サービスのあり方における当事者参加の重要性について現在の制度・政策での課題を明確にした。第2章では、施設養護についての歴史的な足跡をたどり、その現状と課題について考察した。さらに当事者参加における援助課題を明確にするため、先行文献から諸事例を取り上げたのが第3章である。このような考察を経て、第4章では、児童養護における「当事者参加」の有用性と課題について「重要な他者との出会い」と「当事

者参加」との関係性や当事者参加を阻むものやこれを促進するものについて考察した。

　最後に第５章では本考察の結論を明確にし、今後の研究課題について述べた。

　具体的には、筆者の養護実践を通じた考察にもとづき、施設入所当事者には、それぞれの個別性がありながらも「共通の援助課題」があることを明確にした。これらの共通の援助課題について、入所児童はそのライフサイクル上「さまざまな苦痛」に遭遇し、その援助課題に、重要な他者との出会いと当事者参加推進がいかに入所児童の自立支援にとって大きな要素であるかを考察した。

　このような考察は、筆者の長年の児童養護実践経験や実態把握を基盤としている。これらの要素が施設入所児童にとって生涯にまたがるさまざまな苦痛に遭遇しながらもこれをたくましく、しなやかに乗り越えていくキーとなるため、これらの苦痛を和らげ、もしくは適切な対応をすることは、施策を講じる重要要素であり、いわゆるサービスの質の向上に欠かせないものであろう。

　以上のことを踏まえて、本研究は次の３つの課題を設定し、当事者のライフサイクルを見通した援助課題について考察することにより、有効な支援施策の構築をめざしたのである。具体的には以下の３つの課題を設定した。

　第一課題は、施設入所児童における諸苦痛の存在を明らかにする。

　第二課題は、これらの諸苦痛に対する対応と援助課題について考察する。

　第三課題は、施設入所児童のライフサイクル上の諸苦痛に有効な「援助方法」のあり方を明確にする。

　さらに、これらの課題考察を補足することなども意図して本論論文の別冊資料を執筆し、第一に筆者自身の当事者性＝アイデンティティー確認、第二に、援助者にとって新たな当事者支援ニーズの発見や当事者理解へのヒントの提供、第三に、当事者のウエルビーイングは援助者へのエンパワメントに結実すること、第四に、さらに全国３万人あまりの児童養護施設に暮らす子ども達や国が統計をとり始めた1952年から全国に約50万人と推定される施設生活経験者＝当事者への励ましになること、第五に、当事者視点よる今後の「社会的養護のあり方」とりわけ「施設養護のあり方」への展望に貢献する可能性を追求した。

　最後に、本研究は筆者の当事者経験も一つ事例として取り扱うが、本論文の構成上の問題や考察の科学性・客観性を担保する意図から敢えて禁欲的に本論文の考察

対象から外し、「別冊資料」として取り扱った。そこでは本論文を補足し、さらに筆者自身の当事者としての生い立ちの探求経過をはじめ、2007 年現在、戦後児童福祉法制定以降 60 年を迎えるわが国の児童養護施設の当事者による戦後史証言の一つをめざしたのである。

注)

9.　神田ふみよ編、「私にとっての養護施設の生活」ペンネーム：森山誠＝　実名市川太郎、『春の歌　うたえば』ミネルヴァ書房、1992 年、181 － 193 頁参照。

10.　全国 4 ヶ所の児童養護施設職員と自立援助ホーム長を経験し、現在保育士養成専門学校・短大・大学等での兼任講師をしながら社会人大学院に在籍している。即ち、児童福祉（児童養護）における当事者、援助者、人材育成職の体験を持つ者である。こうした経験の中で、とりわけ児童養護施設職員時代に 2 人、自立援助ホーム長時代に 3 人の青少年の死（自殺 3 人、病死 2 人＝計 5 人）を体験した。

11.　レジリアンスについては山田勝美（2005）「児童養護実践の新たな視座とその展開（2）『児童養護実践の新たな地平　子どもの自立支援と権利擁護を実現するために』鈴木力編著、川島書店、P80　で「近年、発達心理学で注目され始めている概念」として M．ラター（Rutter.M.）の著書を援用しながら「この概念は、児童養護実践の経験の中から生み出された「知」になりうるのではないか」と指摘し、「逆境からの回復力」としてのレジリアンス概念を紹介（1972、邦訳 1979）している。

　また、下西さや子（2006．5）「被虐待児へのエンパワーメント・アプローチ－子どもとリジリアンスの視点から－」『社会福祉学』Vol.47 － 1、18 － 31 頁の注 7。）において（下西は「リジリアンス」との訳語を用いながら、リジリアンスの定義を小森康永の「回復」、ロングマン辞書では「回復力」、森田ゆりは北米の動向を踏まえて「ごむまり」に例えた「弾力性」などと紹介している。さらに虐待の世代間連鎖の研究で Herman を紹介し Skolnick の研究では A・フロイトとダンによるナチスの毒ガスで親たちを殺された男女 6 人（3 歳児）の 1 年間の観察により対おとな・社会への無関心や不信感がありながら、子ども同士の愛他的行動を紹介している。

　また下西は Wolin　and　Wolin の「ダメージ・モデル」＝「子ども時代のトラウマが一生を台なしにする」という言説に批判を加え、リジリアンスを「苦難に耐

192

えて自分自身を修復する力」とし「逆境を乗り越えるための七つのリジリアンス」
の紹介をしている。
　筆者は山田の訳語に従い、「リジリアンス」を「レジリアンス」として使用する。
筆者はレジリアンスを、施設入所児童の生い立ち＝「入所理由・主訴」に関わる「逆
境や失敗などから立ち上がり、しなやかで、たくましく生き抜く力」と定義したい。
また、レジリアンスの促進要因として①重要な他者との出会い　②当事者参加の 2
点を挙げる。

第 3 節　用語の整理

　児童養護における「子どもの声（当事者の声）」や「当事者参加」に関する先行
研究は意識調査、追跡調査報告書、座談会、作文集、インタビュー、手記、養護施
設の高校生交流会報告書（全国・各地区）などがある。その中でも作文集『泣くも
のか』（1977）は、子どもの人権擁護集会に絡めて、子どもによる当事者証言集の
意味合いがあり、高度経済成長後の“豊かさの中の貧困”を子どもの視点で打つ衝
撃が注目されベストセラーになった古典的資料といえる。このような書籍等で児童
養護施設生活経験者を「当事者」とする呼称があるが「当事者」というカテゴリー
は養護施設運営管理経営者から指導員・保育士などのケア職員もサービスに携わる
人としての定義に用いられる用語でもある。
　作文集『泣くものか[12]』は児童養護における「当事者」を利用者本人と位置づけ、
文献に登場する「当事者」の立場は、児童養護施設生活当事者の実態的な様子が整
理されており、当事者が抱えている苦痛が見えやすくなったのではないかと思われ
る。
　当事者の声、中でも『子どもの作文』を通して対社会に「訴える」手法は「当事
者の証言性」が強烈なだけに情緒的な傾向に傾き易い。その上、意図的な現状告発
の編集意図によって掲載される場合もないとは限らない。さらに「施設内虐待」な
どの発覚によって告発する「人権の訴え」は、当事者を取り囲む支援者の問題に転
化しやすい。この場合「当事者」という概念は「児童養護施設生活経験者＝当事者」
と限定されないことになる。
　わが国に児童養護施設生活経験者に関する研究文献が現れたのは、1975 年 12

月『絆なき者たち　家なく、親なく、学歴なく。』人間の科学社刊、青少年福祉セ
ンター編、朝日新聞社会部協力、がはじめてである。その後、1982年の『養護施
設出身者の生活と意見－二葉学園入退所児調査Ⅱ』という調査報告書が公刊された。
これは「施設出身者」と銘打った調査研究であり、調査対象としての位置づけとし
ての評価ができる。　　　　　しかし、津崎哲雄氏が訳した『養護児童の声－養護児童
による養護問題検討会報告書』編・R．ペイジ・Gクラーク（1982）は、英国児童
福祉の事情を紹介し、そこでは養護児童自身が「主体的な権利行使者である」とい
う衝撃的な児童観があり、日本の児童養護施設生活者・養護児童についての見方が
変わるきっかけとなったとも言える[13]。

　「子どもの声」を研究し、その意見を尊重しようとする動きは1980年代後半以
降、特に1989年11月20日「国連児童の権利に関する条約の採択」の以降活発
になったといわれている。田辺敦子（故人・元日本社会事業大学）を代表とした「子
どもの声研究会」は「ひとり親家庭の社会的支援を研究する会」が母体になって
1988年に発足した。「子どもの声」研究会が発行した『児童福祉における児童の
権利保障の実態に関する調査研究』（1993）は、国連子どもの権利条約がわが国に
知られるようになった1990年代初頭の情勢を先取る形で「意見表明権」などの「児
童の権利保障」に関する調査研究を試み2007年現在から見ても画期的な『調査報
告書』と言える。

　当事者自身による文献は古くはラジオ放送劇『鐘の鳴る丘』）1947)の主題歌「と
んがり帽子の時計台」（作詞　菊田一夫）その他がある[14]。
　以上のような当事者に関する文献だけでなく、社会の現実を当事者の視点で考察
することはより実態に近い観点で論考することができる。
ここでは「当事者」、「当事者性」、「当事者参加」、「施設入所生活者のライフステー
ジ」「施設入所児童にとっての重要な他者」といった用語について整理する。
　まず、「当事者（施設生活経験者）」とは、児童養護施設で生活した人々を社会一
般は「施設出身者」と呼ぶ。しかし、「施設出身者」という言葉にはその人の「出自・
門地」を問うという社会的スティグマ（烙印）が抜き難く内包されている。
　ここでは「施設生活経験者＝当事者」とは「児童養護施設で生活している子ども
やその生活経験者」とする。ただし、施設長の家族やその子どもなど施設内での同

居生活経験者は除く。

「施設生活経験者＝当事者」は広義では社会的養護の里親委託された子どもやその経験者が含まれるし、援助者としての里親、施設職員、運営管理者、行政担当者、福祉系学生、ボランティアなどが考えられるが、ここでは施設養護の下で図らずも暮らさざるを得なかった子どもやその経験者のことに限定し、これを狭義の「当事者」とする。

　また、「当事者性」とは、他人事ではなく自分自身がある出来事の「渦中の人」であること。ここでの当事者性とは自分自身の選択ではなく社会的養護の下、例えば、児童養護施設生活を余儀なくされたことにより遭遇するさまざまなライフサイクル上の出来事、体験そのものをいう。また、「当事者性の探求」などの場合には、例えば施設入所理由から起因して、主訴に関わるその人の生い立ちなどのルーツやアイデンティティー、「自分は何者か」などの探求として使用することがある。

　さらに、「当事者参加」とは、『当事者の参加原理（充分な情報提供と説明・同意（インフォームド・コンセント）、自己選択と主体的な自己決定権行使の機会の保障）が実現されることである』と定義する。すなわち、本論文で整理する施設入所児童におけるライフステージ上の諸苦痛（ライフサイクルの変化に伴う社会適応過程上の諸苦痛）に象徴されるような当事者のそれぞれのライフステージに於いて「当事者参加原理」が実現されることである。具体的には次のように整理される。

　まず、第1ステージといえる「施設入所前」では、子どもとその保護者に対して「入所理由」や「施設生活に関する丁寧な説明」（「子どもの権利ノート」の活用や「施設パンフレット」の解説など）をした上で、入所への同意を得る。そうした過程で当事者参加原理が実現されることである。

　第2ステージに当たる「入所時」には、「家族分離不安」などの軽減のための心理ケアの導入や、ケースアセスメントに基づいたケア計画の立案・実施をすることにより「当事者参加原理」が実現されることである。

　第3ステージとしての「施設入所生活」では当事者の意向が反映されるインケア計画時から個別自立支援計画の策定に至って当事者の意見を反映し、当事者の主体的参加への工夫により、「当事者参加原理」が実現されることである。

最後に、第4ステージとしての「施設退所後」への不安を軽減するプログラムの作成・実施や日常的関わりを工夫し、退所後の支援を怠らないような「当事者支援組織」を創るなど、当事者のライフサイクルを見通した支援計画を「参加の原則」に沿って、「自己決定権の保障」を実現することは「当事者参加原理」そのものになるだろう。

　こうした当事者参加の実現には児童養護サービスが「入口」から「出口」への一方通行ではなく、「退所後の出口」から「インケア」、「インテークワーク」など「入口」段階をも含むケア全体の「検証」を当事者による「サービス評価」の仕組み創りが「当事者参加」に含まれると考える。

　さらに、施設入所児童の施設生活を表現するキーワードとして本論文では施設入所児童の「ライフステージ」を、「変化する生活環境」として定義をしておく。施設入所児童にはそのライフサイクル（人生行路）上、4つの生活環境の変化がある。一つは施設入所前、2つには施設入所時、3つは施設生活、4つには施設退所前後から社会適応過程である。このような変化を当事者における「ライフステージ」とし、そのライフステージごとに新たな環境との接点が生じ、後述する「さまざまな諸苦痛」を体験することにもつながる分類になるのである。

　最後に、「施設入所児童にとっての重要な他者」とは、一般的に、人はその人生の途上で、ある偶然の他者との出会いがその人の人生行路を大きく左右することがあるといわれるように、施設入所児童の「ライフステージ」別に遭遇する人的環境を本論文では「重要な他者との出会い」と呼ぶ。

　そもそも、社会学的定義[15]によれば、『個人は、他者との相互行為を通じて、社会ないし彼が属する集団に適合的な行為の仕方や態度、価値を身につけ、また自分自身を他者の観点から対象化してみるようになる。この過程における他者としては、ある特定の他者と、G.H. ミードのいう一般化された他者とが想定される。重要な他者とは、前者、すなわち、個人を取り巻く人間関係のなかでも、最も重要な影響を及ぼす人々を概念化するものである。具体的には、子どもの社会化の過程における両親、教師、遊び仲間などがあげられる。「役割取得」概念の有用な明確化を目指すR.H. ターナーの議論においては、レリバント・アザー（relevant other）という用

語が採用され、この重要な他者の役割取得という考え方と、シブタニ（Shibutani,T）らの準拠集団という概念との対応が分析的に考察されている』と定義されている。この定義を児童養護施設生活経験者にとっての「重要な他者」とは誰かを考えた場合、「施設入所児童を取り巻く人間関係のなかでも、最も重要な影響を及ぼす人々を概念化するもの」であり、「子どもの社会化の過程における両親、教師、遊び仲間などがあげられる」とし、必ずしも「血縁」のある・なしを問うものではない。筆者は施設入所児童のライフサイクル（人生行路）における重要な他者との出会いと関係性の構築が入所児童のさまざまな諸苦痛や困難を乗り越えていく契機となっていることを実証し、そのような人の養成と確保・配置が可能になるよう本論文を通じて、そのあり方の整理及び問題提起を試みる者である。

12.　1977 年に出版された『泣くものか』に引き続き、『続泣くものか』（1990）が 1989 年 11 月 20 日「国連子どもの権利条約」採択記念出版として世に出た。子どもたちからの人権の訴えとして当事者である「子どもの作文」の重さは痛いほどである。

13.　国連子どもの権利条約がまだまだ日本に知られる以前の 1970 年代中期に英国での養護児童の声が英国の児童福祉施策への反映や影響（Who　Cares?　Action）を与えているという事実は驚きであった。津崎の訳本を入手したのは筆者が児童養護施設職員を勤めていた 1980 年代の中期ころだった。その中の「養護児童権利憲章」（The　Charter of Rights for Young People in Care）の全 7 条及び「私たちが変革したいこと」全 10 ヵ条も衝撃だった。Who　Cares?　We　Are. の問答のフレーズと共に、英国と日本との児童福祉に関する「自立心」の基本姿勢の格差をまざまざと知らされ、さすが英国は世界史上有名な「大憲章」（マグナ・カルタ）の国だと感じ入ったことを覚えている。

14.　菊田自身が「孤児」であり、戦災孤児であった西村滋（作家）は『お菓子放浪記（1976 年）』戦災孤児の成長物語を書いており、施設生活経験者である井上ひさし（作家）は『41 番の少年』、『汚点』、『あくる朝の蝉』という著作で自伝をつづったことから「当事者」の見解が見えるようになった。児童養護施設出身者自

身が執筆した文献では草間吉夫（2002）「当事者から見た 10 の自立支援」『子ど
もの権利と社会的子育て』信山社がある。草間氏は松下政経塾の塾報やカナダなど
の海外情報提供を『世界の児童と母性』（資生堂）誌上に掲載している。
15.『新社会学辞典』（New　Encyclopedia　of　Sociology）1993．2.10、初版、
編集代表：森岡清美、塩原勉、本間康平、有比較、703R 頁。

第2章
戦後日本の児童福祉事業の足跡と現状及び課題

第1節　戦後日本の施設養護の現状と課題

　戦後日本の児童福祉事業は「社会的養護」を中心として展開してきた。ここでは、社会的養護の中の、「施設養護[16]」に着目し、戦後日本の児童福祉事業の足跡とその現状および課題を述べる。

　古川（2006；100 － 101）によれば社会的養護（ＳＯＣＩＡＬ　ＣＡＲＥ　ＦＯＲ　ＣＨＩＬＤＲＥＮ）とは「実親－実子」関係あるいは法的にそれに擬制された「養親－養子」関係を基軸に営まれている生活維持システム以外の生活システム、すなわち社会的な関係を機軸とする生活支援システムのもとに行われている子どもの育成、援助を総称する概念」とし、「法定社会的養護」と「非法定社会的養護」に分類される。「児童福祉法、生活保護法などの社会福祉関連の法律に依拠し、制度的枠組みにして行われている社会的養護」が「法定社会的養護」であり、「そうした法律や制度的枠組みの埒外におかれている民営事業」を「非法定社会的養護」という。

　「法定社会的養護」は「広義」と「狭義」に分類され、「最狭義」として「乳児院や児童養護施設、中でも児童養護施設における子どもの育成、援助の事業」を意味すると概念規定している[17]。ここでの社会的養護は特に断らない限り、古川の言う「最狭義の社会的養護」のこととする。そこでの「社会的養護の体系」はさらに「施設養護」、「里親養護」、「地域養護」に分類される。ここで論じる対象は主として「施設養護」である。

　現在の日本の社会的養護体制は、戦後の孤児・浮浪児対策以来、その時代の社会的状況を反映した形で構築されてきた。

　全国児童養護施設協議会の「施設養護の足跡と展望」によれば戦後60年の日本の社会的養護、なかでも「施設養護の足跡」を4期に分けている[18]。このような区分は日本の施設養護の変遷について児童を取り巻く「社会問題」の変化に沿って

区分けされたものと言える。詳細は次のようである。

　まず第1期は1945～60（昭和20～35）年であるが、この時期を1945～47年、1948～55年、1956～60年という3つの期間を一つのブロックとみている。

　まず1945～47年は、戦後混乱・緊急保護期にあたり、戦争による要保護児童（戦災孤児）の激増・児童全般の家庭・生活環境悪化であり、緊急保護・社会安定化対策に追われた時期である。

次の1948～55年は養護施設制度整備期であり、養護に欠ける児童（孤児・浮浪児など）の増加で、施設の量的確保の時期である。

最後に1956～60年では養護理論・技術の萌芽期である。孤児、浮浪児の減少など養護問題変化のきざしが現れ、親、家庭のある児童の増加など養護に欠ける児童の質的変化が現れた時期である。

　第2期は1961～75（昭和36～50）年である。この時期は1961～72年、1973～75年という2つの期間を一つのブロックと見ている。

まず1961～72年は養護理論技術の展開期で幼児の増加、保護者のいる児童の増加、問題をもった高齢児の増加があり、要養護児童の質的変化がさらに進んだ時期である。

　次の1973～75年は養護理論技術の展開期であり、家庭の養育機能の低下が指摘された。（放任、虐待、溺愛、自信喪失、登校拒否、自閉、暴力、夜尿、意尿、性的非行などが増加した。

　第3期は1976～90（昭和51～平成2）年である。この時期は1976～84年、1985～90年の2つの期間を一つのブロックと見ている。

まず1976～84年は養護の社会化検討期であり、経済の低成長期・不況による要養護児童の増加があり、新たな乳児院、養護施設における養護　の模索が行われた。

次の1985～90年は子どもの進路保障と社会的養護模索期である。処遇困難児（ボーダー層、情緒面、思春期、虐待問題、国際化時代と外国籍児童問題などが浮上して家族問題の多様化にともなう子どもの発達問題への対応に追われた時期である。

　最後に1990～2005（平成3～17）年である。この時期は1990～96年、1997～99年、2000～05年の3つの期間を一つのブロックと見ている。

まず1990～96年は少子化移行と「子どもの人権」への注目期である。施設内虐待問題、マスコミ先導で関心を呼ぶ一方、少子化を背景に児童養護施設の定員割れ

現象が浮上した時期である。この時期の1993年には定員割れが77.8％まで落ち込み、新たに開差是正問題が浮上した。児童虐待問題への関心が高まってきた時期でもある。

　次の1997～99年は社会的養護のパラダイム転換が喧伝された時期である。社会福祉基礎構造改革の流れ（措置から契約へ）が進行しながらも養護施設は措置制度が維持された。だが、戦後体制のパラダイム転換が検討された。一方児童養護施設への被虐待児受け入れ増加がさらに顕著になってきた時期でもあった。

　最後は2000～05年は21世紀の児童養護施設像（近未来像）検討期である。被虐待児の入所がますます増加し、その受け皿としての社会的要請がさらに顕著になった。あわせて子育て支援機能の要請も期待された時期である。

　こうして戦後60年近くが経過したわが国の社会的養護、中でも施設養護は、今日的な課題に十分対応しきれていず、改めてそのあり方が検討されているのが現在の状況である。

　以上のように、日本の施設養護の変遷を「社会問題」の変化にそって区分けすることは社会的養護、とりわけ施設養護の歩みを深めることは確かであるが、本論文のテーマである「施設入所当事者」が抱えている問題に焦点を当てて施設養護サービスのあり方が変化した歩みに沿って考察すると、筆者は独自に次の3期に区分することが出来ると考える。

　まず第1期は1945～77（昭和20～昭和52年）である。戦後の混乱期で戦災孤児、浮浪児対策の「収容保護時代」からスタートして、日本国憲法の制定（1947年5月3日施行）、児童福祉法制定（1947年12月12日）を経て、戦後日本の社会福祉・社会保障体制の枠組みを決定付けた社会保障審議会による1950年社会保障制度に関する勧告（50年勧告）が児童福祉体制にも基本的方向性を定めたと考えられる。その後1968年12月10日、児童福祉史上初めて「子どもの人権を守る集会」が東京で開催され、その際の「討議資料の当事者証言」として養護施設入所児童の作文がパンフレットに編集された。その後毎年12月の「人権週間」を期に同集会が全国を巡回してもたれ、当事者証言としての子どもの作文集は10年間で5,000編に達し、その内の211編が1977年、作文集『泣くものか　子どもの人権10年の証言』として出版された。『泣くものか』の当事者証言の社会的インパクトは大きく[19]、戦後日本の高度経済成長の反映の陰に潜んだ子ども・家庭崩壊の悲惨な実

態を告発する衝撃があった。1977年は児童養護の当事者証言の歴史に残る記念すべき年といえる。

第2期は、1978年〜90年（昭和53〜平成2年）で、『泣くものか』出版後の10年間を記録し、やはり養護施設の子ども、当事者の作文集『続泣くものか　子どもたちからの人権の訴え』が出版された1990年までである。この本は1989年11月20日「国連子どもの権利条約」採択を記念して出版され、高度経済成長後、日本経済の低成長時代の10年間を当事者証言を用いて全部で500編に至る事例が紹介されている。

『泣くものか』『続　泣くものか』は日本の児童養護の当事者証言集としては「古典的文献」の一つと言えるであろう。

ただし、筆者は「泣くものか！」と子どもに忍耐を強いたり、子どもの作文を安易に社会的「人権告発」の道具・手段化とすることには細心の留意が必要だろうとも感じている。

最後の第3期は、『続　泣くものか』出版後から2007年の今日・現在までである。

当事者証言の今日的流れは、作文や手記などのような「書かれたもの」から、「インタビユー、対談、語り、スピークアウト」などの「語り」の手法の方向に進んでいるように思う。最近ではインターネット上のサイトのブログなどでの「チャット」「掲示板」「おしゃべり」コーナーなども登場しているようである。

今後は当事者の「語り」も含めた「音楽」、「朗読」、「絵画」、「演劇」「ダンス」など当事者の声はさまざまな表現手段を取り入れ、多様化し、いっそうパフォーマンス化していく方向性が予測される。

ところで、社会的養護のあり方に関する検討は、第1章第1節の問題提起で述べた通り近年、厚生労働省主導の専門委員会や検討会が行われてきた。ここでは直近の「今後目指すべき児童の社会的養護体制に関する構想検討会中間とりまとめ」（2007年5月18日以下「中間のとりまとめ」とする）からその「現状と課題」を見てみよう。

「中間のとりまとめ」によれば「現行の社会的養護の課題」は、第1に里親委託が進んでいないこと、第2に大規模施設が主流の施設ケアでは個別対応が不十分、第3に被虐待児のケアには愛着関係の形成が重要であるにも関わらず密な信頼関係が保障されていない、第4に里親、施設、児童相談所、市町村その他の関係機関連

携が不十分、第5は発達障害や性虐待などの特別な心理的ケアや治療を要するケアや施設における自立支援が不十分、最後に第6は施設の職員の専門性が子どもの問題の多様性に追いついていない等の課題が指摘されている。

　さらに「施設内虐待事件の多発」、「職員の養成」、「ケア体制」、「自治体の監査体制」、「施設運営の不透明さ」など「現行の社会的養護が子どもの権利保障に十分な体制」となっていない、と指摘している。また「家庭内で適切な養育が行われていない子どもの増加」も視野に入れると社会的養護の提供体制の量的質的対応策の検討が必要であるとしている。こうした課題を踏まえて具体的な施策として、家庭的養護の拡充（里親制度の拡充）や小規模グループ形態の住居・施設のあり方の制度的な位置づけ、施設のケア単位の小規模化推進などが提起されている。

　総じて「中間のとりまとめ」は社会的養護体制に対する包括的視野での検討がなされてはいるが筆者の立場からするといくつかの物足りなさが見られる。

　社会的養護体制の物足りなさというのは、まず、社会的養護の供給体制の質的量的検討を指摘し、しかも供給体制の側からではなく「子どもを中心に据えて検討する」としたことは評価で出来るが、「子ども中心に」という意味が抽象的である。ここはもう一歩踏み込んで「当事者によるサービス評価の導入」、すなわち社会的養護に供給者と需要者＝当事者の双方からの評価体制の構築（当事者参加）を大胆に打ち出すべきであろう。「中間のとりまとめ」に不足しているのは「サービス評価」に関する仕組みに当事者参加の視点が不徹底であることである。

　さらに、ケア単位の小規模化推進の方向性は総論賛成でも各論ではかなりの実現困難な課題がある。この点の認識不足や小規模化推進に対する実務的実践的戦略不足の物足りなさを感じさせられる。

　現行の児童養護施設の施設形態は全国557ヶ所の児童養護施設のうち大舎制（一舎20人以上）の施設が361ヶ所（64.9％）を占めている。小舎制（1舎12人まで）の施設は83ヶ所（14.9％）に過ぎない[20]。中舎制（1舎13人から19人）の施設は66ヶ所（11.8％）、その他（大舎制、中舎制、グループホームが併設されている施設）の施設は47ヵ所（8.4％）となっている。

　要するに、ケア単位の小規模化推進には総論レベルでの賛成でも、施設の運営管理体制の根本的な変更が求められ、その変更・転換には重大な決断と信念が求められるという各論レベルになると軽々には踏み込めない課題となるではないか。現実

的には「理念は正しくとも実行となると、人、物、金が得られない」など「ためらう課題」があまりにも多い。従って「総論賛成、各論反対」の状態が続いてしまうのである。

　また、「中間のとりまとめ」は「小規模化」の課題に対する認識が甘い。小規模化に伴うリスクを明確に捉え、敢えて小規模化の典型である里親ケアの「不調事例」などの検証を通して、そのリスクも検討課題に取り入れながら、小規模化に伴うリスクへの備えを指摘する必要があるのではないか。

　このままでは小規模化推進が何でも社会的養護の課題解決につがるとする「予定調和的神話」に陥り、「小規模化理念専行」となる虞がある。戦後60年近く積み重ねてきた大多数の日本の大舎制中心の施設養護体制の抜本的、本質的変更を伴うことにもなるので「改革への痛み」をも共有するスタンスが必要ではないか。

　しかし、一方大舎制という「既得権益」をひたすら「守る」だけの「寄らば大樹」的体質が小規模化への変化を阻んでいるとすれば、その「自己防衛体質」は痛烈に批判されなければなるまい。いずれにしても「小規模化推進」は単なる「理念」を強調し、「上からの改革」の手法ではその壁を突破できない。「小規模化リスクの存在」も正確に直視し、その課題を乗り越えるための方策を検討し、その上で「大舎制」の弊害とともに「痛みを伴う改革」を共感的に進めていくことが必要ではないかと思う。

　この点では筆者は、小舎制で育った当事者と大舎制で育った当事者、あるいは「中舎制」、「グループホーム」、「地域小規模児童養護施設」等多様な施設形態で育った当事者の声を丁寧に集約し、その生活体験の実感も検討方法に取り入れることの必要性は極めて高いと思っている。当事者の声を集約すれば、「施設の形態」は、重要な「改革の要素」ではあるが、決定的で本質的な問題ではないことが明らかになるであろう。すなわち、「施設形態論」にとどまることなく、「養育者」や「援助者」などの対人援助における「人間関係の問題」としての検討課題が浮上してくる事になるであろう。

　最後に、施設内虐待事件の多発や再発防止に関して、「中間のとりまとめ」はもっぱら「ケア職員の専門性不足」を指摘するような印象があるが、ことの本質を「ケア担当者の問題」として収斂してはなるまい。むしろ施設の運営管理に当たる「法人組織の問題・理事・評議委員会のあり方、施設長の資格要件のあいまいさ、不祥

事や人権侵害事件を発生させた場合の「施設長、理事長の失格要件の不備」などにも言及し、社会福祉法人の社会的責任の重さや施設運営管理者トップのアドミニストレーションの課題に踏み込む勇断と姿勢が問われているように思う。

「施設運営の不透明性」という抽象的指摘では不十分な事態が進行している危機感が求められているのである。その意味で「施設内虐待」事件や子どもに対する人権侵害事例を真摯に検証する際、たとえば「施設長に人事権などの「権力が集中」してワンマン・独裁運営管理になりやすい体質や世襲制や同族経営が多い民間社会福祉法人経営と事件発生の関係性などにも敢えてメスを入れる検証姿勢」の勇気と決断が求められているように思う。

注)

16. 「社会的養護」というのは、「施設養護」と「家庭的養護」に分類する説と、「施設養護」、「里親養護」、「地域養護」と分類する説がある。

17. 古川孝順（2006）「社会的養護改革の回顧と展望」『こども・家庭福祉の明日に向けて』第60回全国児童養護施設長研究協議会記念誌、100 ‐ 101頁。

18. 同上書、10 － 54頁。
第1章の施設養護の足跡と展望という章から時期の区分けを引用し、時期別の足跡をまとめた。この分類は全国児童養護施設協議会がまとめた歴史分類で、一般的な施設変遷史としての分類とも言えるので、本論文で紹介した。

19. 『泣くものかは』ベストセラーとなり、その年の毎日出版文化賞も受賞した。

20. 「もっと、もっと知ってほしい　児童養護施設　子どもを未来とするために」全国児童養護施設協議会、平成17年4月（2005年）現在、全養協調べ、パンフレットより。

第2節　児童養護施設と児童自立支援施設の現状

本節では社会的養護の施設養護を代表する児童養護施設と児童自立支援施設の現状と課題を述べながらより具体的に「問題の所在」を明らかにする。

そもそも児童養護施設とは「保護者のない児童（乳児を除く。ただし、安定した

生活環境の確保その他の理由により特に必要のある場合には、「乳児を含む[21]。以下この条において同じ）、虐待されている児童その他環境上養護を要する児童を入所させて、これを養護し、あわせて「退所した児童に対する相談その他の自立のための援助[22]」を行うことを目的とする施設」のことである[23]。

児童養護施設入所児童の内訳は、乳幼児は 23％、小学生は 42％、中学生は 21％、高校生は 13％となっていて、中学生、高校生を合わせると 34％も入所している[24]。児童養護施設に中学生や高校生などの高年齢児が入所していることは意外と社会的に知られていない。さらに 2004 年の児童福祉法の改正で入所年齢の緩和が施行され、1 歳未満の「乳児」の入所が可能になった。乳児から高校生までの幅広い年齢層を対象にする児童養護施設の業務はかなりの専門性が求められる。

　児童養護施設の高校進学率は 2000 年の段階では 82.3％であり、全国平均 97％に比べればまだ、開きがある。一方、高校退学率は 9.8％であり、全国平均が 2.5％に比べてその退学率は深刻な数字である。筆者は高校進学率を高めることよりも退学率の課題こそ重大であるとの認識がある。

　また、大学・短大・高等専門学校への進学率は 8.1％であり、全国平均が 45.1％であることから、その格差はまだまだ埋まらない現実がある。さらに専門学校への進学率は 8.1％であり、大学等の進学率との合計が 16.2％で、全国平均との格差は大きい[25]。

　以上のような実態をみると児童養護施設児入所児童の高等学校、大学等への進学率はまだ低い。その理由には、「低学力問題」が挙げられるが、筆者の当事者体験と援助者経験からその低学力は、施設入所前の学習環境不全や施設内の学習支援体制の不備が第一義的に指摘出来る。しかし、本質的には養育環境上の負因から「生きる意欲」が損なわれていることによる低学力現象ではないかと考える。その意味で養護施設児童の低学力問題は「生きる意欲障碍」といえなくもない。

　2004 年現在、児童養護施設は、全国に 556 ヶ所、定員 33,485 人、入所児童数は 30,597 人（入所率 91.4％但し、緊急入所対策のために定員の 1 割程度の空きを確保する必要があると言われている[26]。近年、被虐待児童の入所が増加傾向にあり、全国児童養護施設協議会の調査によれば、2001（平成 13）年 1 年間の新規入所児童 5,425 人のうち被虐待児（施設入所理由が虐待、入所後に虐待と判明した児童）は 2,896 人（53.4％）となっている[27]。

　被虐待児童の施設入所増加はどのような影響を及ぼすのかを詳細に説明した『近未来像Ⅱ』(2003)では、虐待を受けた子の心理的な状況や問題行動について[28]詳細に述べている。これを踏まえて、場合によっては「施設崩壊」の様相との危機的状況を懸念している。又、『近未来像Ⅱ』(2003)は「入所児のうち被虐待児の占める割合が50％を超えると職員の負担が急に大きくなり、60～70％を越すと、ぎりぎりでしのいでいる感じになる。80～90％になると個々の問題の対応に精一杯で見えなくなり、この段階で「崩壊」が起きる」と滝川一廣他の「調査報告2001年3月　日本子ども家庭総合研究所」(情緒障害児短期治療施設を対象)を紹介しながら、情緒障害児短期治療施設に比べて職員配置基準の低い児童養護施設の現状の深刻さを訴えている[29]。

　一方、児童養護施設を退所後の生活実態は、児童養護施設を退所し、就労自立をした145名についての追跡調査によれば、最終学歴・高卒61.3％、保証人や金銭的支援のない者64.1％と社会的自立条件の厳しさがあり、職種は「サービス職業従事者」「販売従事者」の両者で8割近くを占め、就労環境の不安定さが読み取れる。経済的基盤は、1ヶ月の収入10～15万円未満51.4％、10万円未満16.9％合計68.3％とギリギリの生活を送っていることがわかった。さらに、施設退所時点で90.8％の者が何らかの課題を抱えたまま『強いられた自立』[30]を余儀なくされ、具体的には「人間関係等」70.5％、「経済観念」、「家事等生活技術」、「情緒問題」と続き、これがそのまま「転職」要因は社会的不適応に重なっていくと報告されている[31]。

　児童自立支援施設とは「不良行為をなし、又はなすおそれのある児童及び家庭環境その他環境上の理由により生活指導等を要する児童を入所させ、又は保護者の下から通わせて、個々の児童の状況に応じて必要な指導を行い、その自立を支援し、あわせて退所した者について相談その他の援助を行うことを目的とする施設[32]」である。

2004年12月改正児童福祉法により児童養護施設同様、施設退所後に支援(アフターケア)が施設の目的規定に明記された。

しかし、2003年現在、児童自立支援施設は、全国に58ヶ所、定員4,363人、入所児童数1,714人であり、入所率は39.2％で児童養護施設と比べ入所率が極端に低いのが課題である[33]。)

また、東京都の『報告書』によれば、「非行相談の4件に1件の割合で被虐待経験

が認められ」、「身体的虐待」と「ネグレクト」が多くそれぞれ約10％に上る。つまり、入所率が低迷しているうえ、被虐待児が増加している現状は児童自立支援施設の機能と役割が問われるにちがいない。さらに虐待の加害者は実母約57％、実父約43％、虐待年齢は7歳から12歳が約44％、虐待期間は3年以上が49％、1年以上となると約72％になると報告されている[34]。児童自立支援施設入所年齢は14歳が最も多く約36％（殆どが中学生）、15歳での退所が最も多い。

　また、同『報告書』は、入所児童の3人に1人は非行を自覚し、改善意欲はあるものの、約3割は非行の自覚がない。指導内容が理解できず、反抗的態度をとる子どもが約3割いる。効果があった指導内容では衣食住に関する生活指導が最も多く約73％に上る。子どもの立ち直り、成長の契機は職員との信頼関係構築が最も多く約33％である。関係機関支援では、「施設内教員との連携」が最も効果的で約66％を占める。原籍校の教員との連携は約13％効果あり.子どもの成長した点は「情緒の安定」が最も多く約42％あり、「大人への不信感軽減」と「忍耐力の向上」を上げている[35]。

21. 児童福祉法第41条　2004年12月改正＜2004年12月改正のポイント＞

　①入所年齢の緩和・・・乳児の入所を可能にしたこと。（ケアの連続性を重視）
　②これまでの入所児童の「自立支援」に、退所後の「自立支援」（アフターケアからリービングケアへ）の実施を目的規定に含めたこと。

注）

22.　同上書、同法同年改正。

23.　同上書、同法同年改正。

24.　2004年　厚生労働省調査による。

25.　高校進学率などの進路情報は、2000年3月　全国児童養護施設協議会調査による。

26.　厚生労働省（2005）『社会福祉施設等調査結果』による。

27.　全国児童養護施設協議会（2003）『児童養護施設近未来像Ⅱ』による。

28.　　同上書。

「虐待を受けた子どもたちが多く存在する集団での生活は、子ども集団全体にも過剰なストレスを与えている。略…攻撃性が非常に高く、子どもや職員に暴力を振るったり、器物を破損したり、癇癪やパニックを起こしたり、さまざまな行動を示す。また、一人の子どもが暴力を振るったりすると、周囲にいる子どもたちが自分の受けてきた虐待の場面を突然思い出して（フラッシュバック）、パニックに陥ることもある。…略」

注）

29.　　同上書、13 － 14 頁。

30.　　青少年福祉センター編（1989）『強いられた自立』ミネルヴァ書房。

31.　　『児童養護施設退所児童の追跡調査』平成 13 年度　東社協児童部会　調査研究部　　　　　　2002、紀要第 6 号、平成 14 年度版。

32.　　児童福祉法第 44 条「児童自立支援施設」の目的規定参照。

33.　　厚生労働省調べ　2003 年 10 月 1 日現在。

34.　　『東京の児童相談所における非行相談と児童自立支援施設の現状報告書』（2005 年 3 月）39 頁。

35.　　同上書、69 頁。

第3節　児童養護施設と児童自立支援施設の共通課題

　前節で児童養護施設と児童自立支援施設の現状について述べたが、引き続き本節ではそれぞれの施設に共通する課題について述べ児童福祉施設における「問題の所在」を明確化する。

　共通の課題は二つ挙げられる。一つは「子どもの権利擁護あり方」であり、もう一つは入所児童のライフサイクル上の諸苦痛と援助課題である。

　まず一つ目の共通課題は、子どもの権利擁護のあり方についてであり、これは国連子どもの権利条約が採択された（1989 年 11 月 20 日）ことがきっかけで子どもの権利擁護のあり方が問われるようになった。

国連子どもの権利条約は、1959（昭和34）年、第14回国連総会で「児童権利宣言」が採択された後、1978（昭和53）年ごろにポーランドから草案が提出され、約10年間の検討を経て、児童権利宣言30周年・国際児童年（1979）10周年に当たる1989（平成元）年3月に成案を得、11月20日第44回国連総会で無投票採択された。13段に及ぶ前文と3部構成の全54条からなり、網野武博（上智大学）によれば「児童の能動的権利の確立」を特徴とする[36]。

　同条約は第1に生存の権利、第2に発達の権利、第3に保護の権利、第4に参加の権利など4つの権利を特徴とするとも言われる。これは従来の「受動的保護的存在としての児童観」から「権利行使の主体としての児童観」への転換とされた。

　国連子どもの権利条約がわが国で批准・発効されてから（1994年4月批准、同5月22日発効）今年（2007）で13年目になる。この間、児童福祉の現場では子どもの権利教育の啓発・普及の一環として第1に子どもの権利ノートの作成・発行・配布、第2に自治体等主導の「子どもの権利擁護委員会設置」・子ども電話相談（チャイルドホットライン＝フリーダイヤル）、第3に苦情解決の仕組み（意見箱設置など）、福祉サービス自己評価＆第三者評価制度創設、第4に情報公開・ホームページ作成、第5に施設オンブズマンの導入等々のいわゆる「子どもの権利擁護」システムが外形的には整えられつつある。こうした情勢を見ると子どもの権利教育が一定の成果を上げているかのようにみえる。

しかし、児童福祉、とりわけ児童養護施設や児童自立支援施設現場では被虐待児童等の入所が増加し、日々その対応に苦慮していることが報告されていることは前述した通りである。

　児童養護施設職員も児童自立支援施設職員もこうした努力がありながら、反面職員などによる「体罰」等の子どもへの人権侵害事件発生防止に伴う各種通知などが通達されている。

まず第1に児童養護施設等における適切な処遇の確保（平成9年12月8日、厚生省）、第2に懲戒に係わる権限の濫用禁止について（平成10年2月18日、厚生省）、第3に最低基準等の一部を改正する省令の施行に係わる留意点（平成10年2月18日、厚生省）、第4に児童福祉法の一部を改正する法律の施行に係わる留意点（平成10年2月24日、厚生省）、第5に児童養護施設等に対する児童の権利擁護に関する指導の徹底（平成11年10月22日、厚生省）などが矢継ぎ早に通知され

た結果、例えば被虐待児の「挑発行為」にひたすら耐え、「毅然とした」対応がしにくく、いわゆる「腰が引けてしまう」現場職員の愚痴・悩みを聞くことが増えた印象がある。

　こうした職員の姿勢に乗じて子どもが「権利の濫用」、「自由」と「勝手」の履き違い、放縦で恣意的な生活を展開し、職員は打つ手がない状態を垣間見せることがある。（携帯電話問題、アルバイト問題、門限、通信・手紙・プライバシー保護と管理体制、無断外出・外泊、異性交遊、職員への暴言・暴力、生活の乱れ、子ども同士のいじめ・支配・被支配関係、断ち難い暴力の連鎖などなど）

　「子どもの権利擁護」や「権利教育」のあり方等を改めて再検討する必要があると思えるのはこうした問題の所在があり、援助職員は対応に苦悩し、いわゆる「燃え尽き症候群＆バーンアウト現象」に追い込まれ、一方、子どもは外形的には「権利擁護システム」が進み「権利教育」が「浸透」してきたにもかかわらず、本来の「子どもの権利実現」に至らず、子ども自身が身を持ち崩してしまうケースが多発しているからである。

　もう一つの共通課題は、入所児童のライフサイクル上の苦痛と援助課題であり、すでに第1章第1節で触れたように、施設入所児童には4つのライフステージ上の「諸苦痛」とその援助課題がある。すなわち、第1に入所前、第2は入所時、第3は施設生活、第4は施設退所前後の社会適応過程での「諸苦痛」とその援助課題のことである。

　児童養護施設も児童自立支援施設も共通した課題を検討する方策の一つに「子どもの権利擁護のあり方」を見直しつつ、入所児童のライフサイクル（人生行路）を見通して、そのライフステージごとのさまざまな「諸苦痛」の存在を明らかにし、その軽減や解消に有効なものは何か、あるいは、それを阻んでいるものは何か、を探ることが必要と考える。第3章はそうした問題意識の下に、施設入所児童4つのライフステージ上の諸苦痛と援助課題について概念規定をし、当事者の声の先行文献から3つの事例を取り上げ考察することとする。

注）

　　　36.　改訂保育士養成講座第2巻児童福祉（2006）、全国社会福祉協議
　　　　　会、31頁。

第3章
施設入所児童のライフサイクル上の「諸苦痛」と援助課題

第1節　入所児童のライフサイクル上の「諸苦痛」と援助課題

　施設入所児童においては前述したように、環境変化によるライフサイクルの変化が入所や退所を境とし、そのライフステージが4つに分類される。入所児童のライフサイクルにおいては、環境変化とともにいくつかの苦痛が生じるため、適切な援助スキルは当事者の生活に大きな影響を与えるのは言うまでもない。

＜図1＞　入所児童4つのライフステージと諸苦痛・サービス評価関係図

　図1は、施設入所児童のライフサイクルの変化に伴う「諸苦痛」や「援助」及び「対応」等の関係図である。図1によれば、施設入所児童にはそのライフサイクル上4つのライフステージがあり、それぞれのステージにはさまざまな「諸苦痛」が存在することを示している。そこで、それぞれのライフステージにおける代表的な「苦痛」や援助課題を各ステージごとに概説する。

　まず、第1ステージ（入所前）は家庭崩壊に伴う苦痛である。被虐待体験による苦痛はもっとも現代的苦痛の代表である。援助課題はインテークワークを基本としたアドミッションケアである。虐待事例では発生予防や早期発見の課題があり、緊急ケースでは安全確保・立ち入り調査・介入が必要になる。一時保護や施設入所の場合には当事者への説明と同意＝インフォームド・コンセントなどが重要である。この第1ステージでたとえば「子どもんｍの権利ノート」の活用など、当事者参加（情報提供や当事者の自己決定権の保障など）の実現はその後のケアに大きな影響がある。現状ではそうした重要性がありながら、その実現は十分になされてはいない。その結果、たとえば「施設入所理由」を知らずに入所したり、施設入所の際に当事者の意向が反映されず、「措置入所」という一方的な悪しきパターーナリズムが生じやすい。また、この段階から適切なケースアセスメントが必要だが現状ではその基準は明確ではない。

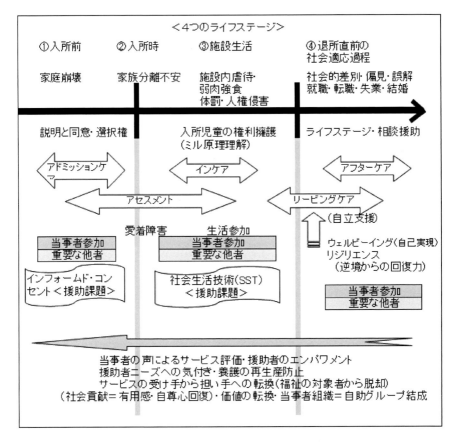

　次に、第2ステージ（入所時）では家族分離不安が生じる。たとえ、被虐待ケースでの緊急に安全確保上、一時保護し、あるいは施設入所させた場合でも親子・兄弟姉妹などとの分離が不安を引き起こすことがある。年齢が小さいほどそのダメージが大きい。特に「愛着障害」への対応は低年齢児ほど必須の課題である。ここでは特に児童相談所の担当児童福祉司と施設の担当ケアワーカーとの丁寧で堅密な連携が求められる。

適切なケースアセスメントに基づくケア計画の立案と実施が必要であり、当事者の不安軽減や解消に細心の注意と配慮が求められる。ここでの当事者参加は特に施設入所の際に子どもや保護者に対する十分な説明と同意であり、施設側は「分離不安」を抱えた当事者心理を的確に把握し、丁寧な「受け入れ準備」をすることが必要で

ある。可能であれば、施設入所前に担当のケアワーカーが事前面接を実施することも「不安」軽減に効果的である。

　さらに施設入所の際にはすでに入所している子ども達へ働きかけ、協力を得ることも重要なことである。施設入所に伴う適切な手続きや書類・情報交換なども大切になる。ここでも第1ステージ同様に当事者の自己決定権を尊重し、当事者参加が実現されることが求められる。

　そして、第3ステージ（施設生活）では一部の施設職員による体罰などの施設内虐待や子ども同士のイジメや暴力、弱肉強食の関係からくる深刻な苦痛がある。こうしたことは援助者には見えない場面で行われることもあり、発見が事後的になりやすい。また、施設生活はともすると集団性が先行し、多くの規則や一方的な生活日課が展開され、当事者の個別的なニーズが充足されにくい傾向がある。その結果、当事者の生活は受身で無気力になりやすい。さまざまな生活場面で当事者の主体的自己決定権を保障し、生活への参加意欲を高め、当事者参加の実現が求められる。

　施設生活在所中に施設退所後の社会生活を想定した「社会生活技術（ＳＳＴ、ソーシャル・スキル・トレーニング）の機会が必要な当事者もいるだろう。特に住民票の移動、銀行の口座・クレジットカード・健康保険など社会常識や社会保険の知識と理解など社会のセーフティー・ネットの仕組みや活用が重要である。これらは通常の「家庭生活」や「社会生活」の中で自然に体得していくものではあるが、施設生活ではなかなか伝えきれない分野であり、施設退所後に躓く要因のひとつである。

　また、一部職員の体罰や人権侵害、子ども同士の暴力や力による支配・服従関係が暗黙の状態で形成されないようにインケアの質を高める援助課題がある。児童相談所との連携や学校などの関係機関連携を強化し、適切なケースアセスメントに基づくケア計画を立案し、子ども自身はもちろんのこと援助者側も子どもの権利擁護の視点に立って、隣の人の権利を尊重し、公共の場やその秩序を守るためには一定の権利制限をも自覚する「社会性の涵養」（「ミル原理」[37]）理解が重要だと考える。

　さらに施設生活での当事者参加実現には施設の運営管理者の人権感覚が問われ「体罰禁止」はもちろんのこと、弱肉強食を断固否定する強固な人間の尊厳についての認識や高い児童福祉理念・倫理観と鋭い人権感覚の維持向上が不可欠であると考えている。施設内虐待事件、児童への人権侵害事件が頻発しているが、このよう

な児童福祉業務の資質に欠ける運管理者の社会的責任はもっと鋭く問われるべきと思っている。

　筆者は16年間の施設生活の当事者体験から特に一部職員からの理不尽な体罰や子ども同士の厳しい「力による支配・服従」関係の辛さについて身をもって体感した。

　従って施設の良し悪しを決めるのは施設長・理事長など運営管理者トップの「名声」「知名度」「社会的地位の高さ」などではなく、「建物」の立派さでもなく、その施設でもっとも「弱い立場」にあるもの、「いと小さきもの」がもっとも大切にされていると実感しながら生活が送れているかが重大な目安だと確信している。

　最後に、第4ステージ（施設退所前後から社会適応過程）では、退所前の不安や退所後の社会的孤立感、社会的差別や偏見・誤解との闘いが待っている。施設退所後の社会生活は施設生活より明らかに長く険しい壁があり、これを一つひとつ乗り越えていくことが社会的自立につながることになる。当事者の施設退所前の不安は未知の社会生活への期待と不安であるから一般家庭でも生じるのだが、入所児童の場合は家族支援のなさや身元保証のなさなど「後ろ盾のなさ」からくる「孤立」と存在基盤の希薄さからくる慢性的な「存在不安感」は「自殺未遂」や「自殺」「殺人」をも引き起こしかねない深刻な事例がある[38]。

　この第4ステージの援助課題（退所後支援＝アフターケア）は第3ステージのインケアとの連続性・継続性を持たせた支援であることが求められる。これがインケアとアフターケアをつなぐリービングケアである。筆者の経験では第3ステージから第4ステージに移行する前後1～2年がもっともリスクが発祥しやすく重要な時期と考える。

　特に施設退所直後の3ヶ月から6ヶ月、1年間はその後の「見守り」が大切で、「失業」、「転職」、「住居喪失」、「金銭トラブル」、「職場の対人関係」、「結婚」、「出産」などのライフステージ上の「転機」が容赦なく次々と訪れる。ポイントは社会一般が休み＝実家に帰省していく「夏休み・お盆の時期」と「正月」である。「帰る家がない」という当事者の社会的孤立感は深い。また、施設退所後の2年目、成人の誕生日という節目にリスクが来る場合がある。施設生活では優等生であった当事者が20歳の誕生日に「親の愛がほしかった」との遺書を残して自殺した当事者の事例を聞いたことがある。

　ところが、施設職員は入所児童のケアに追われ退所後の当事者支援に手が届かな

いことが多い。また、当事者は目の前にはいないのでトラブル対応は「事後的」になりやすい。問題を発見・把握したときにはすでに手遅れという事態がある。さらに、結婚・出産後のケアが当事者支援と結びつかない場合、その子どもは再び乳児院や児童養護施設入所となり「養護の再生産」という最悪の事態が発生することも珍しくない。リービングケアの実践はこうした当事者の退所後の社会生活を見据えながら柔軟に、しかし、的確な対応が求められている。そのような当事者支援における相談援助で有効な視点のひとつは「当事者のレジリアンス」を高めるアプローチである。レジリアンスについては本論文の第1章第2節　研究の概要（5ページ）や第4章第4節　当事者参加を促進するもの（63ページ）及び別冊資料でも紹介しているが、筆者はこれを「逆境からの回復力」とし、どんな悲惨な境遇にあってもその「逆境からたくましく、しなやかに立ち直り回復していく力」と捉えている。当事者のそうした潜在的な力を引き出だす要因が「重要な他者」との出会いであり、ライフサイクルにおける当事者参加の原理であると考える。この場合の当事者参加原理は「当事者の自己決定権の保障」であり、その「主体性の回復」である。当事者はさまざまな理不尽な「苦痛」に遭遇しながらも「重要な他者」との出会いによる「信頼と尊敬の関係」を通して、また、当事者参加の実現に促されながら「たくましく、しなやかにレジリアンスを発揮し、生き直していく（逆境からの回復力）のである。これがウエルビーングすなわち、自己実現につながり、当事者のみならず、援助者へのエンパワメントとなっていくのである。

　ところで、図1の当事者のライフサイクルを示す矢印の左から右方向は、当事者のライフサイクルの方向性を示すと同時に、福祉サービスの提供者側のサービスの方向性も示している。一般に児童養護の福祉サービスは当事者のライフサイクルに沿ってその援助方向が実践される。その実践されたサービスの評価は、本質的にはサービスの受け手である当事者によってなされる筈である。しかし、現状の児童養護のサービスは児童に対する保護的庇護的で時に、「恩恵慈恵的」な児童観が根深く、悪しきパターナリズムが生じやすい。つまり、「かわいそうだから、世話してやったのだから、あなたのためだから、こんなにも面倒を見てやったのだから…」と無意識のうちに「ケアの押し付けや恩着せ」が行われやすい体質がある。これがパターナリズムの温床になっていることがある。

　また、そのサービス評価は法人組織にとって都合のよい第三者機関や委員を選定

216

したり、形式的な「苦情解決の仕組み」になりかねない。特に児童養護の世界では当事者がサービス評価の担い手であるとの認識はほとんど浸透していない。そこには「恩恵・慈恵的福祉観」（かわいそうだから世話をしてやった、だから感謝するべきであり、子どもが意見を主張することは"飼い犬に咬まれること"であり、"忘恩行為"と判断されやすい。ましてサービス評価などとんでもない恩知らずだ、と考える子ども観・福祉観）やサービス提供者側の一方的パターナリズム（恩恵的庇護主義）から脱却出来ていない現状がある。図1の左から右方向の矢印はそうしたサービスの一方的な方向性を象徴的に示してもいる。サービス評価の本質的な方向性はサービスの提供者と受け手との双方向での信頼関係によって成立し、初めてその質が担保されるのではないかと思うのである。

　これが右から左方向の矢印で示された当事者によるサービス評価の方向性である。福祉サービスの提供者側の一方通行的なパターナリズムに「歯止め」をかけ、適切な軌道修正を図る仕組みがここにある。すなわち「当事者の声」によるサービス評価の視点である。当事者によるサービス評価が的確に行われれば当事者は単なるサービスの受け手ではなく、サービスの担い手からいずれは提供者側に成長し転換していくことがある。すなわち福祉の対象者からの脱却となり、自立への第一歩を踏み出すきっかけとなる。

　また、当事者によるサービス評価は、提供されたサービスに対する潜在化された新たなニーズの発見となり得る。援助者にとっては新たなニーズの発見である。それは生産者と消費者、商品の販売者とユーザー、行政サービスと市民・納税者、国政担当者と国民などといった関係性に近似している。よりよい商品開発をするには消費者の声を取り入れなければならず、生産者には気がつかない商品の新たなニーズを消費者によって知らされる関係と似ている。行政サービスの真価は市民や納税者の評価によるのであり、国政の代表者である政治家の評価は国民の選挙によって決するのである。福祉サービスといえどもこうしたサービス評価の原理原則の枠組みから逃れられない。

　こうしたやり取りを丁寧に積み重ねていくことが「養護の再生産」を防止し、当事者参加の実現に繋がると言えよう。

　さらに当事者はいずれ、福祉サービスの担い手に転換して社会貢献を果たし、その失われた自尊心を回復し、社会的有用感を獲得することが出来る。社会的自立へ

の一歩となる。それはかつて障害当事者運動の実践で証明されているように福祉対象者に対する「価値」の転換でもある。

児童養護においても障害当事者運動の積極的な面に学びながら当事者の声を福祉施策に反映させることが求められている。そのためにも児童養護における当事者組織を育成し、自助グループの結成が必要になる。図1はこうした入所当事者の4つのライフステージと諸苦痛の所在や、援助課題、サービス評価との関係などを概念的総括的に描いたものなのである。

注）

37.　　　ミル原理とは英国の経済・哲学者、J．S．ミルの『自由論』（1859）に基づく侵害・危害防止原理であり、自由と権利に関する一定の制限（歯止め規定）を示したものである。詳細は下村哲夫（1992）「児童の権利条約で学校はどう変わるか」『児童心理　研修読本　子どもの権利と責任』金子書房、6－7頁。筆者はこのミル原理理解は社会性の涵養の重要さを指摘したものと解釈し、特に権利行使の当事者はもちろんのこと、援助者側の理解と実践の必要を強く感じている。ミル原理については第4章第3節でさらに詳述する。

38.　　　施設入所児童の退所後の自殺や自殺未遂事例やその統計数字の公式なものはない。しかし、筆者は30年間に3人の自殺者に立ち会った。伝聞ではあるが卒園後の自殺者の事例を数件聞いたこともある。また「交通事故」と処理された事実上の「自殺」事例の話も聞いたことがある。施設入所児童の殺人などの重大犯罪事例の公式統計は「守秘義務」などの関係もあり、知られていない。真相は闇の中である。

表1は、図1を入所当事者の4つのステージごとに「主な苦痛」、「主な対応」、「援助課題」を一覧表にしたものである。

（表1）　入所児童4つのステージ別の主な苦痛と対応及び援助課題

ステージ	主な苦痛	主な対応	援助課題
第1 ステージ 入所前	家庭崩壊 被虐待体験 人間不信 自己肯定感欠如	早期発見・発生予防 安全確保・緊急一時保護 インテークワーク 説明と同意・納得	児童相談所機能 法28条・司法関与 権利ノート活用 自己決定力・自己選択権
第2 ステージ 入所時	家族分離不安 愛着障害 しがみつき 無気力・あきらめ	家庭調整 個別対応 心理治療 アドミッションケア ケースアセスメント	家庭支援 関係機関連携 心理治療・ケアワークとのチーム実践
第3 ステージ 施設生活	いじめ・弱肉強食 暴力の連鎖・威圧・体罰 施設内虐待 施設生活を隠す、話せない（学校、友人、職場など）	施設運営理念（人権意識向上） インケアの充実・スピークアウト ケアワーカー資質向上 現任訓練・リカレント スーパービジョン	法人組織のあり方 苦情解決 第三者評価 施設オンブズマン 説明責任・権利擁護 当事者の生活参加
第4 ステージ 退所前後の社会適応過程	退所不安・孤立・自殺 失業・住居喪失 身元保証問題 対人関係不調 養護の再生産 虞犯・触法・犯罪 社会的差別・偏見・誤解	自立支援計画 アフターケア リービングケア 退所児童相談援助 卒園生・旧職員組化と交流	専任職員配置 相談援助体制 就労支援 進学支援 当事者団体の組織化

　ここでの当事者の主な苦痛や主な対応、援助課題は代表的なものである。もれ落ちているものがあるかもしれない。また、「主な苦痛」は各ステージごとに発生するという明確な区分ではない。第1ステージでの苦痛は第2、第3、第4ステージでも起こりうるし、各ステージを横断的に貫いている苦痛もある。その意味で当事者

のライフステージは断続的なものではなく人生上の連続性と関連性があることに留意しておく必要がある。

　また援助課題も各ステージをまたがるものがあるし、そのステージ特有な援助も存在する。いずれにしても当事者の諸苦痛への理解やその援助課題に関して事例考察には当たって図1と表1を総合的に有効活用して当事者理解を深めることが重要である。

第2節　施設入所児童4つのライフステージ上の諸苦痛と援助課題及び「当事者参加」との関係考察　　－事例考察を通じて－

　事例考察に当たり、どのような事例を取り上げるかは重要である。本論文では筆者の30余年間に接関わったケースを事例として紹介・考察することは、筆者の主観的な解釈や当事者の周辺情報・利害関係者の存在・個人情報保護などの関係から敢えて避けるべきと考えた。そこで児童養護におけるこども（当事者の声）の事例集として出版・刊行され古典的文献となっている作文集『泣くものか』（1977）、『続　泣くものか』（1990）の事例集と古典的文献ではないが当事者のライフステージ上の苦痛や援助課題を明確に提起している「特集　生きる」『日本の児童問題7』（1992）の当事者の手記の3つの事例を取り上げることにした。

　なお、取り上げる3つの事例はすべて公刊されているものであり、扱った事例のすべての氏名、地名など個人を特定されないよう編集段階で配慮されていることを付記しておく。

　考察の方法は、作文及び手記の中から4つのライフステージ上の典型事例を選択し、それぞれのステージ上の苦痛や援助課題を図1．施設入所児童4つのライフステージ上の諸苦痛・サービス評価関係図と表2．入所児童4つのステージ上の諸苦痛と援助課題からその対応関係を抽出し（たとえば苦痛①、苦痛②などの番号を振り該当箇所のキーワードを付与した。）その上でそれぞれの苦痛や課題に関して筆者の「当事者」及び「援助者」の視点で考察を加えた。その際「苦痛の軽減や解消」に効果的なものは何か、それを実現させるための課題は何か、さらにその「苦痛」の「軽減」または「解消」に到る要因を抽出した。

なお、事例考察に当たっては筆者の「当事者体験」と「援助者としての実践経験」を出来るだけ客観的に反映させるように配慮した。

作文集『泣くものか』（1977）は、1968年12月10日「子どもの人権を守る集会」資料として編集された養護施設児童の作文集パンフレットがきっかけで、その後1977年まで毎年開催された集会パンフレットの10年間に渉る全国の施設から収集された約5,000編の中から211編を養護施設協議会が編集・発行したものである。高度経済成長の歪みを「子ども自身のナマの作文」を通してその人権侵害の

実態の証言となるような意図があって出版されたものである。

　1960年代から70年代にかけての「日本の子どもの歴史の証言集」としての意義（編集委員　長谷川重夫）を謳ってもいる。

　取り上げる文献事例は、既に当事者証言としては古典的文献に属するものではあるが、今日でもなお変わらない課題があること、また、筆者の独自の「考察方法」によって新たな発見が期待できるだろう。

　本章では、各事例と4つのステージとの関連性を考察するため、ステージ別の苦痛に識別番号を便宜上つけておく。この番号を当事者本人の作文や手記の中から抽出し表として作成する方法で考察を行う。なお、援助課題については事例考察の中で触れる。

事例1　「母が自殺するくらいなら」(39頁)　中2　　吉沢一郎

（表2）　　　　　　　　凡例：第1－①は第1ステージの苦痛①を示す

ステージ	苦痛①	苦痛②	苦痛③	苦痛④
第1ステージ	家庭崩壊	被虐待体験	人間不信	自己肯定感欠如
当事者の声（作文・手記）				苦痛の出現・援助課題

当事者の声（作文・手記）	苦痛の出現・援助課題
僕のむかしの家は、伯父さんの家の物置を、修理して、造ったものでした。<u>貧乏で生活できなくなり、生活保護を受</u>けていました。父と母はどちらが悪いかはわからなかったけれど、よく<u>けんか</u>をしていました。そのたびに母は父になぐられていました。僕と妹は、部屋のすみで<u>そのような</u><u>父と母を見て</u>けんかが早く終らないかと思って小さくなっ<u>てふるえ</u>ていました。　このようなことがたびたびあり、そのうちに忘れもしない、4年生の5月、僕が「明日遠足があるから水筒を買ってね」と母に頼みました。母は何も云わず水筒を買ってくれました。でも其の時、何か顔色が悪く、どうしたのだろうと思っていました。	第1－①（貧困）第1－①（両親のケンカ）第1－②（DVに晒される）
あとで知ったのですが、母は父の軍手代百円を僕の水筒代のために、使いこんでしまったのでした。父は「おまえは、子供と、俺の仕事の道具の金と、どちらが大切なのか」と言い、母が「子供の方が大切です」と言うと、<u>怒り狂った</u>ように「出て行け。もう帰って来るな」と言ったそうです。<u>母は泣きながら出て行きました。</u>それから、30分位はたって父が「母ちゃんを捜してこい」と言ったので、<u>僕はう</u><u>れしくなって</u>、家を出て路地から出ようとすると母がいました。「母ちゃんがいなくても、僕は一人でちゃんと生きてゆけるね。母ちゃんがいなくても、妹と仲良くするのだよ」と言って、間をおいて泣きながら「父ちゃんにさよならって言っておいて」と言ったので、僕は母にしがみつき<u>ながら泣いて</u>「もう帰ってこないの」と言うと、「ううん、ちょっと散歩に出かけるだけだよ」と言って僕をつき放して、どこかに走って行ってしまったのです。	第1－①（父の怒り・母の家出）第1－①（母の家出に泣く）第1－①②③④（母の自殺・後悔と淋しさ）
それっきり帰ってこない母になったのです。僕は<u>母が自</u><u>殺するくらいなら</u>、水筒なんかなくてもよかったのに、と<u>後悔</u>しました。	第1－①（父の病気・入院）
それから家をかわり、お母さんがいない<u>淋しい毎日</u>を送っていました。いつも<u>父は酒を飲んでよっぱらって帰って</u>きました。けれど、僕たちの事は、<u>一生懸命世話をしてく</u><u>れました</u>。そのうち、<u>母が死んでから、3年目に、父はと</u><u>うとう病気</u>になり、入院しました。そして、僕たちは、<u>児</u><u>童相談所</u>に行き、今いる<u>M学園</u>に入ることになりました。 　　※母は生活苦のため、67年投身自殺、父はアルコール 　　　中毒で入院のため妹と入所。	

本事例は入所児童4つのステージにおける第1ステージ（施設入所前）の「苦痛」を示す事例である。（表1　入所児童4つのステージ上の諸苦痛と援助課題　2007参照）入所理由は「両親の不和、母家出自殺、父アルコール中毒入院」である。施設入所時には小学校4年生。妹と共に施設入所している。

本事例の基調にはキーワードに示されているように「経済的貧困」が背景にあり、両親の不和、父の暴力、母自殺、父入院」という「家庭崩壊」のプロセスを経過している。兄妹はこうした「家庭崩壊」のプロセスで痛烈な「苦痛」を体験している。父の母への暴力に晒され、「小さくふるえている」状況に直面している児童は今日から見ればDV被害者であり、児童虐待防止法第2条児童虐待の定義の「心理的虐待」に当る。

母の家出・自殺のきっかけとなったエピソードが「遠足と水筒」に絡む子どもらしい「要求」からだけに、小学4年時の本児の心の痛みは「図り知れない」ものがあっただろう。本児同様妹も心理的虐待を受け、兄妹ともに「心理的ケア」を要するケースといえよう。

一口に「入所前の苦痛」といっても第1に経済的貧困、第2に両親の不和、第3に配偶者間暴力（被虐待体験＝心理的虐待）、第4に母の家出・自殺→そのきっかけに絡んでいる自責の想い、第5には父のアルコール中毒・暴力・入院等などの背景があり、その「苦痛」の個別性への理解が求められる。

本事例の援助課題は、第1に入所前のインテークワークにおいて母の自殺後3年目に父親の病気入院がきっかけで児童相談所につながったようだが「早期発見・早期対応」の原則からすれば「発見」が遅すぎるように思う。

さらに第2は、インテークワークにおいて施設入所についての十分な説明と同意が必要だろう。即ち施設入所前からの当事者参加の実現である。第3は、本事例は「配偶者間の暴力」にさらされたDVによる「心理的虐待」といえる。児童相談所の機能を発揮して適切なケースアセスメントを入所後も適宜、計画的に実施する必要があるだろう。

さらに第4は、本児への援助課題として母親の自殺に関与してしまったという罪障感が思春期頃から重い課題として本児の心理的負担が想定される。適切な心理的ケアが望まれる。

最後に第5は、父親の退院後の親子関係の調整が求められる。強引な「引き取り要

求」の可能性が想定されるがあくまでも本人自身の「自己決定」による当事者参加の原則を貫く必要があろう。

このように本事例は経済的貧困をベースに夫婦間の不和・暴力が直接的経緯で家族分離・施設入所に到った「悲惨な事例」である。それでも当事者の児童は、母に対する愛着がある。また父の暴力がありながら母の家出以後、「一生懸命世話してくれました」と肯定的評価も示している。これは当事者本人の冷静な判断を表しているとも言える。また妹と共に施設入所していることは兄妹の絆があるなど本事例は第1ステージ上の悲惨な家庭崩壊のプロセスがありながら「肯定的要素」を見出すことが出来る。

　加えて作文の文章表現から母への愛情や父への肯定的評価、妹への配慮などから「悲惨な養育環境の中にありながら、やさしさ、おもいやり、両親への愛着」等は残っていることが読み取れる。

DVなどの被虐待体験を少しでも軽減可能な「心理的ケア」を中心として適切なケア計画の立案と実施によって「心の傷を回復」するために「リジリエンスの促進」をねばり強く支援することが求められていると考える

筆者の現場実践体験から、家族の「自殺」や身内の「殺害」現場に遭遇したケースを担当したことがあったが、デリケートで重い課題を抱えていながら、しなやかでたくましく生きていく子どもたちの姿に励まされることがあったことを告白する。

なお、本事例は第1ステージ上の「入所前」の「苦痛」を示しているが、第2ステージ（施設入所時）、第3ステージ（施設生活）、第4ステージ（退所前後支援）については継続フォロウによって見守る援助課題がある。こうした第2ステージ以降の援助課題に「重要な他者」の存在や「当事者参加」支援に関する十分な考察には及べなかったが第2ステージ（施設入所時）の「不安」への丁寧なケアや第3ステージ（施設生活）での本児と妹が「兄弟としての絆」を保ち、「母の自殺」という重い課題に向き合わざるを得なくなる「思春期」対策に備えておく必要があろう。

さらに第4ステージ（施設退所後）での「進路選択」や自己決定の原則（当事者参加原理）や「父親」との「関係調整」を図りながら「退所後の支援計画」を立て、兄妹のライフサイクルを見通した援助計画作成と実施課題がある。

こうした課題の適切な対応には直接的にはケアワーカー（児童指導員や保育士）の資質や力量が大きいが、本質的にはケアワーカーへのスーパーバイズを担う主任ク

ラスの援助職及び施設長の関与の質が重大で決定的であることを指摘しておきたい。そうしたケアワーカーへの適切で間接的援助があってこそ当事者がさまざまな諸苦痛を乗り越え主体的に生きる当事者参加につながるからである。その意味でも絶えざる施設ケアの質を高める責任者としての施設長及び施設運営管理者の資質が問われている事例であると考察する。

　次は事例2の紹介である。

事例2　　第3章　いま学園のなかで　第二の我が家

私の養護施設　　高3　　山崎　香子（220頁）
　本事例のライフステージ上の位置づけ・・・第1、第2、第3ステージ

（表3）

ステージ	苦痛①	苦痛②	苦痛③	苦痛④
第1	家庭崩壊	被虐待体験	人間不信	自己肯定感欠如
第2	家族分離不安	愛着障害	しがみつき	無気力・諦め
第3	いじめ 弱肉強食	暴力の連鎖 威圧・体罰	施設内虐待	施設生活を隠す 話せない

当事者の記述（作文・手記）	苦痛の出現・援助課題
私にとって養護施設とは、今では第二のわが家だと思っています。けれど、そう思う前に10年間の養護施設での生活を知っていただかねばなりません。入所当時、私は気管支が悪くて、よくせきこんだり、身体の方で不自由していたりして、本当に貧弱で、それでいて人一倍、負けず嫌いでした。その当時の学園ときたら、荒廃の巣でした。だから強いものが勝ち、弱い者が負ける弱肉強食の世界でした。	第2－④（気管支 身体貧弱・不自由・負けず嫌い）第3－①②（弱肉強食・暴力）
その中で支えになるのは早く学園で信頼できる人を見つけようと思いました。残念ながらその当時、そのような心の支えがいなかったので、先生達をからかう事に面白さを感じ、わざと先生たちが怒るような事をして楽しんでいました。今、思えば甘えていたんだナーと思いますがその時は楽しみが一つもなかったのです。だから、集団脱走、言葉の暴力、飲酒と悪いことをいっぱいしてきました。けれどある指導員の先生が来てから、学園が少しずつ変わっていきました。悪いことをするより楽しみができたのです。その例として、演劇コンクール、大旅行（伊豆横断）、歩け歩け運動（山の手一周）、クリスマス会（縁日みたいに自分で屋台を出して食券を使って食べる）など、今までにない楽しい行事、企画をたててくれて、私達を活気づけたのです。けれど先生達に対しての不満はたくさんあり、よく衝突してケンカをしました。先生の口から出てくる言葉と私達、子供に対しての態度が違うのです。だから、一部分の先生に対して不信感を抱き、暴れ回ったことがあります。	第3－②（心の支えがない）第3－①②（楽しみのない施設生活）
でも、自分の将来は自分で決めるものだからしっかりしなければいけないと思った時、心の支えになってくれる先生が現れたのです。　そして、心の良き友もできたし、学園の環境も人間らしい生活が営むことができるようになってきたのです。　保母さんもオデンのように温かい素晴らしい先生が増えてきました。　入所時に対してもしばらくの間は泊まり込みで付き添ってくれたりして、不安を取り除いてくれるようにそばにいてくれるのです。	第3－③（不信感）自己決定＝当事者参加第3－①②（不安感）

227

今は、あたりまえのように思っている子供達が多いのですが、昔は、大きい子におやつをとられて、食べられなかったのに、みんなおやつが少ないとか文句言ったり、先生達がそばにいてくれるのが大切だと言うことも理解してほしいし、イジメられても先生が助けてくれなかった事を比べれば、今は公平に怒ってくれるなんて幸せとい思います。

　まぁ、いろいろ余談になりましたが、結局、正義は勝ち、悪は滅びるのです。ですから、勇気をもって根性を養えば、なんでもやっていけるのではないでしょうか？

　それに信頼できる人を見つければ安心して、毎日が遅れるのではないでしょうか？長いようで短かった10年間の養護施設の生活、その中で青春時代を過ごしたのですから。得たものを大事にしたいと思っています。

　そばにいてほしい時に（つらい時悲しい時）いてくれたら普段はつきはなして厳しくしていいのです。そんな、時にはやさしく時には厳しい、そして"おでん"のような温かい先生を望んでいます。

※　**養育環境不適当のために施設へ入所。（東京都）**

第3－①②③（イジメ・助けてくれない・不信感）
第3－①②③（つらい時悲しい時）

228

　本事例は第1から第3ステージに関わる事例である。ただし、第1ステージ（入所前）の生活や両親などの養育者の情報が不足していて詳細不明である。かろうじて事例の解説文に「養育環境不適当」とあるのみである。しかし、第2ステージの施設入所時では「気管支」が悪く「身体貧弱」であったことが記されている。こうした「苦痛」がありながら本児は「負けず嫌い」だったと回想している。

　問題は第3ステージの「施設生活」である。筆者も体験した施設内の子ども同士の「力の支配」「弱肉強食」の世界がここでも展開されている。子どもたちは「信頼できる人」がいなければ「わざと問題をおこし」、援助者が「信頼できる人かどうか」を「試す」行動をする。これは単なる道徳的な説教や「規則違反」を盾にした「処罰」などの「応報主義」的対応では「根本的な解決」にはならない。「体罰」による「恐怖」や「厳罰」による「秩序回復」は一定の「効果」があるかもしれないが、所詮「一過性」にしかすぎない。なぜなら「子どもの真のニーズ」は「学園」や「自分自身の生き方」に大きな「よき変化と影響」をもたらす「信頼できる人」や「重要な他者」との出会いと、そのような人からの受け止められる体験（受容と共感）にあるからである。本事例に示されているように「信頼できる人」が見出せなければ、子どもは「不安定」になり「荒れ」る。「信頼できる人」、「心の支え」となる人が現れるまでわざと「悪いこと」をするのである。

　筆者の場合は重要な他者は「S先生との出会い」であった。当事者は無意識のうちにも「重要な他者」との出会いを求めているのである。

　本事例では「オデンのような温かい」保母さんとユーモアのある表現をしながら、「つらい悲しいときにそばにいてくれる人」、「時にはやさしく、時には厳しい」援助者を求めているといえる。時代や施設が違っても「人間関係」の基本が「信頼関係の構築」にあるという「普遍的な課題」があることがわかる事例と言える。

　さらに第3ステージの「施設生活」で特徴的なのは、「ある指導員の先生」の登場によって「荒れた生活」をしていた子どもたちが「学園行事」に積極的に参加していった経過があるが、これがまさに「当事者参加」の一事例といえよう。おそらくその指導員はさまざまな学園行事（集団性の活用）などの計画と実施を通して、失われた当事者の「主体性」や「創造性」「立場と役割」の獲得、「適切なポジション」や「地位と立場」が認められることなどの体験が「当事者の参加意欲」を高め、ひいては「生きる意欲」を引き出していったと推測される。こうした実践は筆者も

施設での「中学生・高校生会」活動を実践し、夏の「ワークキャンプ」、「クリスマス会」での「演劇」活動、「高校生交流会」の活動などに力を注ぎ一定の手ごたえと評価を得た体験と重なる。

　本事例は第1ステージから第3ステージにおける施設入所児童のさまざまな「苦痛」の解消や軽減につながる要素が第1に重要な他者との出会い、第2は当事者参加の促進に見出すことの出来る好事例と言えよう。
そして第4ステージ（施設退所後）の見通しだが「10年間の施設生活」が「青春時代を過ごした大切な」「第二のわが家」と受け止め「得たものを大事にしたい」と言えることは、その後のアフターケアや自立支援を見通しのある「社会生活」が予測される。仮に施設退所後に「不足の事態」が発生」しても施設との信頼関係に基づく相談援助関係は継続されるものと思われる。
　本事例はよき援助者との出会いをつくり、第2ステージ上の施設生活への当事者参加を促進する人材の確保や養成や配置など施設の運営管理者の役割と責任の重大さが洞察できる。
　なぜなら施設職員の採用や養成、人材確保や人事管理は施設運営管理者の重大な社会的責任といえるからである。
　ここでも施設運営管理上の重大な役割と社会的責任の所在がどこにあるのかが指摘出来るだろう。
　「特集いきる」は、全国養護問題研究会編『春の歌　うたえば』（1992）の発刊と同時期に編集・出版された[39]。
　集められた「手記」は約50編。『春の歌　うたえば』に21編、『いきる』に24編が掲載された。このうち『春の歌　うたえば』は筆者の手記が含まれているが、児童養護の関係者には比較的読まれたようだ。『いきる』の方『春の歌　うたえば』ほど、あまり知られていない。ただし、「声なき声」として「書く」つもりでいたが「煩悶の末」、今回は「書けませんでした！」という当事者の方がいたことも忘れてはなるまい。
　また、そもそも「書けない」当事者の存在はさらに多数に上るだろうことも忘れはならないことである。「いきる」は事例1＆2と異なり、「施設退所者」の「手記」を編集していることに特色がある。（ただし、『続　泣くものか』は全500編の作

230

文のうち、退所者の手記が8人掲載されている。）

　こうした本書の性格と編集意図を踏まえて、入所児童4つのライフステージを含む事例をとりあげたのが事例3である。

　39.　『日本の児童問題7』（1992）全国養護問題研究会編。

　編集責任者の神田ふみよ氏は「戦後50年近く。養護施設には実にたくさんの子どもたちが入ってきて、巣立っていきました。その人達は、今、どのような生活を送っているのだろうか。振り返ってその人にとって養護施設はどのようなものであったのだろう。施設を出た人達に自身に素直に語ってもらうことによって、もう一度施設のあり方、役割を見直してみたい。同時に、今施設で暮らしている子ども達への励ましのメッセージとしたい―」と「出版の意図」を書いている（同書P48）。さらに、「…これらの手記が時代を映し出しているのではないかと思われるからです。養護施設から見た昭和とはどのような時代であったかという検討です」と書いている（同書P50）。ここに児童養護の「当事者による戦後史証言」を意図したことが察せられる。また、「家族とは何かということもこの本から考えられます。親を恨みながらも"生んでくれたことに感謝する"と言う人、…（略）…家族が離散して養護施設に入った人立つが、今度は自分が家族を形成する時、家族や人間の絆をどう受け止めるのかということも深く考えさせられます」とも書いている（同書P50－51）

事例3　　卒園した人達が、帰りやすい場所、雰囲気を（62〜66頁）
（表4）

（表4）

ステージ	苦痛①	苦痛②	苦痛③	苦痛④	苦痛⑤	苦痛⑥	苦痛⑦
第1	家族崩壊	被虐待体験	人間不信	自己肯定感欠如			
第2	家族分離不安	愛着障害	しがみつき	無気力諦め			
第3	いじめ・弱肉強食	暴力の連鎖・威圧・体罰	施設内虐待	施設生活を隠す話せない			
第4	退所不安・孤立・自殺	失業・住居喪失	身元保証問題	対人関係不調	養護の再生産	虞犯・触法・犯罪	社会的差別・偏見・誤解

当事者の記述	苦痛の出現
私は現在、23歳です。私が施設に入所したのは9歳の時でした。母が3歳で病気のため死に、そして、9歳の1月、父が突然死んでしまったからです。本当は、初めから施設へ入るつもりではなく、父方の兄に引き取られるということだったのですが、そこには家庭があり、いくら親戚関係といっても突然の訪問者に、入り込む余地はありませんでした。引き取られたその月のうちに、児童相談所へ行く事を決められました。	第1－苦痛①（母病死、父死亡・家族分離不安）
私はもちろんのこと、兄もきっと悲しいものはあったし、不安もありましたが、そんなことをじっくり考えている間もなく、訳もわからずにただ言われるまま、動かされました。 　今思うと、あの1カ月はまだ幼かったという事はありますが、あやつり人形の様に、物の様に、扱われていたと悲しく、くやしく感じます。	第1－苦痛①（親せきでの生活・あやつり人形）
しかし、私自身は今、施設で生活していた事について、果たして、少しでも、血のつながりのある親せきと生活していた方が、幸せだったか…、と考えた時、決してそうではなかっただろう、と思っています。そのことについてはあまり人には知られたくありません。	第3－苦痛④（施設生活知られたくない）
幼い頃は、両親がいない事も、施設に入所している事も、両方どうでもいいことでしたが…というより、それ程、その事について考えなくても良かったと思いますが、大きくなるにつれて両親がいない事が重荷になり、そして、両方重荷になり、今は、両親がいないという事より、施設を出たという事の方が自分にと	第3－苦痛④

って重荷になっている事は事実です。何か、どこかで偏見の目で見られているようで、一種独特のイメージが、まわりの人の中にある様で、隠し通せるものならば隠していたいと思ってしまうのです。	（重荷・隠したい））
私が一番いろいろな事を考えたのは、高校3年生の時です。	
私の夢は、保母さんだったのでその夢の保母さんへまっしぐら…のはずでした。勉強も頑張ってきました。しかし、成績がいいだけでは、どうしょうもありませんでした。お金と親です。	第4－苦痛①③（退所不安・金・身元保障）
私は初めからお金のかかる所へは行けない、ということはわかっていたし、もちろん面倒を見てくれる人はいないので、進学だけということにはいかなかったという事も十分承知でした。今までの卒園生を見て、企業内の学校でもいいや、とわりと簡単に思っていました。	
しかし、実際、自分の番になり、いろいろな状況を考えると、進学ももちろんですが、まず、自分一人でも生活できるだけの保証のある所へ就職をしなければいけない。両方しっかりやらなければ、この先一人になった時、どうするんだ、といろいろな求人情報を見て、やっと、それなりの条件に合う会社を見つけ担任の先生に相談しました。二つ返事でOKでした。そして、こうも言ってくれました。『そこは、今までも、合格しているからだいじょうぶ・』私は大喜びで園の人に報告しました。しかし、ここで親の問題です。次の日、『そこは、後見人が、しっかりしていないとダメだという事だから…』私ではダメだといいわれました。ショックでした。頭をハンマーで殴られたような思いでした。	第4－苦痛③（身元保障・後見人問題）
親がいないという事が、ハンディにはならない、というような事を言っておきながら、現実はこれです。もう、先生は信じられませんでした。どうすればいいのだろう、その時程、両親のいないという事が、こんなにも重荷に、そして、憎く思ったことはありませんでした。いまでも、その言葉を思い出すと泣きたくなる気分です。	第4－苦痛③⑦（ハンディ・就職困難・信じられない）
私はその日から、ほとんど毎日、求人票をながめては、泣き寝入りをしました。入学金、授業料、その他の授業、その他の費用、いろいろ考えると、学校へはあきらめるしかないと思いました。生活もきちんとできないのに学校へなんか行けない。それに、もし、病気にでもなって働けなくなってから、学校へのお金も払えなくなるなど等、精神的にも、体力的にも限界で、大切な時期なのに、風邪も引いてしまいましたし、悩んで、悩んで、とうとう円形脱毛症にもなって、ダブルショックで毎日、涙、涙でした。	第4－苦痛①④（退所後の不安・あきらめ・円形脱毛症）
結局進学の方は、一度はあきらめかけたのですが、東京の方へ就職していた兄が、心配して電話をくれ、『学校に入れて上げるから』といってくれ、兄も、余裕のある生活ではないだろうし迷惑はかけたくなかったのですが、その言葉	

で、何とかやる気を取り戻し、金額が安い、それだけの理由で都立の保育学院Ⅱ部を受験し、無事、合格しました。	兄の存在
就職も、通学社員制度のある会社へ、欲をいえばその職種（接待）は、やりたくなかったのですが、夢を実現するためなので我慢しました。ただ、今も思うのですが、もう少しお金があったら、四年生の大学へ行きたかったなぁと。	第4－苦痛①②（失業不安・夢の実現のために我慢）
希望と不安を胸に、東京へ来ての、寮生活は、園生活延長のようなものだったので、まわりの人達より、早く、慣れる事ができました。友達にも恵まれていたと思います。よく寮内の電話で、仕事の大変さや離れてさみしい事や、お金が苦しい事など、泣きながら家族に、電話している光景を見ましたが、「甘えてるんだろう」と思う半面、それは単に強がりで、誰にも頼れない頼りたくない…と思ってはいましたが、本当に、もうどうしょうもない、という時にすぐに頼れる人、帰る場所があるという事がうらやましかったです。	第4－苦痛①（孤立感・頼れる人・帰る場所のなさ）
そんな私にも、素敵な人が現れて、いろいろ私の生い立ちを聞いて、こう言ってくれました。「それは君のせいではないんだから…」 たったこの一言が、今までぶちあたっていた大きな壁を崩してくれた様な気がします。	素敵な人＝重要な他者の存在の一言
そうだ、そうなんだ。今までは両親がいない事が自分のせいのように思っていたところがあったのですが、考えてみれば私のせいではなかった。両親が早く死んでしまった事、後見人がしかりしていないけど、いままでいろいろあったくやしい事、悲しい事、そんな事が少しづつ、自分で考えたってどうしようもない事なんだと思いはじめたのです。 私がどうにかすれば、両親は戻ってくるのか、施設に入っていたことが消えるのか、それらの事は私の力ではもうどうしょうもない事なんだ。なあんだ、わりと簡単な事だった。私が今、あまり負い目も感じず親のことを聞かれても隠す必要なんてないや、とわりと明るく考えられるのはこの人と出会ったからだと思います。	第1－苦痛①③（両親の死亡・分離不安・身元保証問題）
在園中は、私ってなんて不幸なんだろうと自分自身をかわいそうと思う気持ちが、どこかにありましたが、社会に出ていろいろな人と接し、それを通して普通の生活をしている様でも、私なんかより愛情を受けていない人もいることを知り、自分の心の狭さを痛感しました。	第3－苦痛（不幸感・自己憐憫）
園での生活の中には、嫌な事も多々ありました。朝が早い、テレビがあまり見	第3－苦痛（規則・束縛感）

れない、外出があまり出来ない、せっかくの休みも何かと束縛されていることが多い等など。細かいことを言えばきりがありません。しかし、今となっては、そんな事はどうでもいい事で、自分が保母という仕事につき、いろいろな子を見てきて、人にとって何が一番大切か、と考えた時、それはやさしさ、思いやりとかはもちろんですが、それよりも健康な身体、これが一番大切だと感じています。	視野を広げた 健康の大切さ 第1－苦痛① （みじめな思い）
両親に対して、あまり思い出もないし、勝手に早く死んじゃって、私や兄がどんなにみじめな思いをしているか…せめる様な思いが強かったのですが、この仕事を通して、障害児とも接する中で、五体満足の体で産んでくれた親へそれだけでも、感謝しなくてはいけないなぁ、と思うようになりました。もし、どこかに障害があったら、独立して生活もできなかっただろうし、もっと、もっと、誰かに頼って生きていかなければならなかっただろうし、本当にありがたい事です。	障害児との出会い　健康な体・感謝
親せきの人の中には何を考えているのか、初めて会ったりしても、「親がいなくても子は育つっていうけどほんとうねぇ」と、私と兄の成長を見て言う人がいます。私は、そんな言葉で私達の成長をかたづけてもらいたくない、と腹立たしく思います。あなたたちが一体何をしてくれたのか、確かに、親はいなくてもそれなりに、栄養を与えてもらえば体は大きくなります。でも、心はそれだけでは成長できないのです。	親せきの一言 当事者心理への無理解
私達の心の痛みも知らず、悲しみも、苦しみも、そして、喜びも、楽しさも、ほとんど分かち合ったことのない人に、そんな事いわれたくありません。親のあとを引きつぎ、私達の心身の成長を手助けし、見守ってくれたのが、園の職員のみなさんだったと、感謝の気持ちでいっぱいです。	園の職員への感謝
こうして考えられるのも、この園に入所して私が、一番、幸運だったのは、本当のお母さんでも、こんなに、心が通じ合えるものかなぁと思うほど、信頼できる保母さんにめぐり会え、そして、その方も含めて、今でも私のことを心配してくり、励ましてくれたり、たよりをくれたり、そうして精神的に力になってくれる方々が、いてくれるからこそだと思います。	信頼できる保母とのめぐりあい 重要な他者との出会い
最後に、これは少し、さみしい事なのですが、最近、園になかなか遊びに帰りづらくなりました。もちろん、行くとあたたかくむかえてくれる人は、たくさんいますが、中にはそうでない人もいます。	
現在、生活している児童の保証が一番大切だし、こちらの態度がいけない所があるからそういう顔をされてもしかたがないかもしれないけど、こちら側は、家族の待つ家に帰るような思いで、気楽にかえりたいのに、あたり前なんだけど、他人なんだなぁ、自分の家ではないんだなぁと…。	第4－苦痛①②（帰る家がない、さびしい）

235

3

よく、卒園者と「もし家族だったら、久しぶりに帰ってきたら絶対あんなふうにいわないよねぇ、帰りづらいね。」と話します。 単にわがままな事かもしれません。非常識な事を言っているのかもしれません。ただ、もう少し、卒園した人達が帰りやすい場所、雰囲気を、作ってもらいたいと切望します。 　これからも明るく頑張るぞ！ **※山形県出身、現在保母　23歳。9歳から18歳まで在園**	第4－苦痛①②④⑤（自分の家ではない、居場所が必要）

本事例は施設入所児童４つのステージをすべて網羅した事例である。以下ステージごとに考察する。

　先ず第１ステージ（施設入所前）では、３歳で母が病死、９歳の時父の突然死に遭遇し家庭崩壊の末、兄妹ともに１ヶ月ほど親せきに預けられた体験がある。そこでは「あやつり人形」のように「物のように扱われた」悲しさ・くやしさの表明がある。

　たとえ９歳という幼さとはいえ、当事者の意向をまったく無視するインテークワークは問題であろう。当事者の自己決定権の保証が実現されていない。

　さらにわずか１か月とはいえ「血のつながりのある親せき」での暮らしは幸せではなかったようだ。

　施設での生活と「血のつながりのある親せき」との生活を比べて親せきでの生活は「幸せだったか？」と考えたとき「そうではなかっただろう」としている。ここでは「血縁」家族と「他人」家族（施設生活）との比較で「血縁」が必ずしも「家族」を形成するとは限らないという「家族」のあり方が問われている。作文の筆者は後に、親せきの人から「親がなくても子は育つ」といわれ、「体」の成長と「心の成長」の違いを指摘し「親のあと引きつぎ、私達の心身の成長を手助けし、見守ってくれたのが、園の職員のみなさんだった」と断定し、親せきの軽薄な発言に「腹立たしさ」を訴えている。

　次に第２ステージ（施設入所時）での記述はあまり見られないが、あえて言えば「施設入所」についてのインテークワーク不足から「不安・あきらめ」などが想定される。兄と一緒に入所したと思われることが「家族分離不安」の軽減になったと思われる。

　さらに第３ステージ（施設生活）では「施設生活を知られたくない」「隠したい」などの「苦痛」があり、「どこか偏見の目で見られている」「一種独特のイメージがまわりの中にある」と施設に対する社会的差別・偏見のまなざしを鋭敏に感じ取っている。

　本児は後に保育士として障害児と出会ってそのハンディーについて考え、さまざまな人との出会いから「人にとって一番大切なことは“健康な身体”」と気がつき、早くに亡くなった両親に対する恨みを、健康な身体（五体満足）に産んでくれた親

に感謝できるまで成長した。さらに施設で出会った「信頼できる」保母との出会いを通して施設生活に「感謝」出来るようになった。「信頼できる人」との出会いの重要さを物語っている。

　本事例の最大の苦痛は保母を目指して保育学院Ⅱ部へ働きながら進学する道を選択し、学校の担任も「親がいないことはハンディーにはならない」といっていたにも関わらず、さまざまな条件（一人で生きていけるだけの保証が得られる条件）を勘案しながら選択した会社の就職試験で「後見人がしっかりしていない」という理由でダメになったことであろう。このときは担任教師を初め人間不信に陥り、円形脱毛症状に罹ってしまうほどのダメージと苦痛を味わっている。

　一度は「学校」への進学をあきらめかけたがこれを救ったのが兄の支援だった。苦しい生活ながらも妹のために支援する兄の存在はどれほど救いだったであろうか。入学試験も合格し、就職先も「通学社員制度」のある会社を選ぶ。

　施設児童にとって第3ステージから第4ステージへの移行期￥はもっとも「苦痛」と「不安」の時期といえよう。すなわち「施設生活」から「社会生活」への移行期＝進路選択である。本事例でも就職先の選択での思わぬ「苦痛」があることを訴えている。この時期の当事者が抱えている心理的葛藤や不安を的確にとらえ適切な対応に留意することは重要である。また進路決定後、第4ステージに移行した直後の援助は特に重要である。

　本事例でも寮生活で、集団生活にはすぐに慣れるものの、就職直後のいわゆる「ホームシック」といえるような場面がある。他の人が「家族との連絡・報告」の電話のやり取りをみて「甘えている」と思いつつ「強がり」だった自分を自覚している。そうした「孤立感」と「淋しさ」の「苦痛」は施設入所者固有の「苦痛」で、一般社会の人達にはなかなか理解されにくい面がある。

　施設入所児童のライフステージは断続的ではなくステージを流れる切れ目ない、継続的な支援が求められる。すなわち、第3ステージから第4ステージの移行の前後に特別な支援計画が必要である（施設退所前後の1年から2年間が特に重要である）。これが入所児童の自立支援＝リービングケア・プログラム立案の眼目となるだろう。

　最後は第4ステージ（施設退所後の社会適応過程）である。

本事例では第4ステージで重要な他者との出会いがあった。「素敵な人」という表現からもわかるように、「大切な人」としてその人が現れ、当事者の「生い立ち」を聞き「それは君のせいではない…」といってくれたことが「重要な他者」との出会いとなったことを意味するのである。これは筆者の言葉で言えば「重要な他者」による「境遇の相対化」ということになる。この人と出会いから「両親のことを聞かれても隠す必要なんてないや」と思えるようになった。「境遇の相対化」は施設入所児童のうち「自分の生い立ち」に「不自由さ」「生きづらさ」を感じている人には「視野を広め」「ラク」になる効果が期待できる。つまり、本事例の当事者は「在園中は、私はなんて不幸なんだろう」と自己憐憫に陥り、その視野を狭くしていたが、社会生活でいろいろな人と出会いながら「私なんかより愛情を受けていない人がいる」と知り、「自分の思い込み」による「狭さ」を自覚することになった。また「両親がいないことが自分のせいだ」とこだわりながら生きてきた自分を解放してくれたのである。

　本事例は施設退所前後に「後見人問題」で就職活動に課題が生じたが、それでも「保母になる」という主体的な自己決定を貫き、その点では自分の人生は自分で決める「当事者参加」が実現されている事例である。そうした「当事者参加」実現には「信頼できる保母さんにめぐり会えた」ことが重要な要素になっている。このような保母さんを養成し、当事者と援助者とのよき出会いを創出するためには施設内の人材養成の仕組みが欠かせない。この点は施設運営管理上の大きな役割と責任であろう。

　しかし、タイトルにある「卒園した人が、帰りやすい場所、雰囲気を」と訴えているように第4ステージの当事者の苦痛には「帰れる家がない」「実家的な居場所」がないという淋しさがある。その意味で施設運営責任者は「退所した当事者の居場所」つくりや当事者が社会的に孤立しないようなニーズに応え、「当事者組織の形成」が課題となっている。これはサービスの受け手である当事者の側からの声や要求が出ない限り、サービスの提供者側には気づかないニーズである。

　このように当事者の声は福祉サービスの受けてからの新たなニーズの存在に気付かせる効果があるといえる。

　以上3つの事例を当事者のライフステージに沿って考察してきた。事例考察でわかったことは、まず第1に、施設入所4つのライフステージにおいて、個別的に

さまざまな諸苦痛が存在することである。（第1事例では第1ステージでの母の自殺、父の病気による家庭崩壊・ＤＶによる心理的虐待の苦痛、第2事例では第3ステージでの弱肉強食の生活、イジメにあっても助けてもらえなかった苦痛、第3事例では就職試験で後見人問題が原因でダメになった苦痛と失望などの苦痛）

　次に第2に、それらの「諸苦痛」に対するさまざまな対応を含む援助方法があったが、どの事例にも共通した援助課題は当事者にとってよき援助者としての「重要な他者との出会い」であり、当事者が主体的に自己決定する機会とその力を支援し、その自己決定権を保障する「当事者参加」の有用性であった（第1事例では母の自殺という重い課題や心理的虐待に対するケアを担う援助者とのよき出会いが望まれる）。

　第2事例では荒れた学園を変えた指導員や信頼できる人の発見で第二のわが家といえる成長、第3事例では不遇な生い立ちに対して「君のせいじゃない」といってくれた素敵な人との出会い、そして夢の実現に向かう主体的な自己決定力・当事者参加の原理など）

　さらに第3によき援助者としての「重要な他者」との出会いを保障し、当事者の主体的自己決定力を支援する当事者参加原理は、施設職員の採用や養成、スーパービジョンなど人事管理の上の大きな権限を持っている施設運営管理者の役割と社会的責任が重大である。

　そして第4に当事者のさまざまな諸苦痛を援助するなどの福祉サービスの質はサービスの受け手である当事者のサービス評価によって向上し、また新たなニーズの発見、気付きにつながることが明らかになった。（第3事例の第4ステージ上での「帰りやすい場所」のニーズを伝えるなど）
最後の第5は入所児童の複雑な当事者心理についての関係者及び社会一般の理解の必要性である（第3事例で施設生活を知られたくない、隠したい、重荷だと思いつつ、帰る家としての学園を想う、矛盾した心理がある）。

　以上の事例考察の内容と結果は別冊資料に執筆した筆者自身のライフサイクルに重なり、本事例の理解を深め、さらに本論文を補足している関係にある。

　　児童養護における当事者参加の有用性に関する研究と題した本論文では、児童養護における当事者の声が研究対象になる。当事者の声ともなれば文献、統計、事

例以外に調査、アンケート、インタビュー、対談、会話、証言など多様な対象が考えられた。

　しかし、今回は筆者自身が別冊資料として執筆したルーツ調査の過程や自分史の試みにかなりの時間とエネルギーが費やされたという背景があった。したがって、当事者の声の収集には最小限の時間とエネルギーしか使える余地がなかった、そこで、筆者は児童養護における当事者証言としては古典的存在となっている作文集『泣くものか』『続泣くものか』に着目した。時代的には古くなっていて、当事者の今日性を打ち出すには困難が予測された。また、筆者も執筆した児童養護施設退所者を対象にした手記『春の歌　うたえば』の姉妹編『日本の児童問題7 特集いきる』にも着目し、これらの3つの文献から、3つの事例を取り上げることにした。

　先行研究には当事者のライフステージ上の苦痛に着目した研究は見られなかったこと、当事者参加をテーマに当事者の声の研究は津崎哲雄氏（京都府立大学）とその仲間の「子どもの声研究会」が該当していたが、主に児童相談所機能に焦点化されていたこと、全国児童養護施設高校生交流会の参加高校生の声が対象で興味深かったが、筆者自身がその活動に深く関わっていた経緯があり、事例対象に筆者の主観が入り込み過ぎないようにとの観点から敢えて参考資料に留めた。

第4章
児童養護における「当事者参加」の有用性と課題

第1節　「当事者参加」と「重要な他者」の役割

　　本章では本論文第1章第3節で示した「用語の整理」を踏まえて、「当事者参加」と「重要な他者」について第3章の事例考察との関連性を検討し当事者参加に果たす重要な他者の役割について考察する。その上で、当事者参加を阻むものは何か、これを促進するものは何かについて論述する。

　　まず児童養護における当事者参加について考察するに当たり「児童養護における当事者とは何か」から始めよう。

　「児童養護における当事者」とは何か。筆者は以下のような発言や考察を参考に次のように定義した。

　　津崎哲雄（2000；7）は「当事者とは必ずしも子どものことだけを意味しない（中略）子どもの親も意味するし、（中略）職員だって当事者と言えなくもないと思います 40。」と発言している。

　さらに、中西・上野（2003；2 − 3）によれば、「ニーズを持ったとき、人はだれでも当事者になる。ニーズを満たすのがサービスなら、当事者とはサービスのエンドユーザーのことである。だからニーズに応じて人はだれでも当事者になる可能性を持っている。当事者とは、『問題を抱えた人々』と同義ではない。（略）ニーズはあるのではなく、つくられる。ニーズをつくるというのは、もうひとつの社会を構想することである 41」と当事者について述べている。

　　上記の「当事者定義」を広義の当事者規定とするならば、ここでの狭義の「児童養護における当事者」とは、筆者は「施設養護、とりわけ児童養護施設で生活することを余儀なくされた子どもとその経験者」と定義する。

　その上で、「児童養護における当事者参加」とは何かを考えると、「当事者の主体的参加原理（充分な情報提供と説明・同意（インフォームド・コンセント）、自己選択と主体的自己決定権行使の機会の保障が実現されることである」と筆者は定義

する。

　すなわち、「施設入所児童4つのライフ・ステージ上の諸苦痛」（入所前、入所時、施設生活、退所後の社会適応過程）に象徴されるような当事者のそれぞれの段階に於いて「当事者参加原理」が実現されることであると考える。

　例えば第1に施設入所前には子どもとその保護者に対して「入所理由」や「施設生活に関する丁寧な説明と同意」を得る事（子どもの権利ノートの活用や「施設パンフレット」の解説などが考えられる）が「当事者参加原理」の実現である。

　第2は、入所時には「家族分離不安」などの軽減のための心理ケアの導入や、ケースアセスメントに基づいたケア計画の立案・実施、新規入所児童に対する施設の受け入れ態勢を丁寧に準備しておくことにより「当事者参加原理」が実現されるのである。

　第3は、施設生活でのインケア計画は個別自立支援計画の策定に当事者の意向が反映される工夫（主体的参加）や施設側の一方的な規則や決まりを押し付けるのではなく、当事者が生活参加しやすい生活創りが保障されることから「当事者参加原理」が実現される。

　第4は、施設退所前後の不安を軽減する関わりを工夫し、退所後の支援を怠らないようなリービングケア計画を策定し、「当事者支援組織」を創るなど、当事者のライフ・サイクルを見通した支援計画を「参加の原則」や「自己決定権の保障」に基づいて実現することである。こうした当事者参加の実現には児童養護サービス提供者側の一方通行のサービスではなく、「退所後の出口」から「インテークワーク」「インケア」など「入口」や施設生活そのものの段階を検証し、当事者と共に「サービス評価」の仕組み創りが「当事者参加」実現に求められていると言えよう。

　さて、「重要な他者」とは、第1章第1節の用語の整理の項を踏まえて、「個人を取り巻く人間関係のなかでも、最も重要な影響を及ぼす人々を概念化するもの」であり、「子どもの社会化の過程における両親、教師、遊び仲間などがあげられる」とし、必ずしも「血縁」のある・なしを問うものではない。

　筆者は児童養護における「重要な他者」とは、施設入所児童のライフサイクル（人生行路）における出会いとその関係性の構築が入所児童のさまざまな諸苦痛や困難を乗り越えていく契機となっていると考える。また、そのような人の養成と確保・配

置こそが求められているのである。

そこで、第3章の3つの事例における「当事者参加」と「重要な他者」との関係性を整理し、施設運営管理上の課題を考察してみよう。

注）
40.　東社協児童部会『1999年度リービングケア委員会活動報告書』2000、7頁。
41.　中西正司＆上野千鶴子（2003）『当事者主権』岩波新書、「序章　当事者宣言」より一部引用、2－3頁。

第2節児童養護における当事者参加と重要な他者との関係性
及び課題
―3つの事例考察から―

表5は第3章の3つの事例における「当事者参加」と「重要な他者」との関係性を整理し、これを実践上の課題と比較したものである。

（表5）「当事者参加」と「重要な他者」との関係性及び課題

	当事者参加	重要な他者	課題
事例1	**第1ステージ** 家庭崩壊（母自殺、父入院） **第2ステージ**　施設入所 説明と同意 **第3ステージ**　生活参加 第4ステージ（予測）	心理的ケア担当者（予測） 妹の存在 ケアワーカー（予測）	①　早期発見・DV被害対応（児童福祉司） ②　家庭調整・父と子強引な引き取り対策（予測） 　　思春期対策 ③ケアの連続性・見守り
事例2	**第1ステージ** 信頼できる人を探したが得られなかった。 **第3ステージ** 施設行事参加→生活参加	ある指導員との出会い オデンのような温かい 素晴らしい保母・先生	①　気管支・身体貧弱 ②　施設内暴力 ③　職員採用・養成 ④　信頼関係の構築 ⑤　第二のわが家作り
事例3	**第1ステージ** 母病死・父突然死 家族分離・親せき不遇 **第2ステージ** 施設のこと知られたくない **第3・4ステージ** 進路決定＝主体的自己決定 就職挫折・身元保証 働きながら進学 孤立・不安・強がり 親せきの無理解 学園に居場所がない	兄の経済支援 素敵な人の一言（境遇の相対化）	①　インテーク不足 ②　施設のこと隠す 　　社会的認知 ③　就職問題　後見人 ④　身元保証制度 ⑤　帰る家のない孤立感 ⑥　退所後支援 アフターケア＆リービングケア ⑦境遇の相対化 ⑧当事者支援組織化 ⑨卒園生の居場所

「当事者参加」と「重要な他者」との関係性及び課題

表5は第3章の3つの事例における当事者参加」と「重要な他者」との関係性を整理し、これを実践上の課題と比較したものである。

表5でわかるように入所児童にはそれぞれのライフ・ステージにおいて当事者支援としての「当事者参加」の機会が存在している。援助課題としてはそれらの課題を的確に捉え迅速・適切に「当事者参加推進」を実践していくことが求められている。当事者参加推進には「重要な他者」の役割が欠かせない。

事例1では母の自殺という重い課題に対し、心理的ケアを担う人が「重要な他者」となって信頼関係を構築されることが期待される。また、病気入院している父親との親子関係調整が第3と第4ステージにおける「当事者参加」実現に大きな影響が生じることが予測される。その意味で児童相談所の担当児童福祉司の役割が期待される。

さらに第3、第4ステージでは入院中の父親との関係調整が課題となる。強引な家庭引取りや（予測）、母の自殺への経緯に関与したとの自責の念が思春期対策として浮上することが予測される。こうした課題にケアの連続性を意識的に見守る必要がある事例である。

事例2では、当事者にとっての信頼できる重要な他者の（この場合はある指導員）登場が学園生活をよき方向に一変させたほどに大きな存在を示した事例である。さらに当事者は絶えず心の安定と支えを求めて「信頼できる人」を求め続け、得られなければ「わざと悪いことさえをする」という直接行動に出ることがあるという。弱肉強食状態で何の楽しみのなかった学園を一人の指導員の登場によって、さまざまな施設行事を実施し、当事者の行事参加を促し、それをきっかけに当事者の生活参加に至る。そして、結果的に当事者参加の実現に至る経過が示されている。

「当事者参加」と「重要な他者」における課題にもあるように「良き援助者の採用、養成、確保、配置」という施設内人事管理責任を担う施設運営管理者（施設長＆理事長）の責任は重いということも示している事例である。

当事者が施設を「第二のわが家」と評価した理由は、つらい時悲しい時、そばにい

て、時にはやさしく、時には厳しくしてくれた素晴らしい保母・先生の存在である。まさに重要な他者の役割が明確に示されていると言えよう。ここでもそうした当事者の心の支えとなる職員の採用、養成、配置、ケアに対するスーパービジョンなどの施設運営管理上の課題が見える事例である。

事例3では当事者参加推進に果たす重要な他者の役割が明確な事例である。早くに両親を亡くした当事者に重要な他者が「君のせいではない」という一言が「境遇の相対化」として、当事者の人生観を大きく転換させた事例である。また、進学・就職問題で挫折しかけていた当事者を支えたのも重要な他者である兄の経済的支援である。進路問題という当事者の主体的自己決定が求められる当事者参加実現に果たした重要な他者の役割は大きい。また「血縁のある親せき」での生活と「学園での生活」との比較を通して、重要な他者が必ずしも「血縁者」とは限らないことを示す事例でもあった。また、卒園後に学園に遊びに来ても「居場所がない」と感じる寂しさや、孤立感は退所後支援の必要性を訴えている。こうした当事者の声によるサービスのニーズは第3章の事例考察で述べた通りである。

第3節　当事者参加を阻むもの

第3章での事例考察及び本章前節で、当事者参加と重要な他者との関係性を考察したように、当事者の諸苦痛に対する援助や重要な他者との出会いの創出は当事者参加の実現と深い関係にある。しかし、施設養護の現状は本論文の第2章第2節及び第3節で明らかなように、当事者参加が必ずしも実現されているとはいえない。そこで本節では当事者参加を阻むものは何かについて論じる。

筆者は当事者参加を阻むものについて以下の4つの問題を取り上げる。第1に施設の運営管理・法人組織の問題、第2に援助者の資質・人材養成問題、第3に当事者の声の扱い方、第4はサービス提供とパターナリズムについてである。

まず第1で取り上げる「施設運営管理・法人組織問題」とは、サービス提供側の根幹である社会福祉事業関連法をみると、人員配置や設置基準において十分な配慮が内包されているとは言えない。このような実情により、日本の児童養護施設はその約9割が民間施設（その殆どが社会福祉法人化した団体）で、そのうちほぼ5〜7割が同族経営であると推計されている[42]。このようなことから、近年起きている施設内虐待事例や子どもの人権侵害事件などは、その発祥に関する因果関係の検証などが行われず、そのような検証がタブー視されていることも否定できない。そうした体質こそ問題[43]であり、経営組織構成など長年の課題を抱えていることを指摘しておく。

施設の運営経営方針を決定するのは実質的には法人組織であり、上位の意思決定機関である理事・評議員会、監事などで構成されて理事・評議委員会などの管理組織の権限が大きい。中でも施設長は施設の管理責任、職員に関する問題、児童のケアに関する責任を負っている。法人の社会的最高責任者は理事長にあるが、児童のケア方針や職員の採用、養成、配置などの人事管理の実質的な権限は施設長に集中している。当事者参加を推進するか、これを阻むかについても、勢い施設長の考え方に依存することになる。その意味で施設長の「当事者参加」についての理解次第となる。

次は第2に援助者の資質・人材養成問題である。事例考察を通して明らかなように当事者参加の実現には援助者の資質・人材養成と配置など「施設の人事管理」の

影響が大きい。特にケアワーカーへの影響の大きい主任クラスの姿勢が重大である。その主任クラスの人事権は施設長に集中しているのである。結局、当事者参加を阻むものは主任クラスや施設長の姿勢が大きいということになる。

そして第3は当事者の声の扱い方である。近年児童養護施設にも苦情解決の仕組み・第三者評価システムが浸透し、学園内に「意見箱」や「目安箱」などを設置し、当事者の声を吸い上げる工夫がなされてきた。また、教育、福祉関係者や弁護士などから施設の「第三者委員」が選任され「苦情解決委員会」などが開催され、その仕組みが整備されつつある。しかし、「意見箱」や「目安箱」に投書される当事者の声は形骸化されやすい面があるのではないだろうか。また、第三者委員の選定といっても結局は施設関係者の縁故者やなんらかの利害関係者になりやすく第三者の客観性を担保することが困難な場合があるのではないだろうか。苦情解決の仕組みや第三者評価システムはまだまだ始まったばかりで、その実績や効果は今後の実践の積み上げが求められている。こうした仕組みの実績がまだまだ未開拓の分野であることが当事者参加実現を阻んでいる要因の一つではないだろうか。

最後に第4はサービス提供とパターナリズムの問題である。これはすでに何度か取り上げてきた。第1章第1節問題提起の項や第2章第1節での「中間のとりまとめ」に関するサービス評価に関する項、第3章第1節での図1の解説で言及してきたように福祉サービスの提供者側とその受け手の当事者の双方向性に関する問題である。ただし、この場合でも当事者側がサービス評価者としての識見と力量が求められているも当然自覚しなければならない。

注)
42.　ロジャーグッドマン（2006）『日本の児童養護施設　児童養護学への招待』明石書店、126頁。
43.　同上書、126頁。　ロジャーグッドマンはこうしたテーマについては「かなり微妙（要注意）」と記述している。

第4節　当事者参加を促進するもの

　ここでは当事者参加を推進するものとして第1に「当事者のレジリアンス」、第2に「権利擁護とミル原理理解」、第3に「児童養護の当事者活動」の3つを取り上げる。

　まず第1に「当事者のレジリアンス」については別冊資料や本論文第1章第2節研究の概要、第3章第1節図1の解説でも取り上げた。筆者はレジリアンスを「逆境からの回復力」と捉えている。

　小宮は（2006；189‐192）レジリアンスを「レジリエンス」（resilience）と読み替えて、欧米諸国の犯罪対策で重視され始めたとしてその概念を「それは回復力や弾力を意味し、犯罪対策においては、犯罪に誘う困難があっても、それをしなやかに受け止め、したたかに乗り越え、犯罪に走らないことである44。」とし、従来の非行からの回復に流布していた「可塑性」とは違った解釈を紹介している。本章では小宮の訳に従い「レジリエンス」として使用する。

　筆者はこの「レジリエンス」の概念を児童養護にも援用し、これをたとえば虐待環境などに遭遇した被虐待児童の「逆境からの回復力」として解釈し、これを高める研究と実践は注目に値する概念と感じている。小宮はレジリエンスを高める保護因子（protective factor）とこれに反対の影響を及ぼす危険因子（risk factor）を紹介し、アメリカ司法省モデルプログラムガイドデーターベースから、危険因子は「認知障害、反社会的行動、飲酒行動、家庭内不和、児童虐待、学業不振、中途退学、非行集団所属、貧困地域、社会的無秩序など」であり、保護因子とは「自尊心、積極的性格、社会的能力、家族結束、効果的育児、学校活動参画、校則励行、集団活動参加、地域安全、支援協力住民など」であるという。レジリエンスを高めるには適度な危険因子がありながらも保護因子による環境調整によって効果的であるという。養育環境上の負因からの回復を支援する当事者参加実現にとってレジリエンスを高めることはその促進要因となるのではないかと思う。

　また、小宮はレジリエンスを高める方法として、アメリカ司法省の「少年メンタリングプログラム」（JUMP：Juvenile Mentoring Program）を紹介してい

る。少年にとっての「あこがれの先輩」による 1 対 1 の個別指導、メンタリング
(mentoring) である。メンターとは「古代ギリシャの詩人ホメロスの叙事詩「オ
デュッセイア」に登場する、王子の教育を託された賢者メントールの名に由来す
るという。発達的犯罪防止においては「あこがれの先輩」「人生の師匠」という訳
語が適切であるという 45。アメリカの BBS (Big Brothers Big Sisters of America)
活動が少年非行対策の有望策として日本にも取り入れられているが、このメンタ
ーや BBS が筆者のいう「重要な他者」に当たることになる。いずれにしてもレジ
リエンスは当事者支援や当事者参加を促進するものとして今後更なる研究と実践
が期待される。

　当事者参加を促進するものとして第 2 は「権利擁護とミル原理理解」を取り上
げる。

　子どもの権利擁護のあり方についての課題は第 2 章第 3 節　児童養護施設と児
童自立支援施設の共通課題　で触れた。

　児童養護における子どもの権利擁護は子どもの権利ノートの作成、配布、苦情
解決の仕組み、第三者評価システムなど外形上の進展が見られるものの実践現場
では被虐待児などの入所児の「試し行動」等に対応する援助者のバーンアウト問
題が浮上している。筆者は援助者のバーンアウト問題の背景の一つに子ども権利
擁護についての認識の問題があるではないかと考える。

　子どもの権利条約がわが国にも知られ、政府が署名・批准を如何にするのかの
関心が高まっていた 1990 年代の初頭は、子どもの権利に関するさまざまな議論
が盛んに行われた。曰く「権利先行」、「わがまま助長」、「権利の前に義務と責任
が重要だ」、「子どもは権利の王様なのか」、「まずは権利保障を。しかる後に義務
や責任を論じるべき」、「権利を知らずして義務も責任感も育たない」、「権利条約
は外国ものだ。徒に外国物をありがたがる風潮は厳に謹むべきだ」等などに焦点
を当てていたのである。

　しかし、最近はこうした議論は低調である。もはや「子どもの権利条約」は自
明のものになったかのように見受けられる。筆者は「子どもの権利擁護」或は「権
利教育のあり方」に関して、いまなお、充分な議論が尽くされていないとの立場
にある。

　こうした時、「こどもの権利条約に掲げられた権利カタログは、決して無制限の

ものではなく、それぞれの条項には念入りに『歯止めとしてのミル原理』が置かれている」と指摘した下村 46 は、「歯止めとしてのミル原理」を以下ように論じている 47。

　「この権利カタログを読む際に気をつけなければいけないのは、これらの権利が決して無制限のものではなく、それぞれの条項に念入りに [歯止め規定] が置かれていることである。例えば第 13 条では、表現の自由について規定した後、「(a) 他の者の権利又は信用の尊重、(b) 国の安全、公の秩序又は公衆の健康若しくは道徳の保護」を目的とした法律による制限を認めている。これらの「歯止め規定」は、おそらく西欧社会に伝統的なミル原理（侵害原理・危害原理）に基づくものであろう。カントと並ぶ古典的リベラリストとして知られる J・S・ミルは、1859 年に著した『自由論』（塩尻公明・木村健康訳　岩波文庫）で、パターナリズムに対抗する理論的命題として今日にも通じる二つの格率（原理・原則）を提言した。これがミル原理である。

　「格率の I は「個人は、彼の行為が彼自身以外の何人の利害とも無関係である限りは、社会に対して責任を負わない。」であり、その II は、「他人の利益を害する行為については、個人は責任があり、又、社会がその防衛のためには社会的刑罰又は法律的刑罰を必要とするという意見である場合には、個人はそのいずれかに服さねばならないだろう。」である。児童の権利もまた、他人の利害にかかわるものについては規制を免れない。父母や教師の務めは、児童の権利要求をこの格率に照らして評価し、適切な支持ないし指導助言をすることである。これに加えて児童の権利要求に基づく行為が、児童自身の利益を決定的に損なうことがないように配慮することも、年齢と発達段階において保護の対象としての一面を有する児童に対する父母や教師の当然の責務であろう。」

　下村は子どもの権利条約第 12 条「意見表明権」に触れて「意見表明権は自己決定権ではないから、児童の意見をどう評価するかは、児童の年齢及び成熟度を見ての話である。（略）意見表明権は、むしろ父母や教師に根強い過度なパターナリズムの見直しの契機になることが期待される」と述べ、意見表明権が「児童の最善の利益」を担保する役割をもっていることを

指摘している 48。

　また、表現の自由、思想・良心の自由・宗教の自由、集会・結社の自由もまた「ミル原理」が適用され、「無制限なものではない」とする。ただし、思想・良心・宗教の自由については父母に「指示権」を認め、例えば学校の「国旗・国歌の指導」は「学習指導要領」に基づく指導は問題ないが、「個々の児童に国歌敬礼・国歌斉唱を強制する」ことは問題としている 49。

　以下「権利カタログ」についての条文と「歯止め規定」としての「ミル原理」の該当箇所を検証してみる。まず第 12 条 50 の 1 では「年齢及び成熟度に従って相応に考慮されるもの」という表記に当たる。たとえば「未成年の参政権上の制限」や「未成年者の法律行為に関する制限規定」などが考えられる。同条の 2 では、「国内法の手続き規則に合致する方法により直接に又は代理人もしくは適当な団体を通じて聴取される機会を与えられる。」という文脈が「ミル原理」が適用されたと考えられる。

　次に第 13 条 51 の 2 「表現・情報の自由」「1. の権利の行使については、一定の制限を課することが出来る。ただし、その制限は法律によって定められ、かつ、次の目的のために必要とされるものに限る。(a) 他の者の権利又は信用の尊重 (b) 国の安全、公共の秩序又は公衆の健康若しくは道徳の保護」の表記が該当すると考えられる。

　さらに第 14 条 52 の 1 の 1 「思想・良心・宗教の自由」では「締約国は児童が 1. の権利を行使するに当たり、父母及び場合により法定保護者が児童に対しその発達しつつある能力に適合する方法で支持を与える権利及び義務を尊重する。2. 宗教又は信念を表明する自由については、法律で定める制限であって公共の安全、公の秩序、公衆の健康若しくは道徳又は他の者の基本的な権利及び自由を保護するために必要なもののみを課することができる。」という表記が該当すると考えられる。

　最後に第 15 条 53 の 2 「結社・集会の自由」では「2.　　1. の権利の行使については、法律で定める制限であって国の安全若しくは公共の安全、公の秩序、公衆の健康若しくは道徳の保護又は他の者の権利及び自由の保護のため民主的社会において必要なもの以外のいかなる制限も課することができない。」表記が該当すると考えられる。

総じて「歯止め規定」としての「ミル原理」は他者の権利・信用の尊重、公の秩序（公共圏）・安全という２つの要素で構成されていると言える。この原理は単に大人や援助者が身につけるべき内容であるばかりでなく、むしろ子ども自身も身につけ深く自覚していくことが求められているように思われる。

　成人の場合、基本的人権に対する「権利の濫用」への「歯止め」として「公共の福祉」理念が存在するように、「子どもの権利擁護を真に実現する」ためにも、「権利の勘違いによる濫用」に陥らないためにも先ずは大人や援助者自身が「歯止め規定」としての「ミル原理」理解の学習を深め、然る後に「子ども自身」とりわけ「中学・高校生」＝高年齢児・年長児童が大人や援助者と共に「学び合う」ことが求められるのではないかと思う。

しかし、「歯止めとしてのミル原理」とした場合、「ミル原理」を「権利制限規定」と一面的な解釈に陥る危険がある。筆者は「ミル原理」は「人間の内面の自由保障を最大限尊重・重視し、その自由に対するあらゆる危害に及ぶ過度なパターナリズムに対する警鐘の面があるもの」と捉えるべきだと考える。即ちミル原理は単なる権利に対する制限規定などではなく、「人間が自立した個人として生き、かつ社会的人間として生きる原理・原則」を規定したものとも考えられるように思う。

　従って「ミル原理」の「格率Ⅰ．他者への配慮・尊重（とりわけ自分より小さい者、弱い立場の者、高齢者や障碍者など）及び格率Ⅱ．公共の秩序・安全・安心重視」は「権利の真の実現に当たっての必要条件」であり、付言すればそれは「社会性の涵養」であり、「その当事者の自己実現を通してウエルビーイングに至ることがその充分条件である」と筆者は考える。

　なぜなら子どもの成長・発達における最大の課題は子ども自身の社会的自立の実現、すなわち「社会性の獲得」と「自己実現を通してウエルビーイングに至ること」であり、これこそが援助者の終局的な「援助目標・理念」と考えられるからである。この点で筆者の立場は「ミル原理」を単に権利の「歯止め規定」とする下村の立場とはやや異なることを明記しておきたい。

　同時に従来型の「権利中心教育」に加えて、児童自身の年齢や成熟度に応じた社会的責任理解、すなわち「責任ある自己決定力」の獲得が子どもの権利擁護実現に求められるものと考える 54 のである。

　子どもの権利条約に関するミル原理について触れたが、筆者は援助者及び子ど

も・当事者自身が「ミル原理理解」を始め、「権利擁護のあり方」そのものを深く学ぶことが当事者参加の促進につながるのであると考える。

　当事者参加を促進するものについての第3は、「児童養護における当事者活動」である。

　日本の児童養護の当事者活動は障害当事者運動に比べればほとんど皆無に等しかった。2007年現在でも法人組織化した当事者団体は存在していない。筆者は10年以上も前からこうした問題に強い関心を持ち、当事者団体の組織化に努めてきたが、なかなか実現しなかった。

　2007年6月現在、あくまで任意団体ではあるが、2001年6月発足の通称関西CVVと2006年3月結成の東京「日向ぼっこ」（児童養護の当事者参加推進団体）の2つの団体がある55。

　特に、筆者は東京「日向ぼっこ」は本論文の整合性を確認する狙いもあり、計画的・意図的立場で、発足当時から「顧問」という立場で若い当事者たちを側面的に支援してきた。こうした活動に対する筆者のスタンスは若い当事者による自立活動を実現するためのサポーターであり、ここでの活動は本論文でいう当事者にとっての「重要な他者」との出会いの役割果たす結果になったようである。

　つまり児童養護の当事者参加活動の推進に当たって、当事者自身が自己学習し、自己覚知することからはじめ、どのような活動方針によって当事者としての意見を出し合えるかを当事者自身にも投げかけ、自ら方向性を見出すようなバックアップを担ったのである。大学における小さな勉強会の活動が次第に社会的に知られ、2007年3月には厚生労働省の「社会的養護のあり方」検討会でのヒヤリング団体としての参加要請を受けた。そこで初めて児童養護の当事者参加推進団体として検討委員と議論し「意見書」を提出した。「日向ぼっこ」の活動は「日向ぼっこ」通信に記録されている。ささやかながらわが国における児童養護の当事者参加活動の促進・発信地になるように育てたいものである。

44.　小宮信夫（2006）『犯罪は「この場所」で起こる』光文社新書、189 - 190頁。

45.　小宮信夫　前掲同書、196 - 197頁。

　　46.　　下村哲夫（1992）「児童の権利条約で学校はどう変わるか」研修

　　　　読本『子どもの権利と責任　児童心理』、金子書房、3‐12頁。

47.　下村哲夫、前掲書、7‐8頁。

48.　下村哲夫、前掲書、9‐10頁。

49.　下村哲夫、前掲書、10頁。

50.　国際連合児童の権利に関する条約、第12条（意見表明権）。

51.　同上　第13条（表現・情報の自由）。

52.　同上　第14条（思想・良心・宗教の自由）。

53.　同上　第15条（結社・集会の自由）。

54.　市川太郎（2004）「子どもの意向を汲むとはどういうことか」『ケース研
　　　究　281』実務ノート、家庭事件研究会、115‐122頁。

55.　関西CVVとは、関西の児童養護施設で暮らしていた子ども・若者が中心 と
　　　なって発足させた自主的な児童養護の当事者グループである。CVVとは、
　　　Children's　Views ＆　Voices　の略称で、「児童養護施設で生活している子
　　　どもたちや卒園した青年たちが集まって施設での生活や卒園した後の生活を
　　　よりよくしていく活動をしているグループ」（CVV発行パンフレットより）で
　　　ある。

　　　東京「日向ぼっこ」は児童養護施設生活経験者の大学進学者とその仲間で「当
　　　事者参加についての勉強会」から始まった児童養護の当事者参加推進団体で
　　　ある。2007年4月から当事者サロン（新宿）を開設している。

`

第 5 章
結論および今後の研究課題

第 1 節　本研究の結論

　本研究の結論は以下のとおりである。
まず第 1 に、施設入所児童 4 つのライフステージにおいて個別的にさまざまな諸苦痛が存在することが明らかになった。
　その諸苦痛は個々のステージごとに異なり、ステージを横断するものもある。ライフサイクルを貫くものもある。また、当事者一人ひとりによってその諸苦痛の内容や程度はすべて異なる。当事者はそれぞれのステージの苦痛・リスクを乗り越えて社会的自立に向かってたくましく、しなやかに生きていく（レジリアンスの発揮）。しかし、中にはその苦痛やリスクを乗り越えられず自ら命を断つ当事者の存在もある。
　第 2 は、施設入所児童の諸苦痛に対し、さまざまな対応、援助課題があった。その共通した課題は入所児童の人生を左右するような「重要な他者」である「よき援助者との出会い」とそれぞれのライフステージにおける「当事者参加」の実現であった。また、当事者支援においては、従来型の権利擁護のあり方を見直し、社会性の涵養（ミル原理）に努め、逆境からの回復力（レジリアンス）を高めることが求められている。そのためにも、重要な他者との出会いや当事者参加の実現がその有用性に繋がるということが明らかになった。なお、ここでの「当事者参加」とは、「当事者の主体的自己決定権の保障」を指す。
　さらに第 3 の福祉サービスのあり方は、サービス提供者側の一方通行、悪しきパターナリズムなどではなく、サービスを受けた後の退所後などの出口からその入り口を検証する視点（サービスの受け手からの評価）が重要であることが明らかになった。福祉サービスはその受け手である「当事者から学ぶ」姿勢なくしては真のサービスの実現は困難であるという特性があり、当事者参加によるサービス評価の仕組みが必要であることが明らかになった。
　関連して、第 4 は、重要な他者との出会いや当事者参加を促進するためには、

施設運営管理のあり方が問われていることが明らかになった。すなわち施設の法人理事会を構成している運営責任者（施設長）と経営責任者（理事長）などのトップの姿勢次第で当事者参加は阻まれるし、推進もされるということである。

　最後に第5では、当事者は福祉サービスに「恩愛」と「感謝」の想いを抱きつつ、図らずも遭遇した理不尽な体験に哀しみと怒りの感情を抱えている矛盾した当事者心理があり、施設生活を隠すという当事者心理や社会的自立の課題があることが明らかになった。たとえば、当事者の社会的孤立や養護の再生産を防止するためには当事者組織、団体が必要になっていることや、一見特異に見える当事者心理の適切な理解については福祉関係者のみならず、社会一般にも求められているのである。児童養護にはさまざまな課題がありながらも、ようやく当事者参加推進活動のきざしが見え始めている。

第2節　児童養護における当事者支援のあり方

　児童養護における当事者参加の有用性に関する研究として、施設入所児童4つのライフステージの諸苦痛とその援助課題について考察を加えてきた。さらに本論文を補足する意味で別冊資料を執筆した。こうした作業を積み重ねた上で、前節のような5つの結論を得た。ここではその結論を踏まえて、児童養護における当事者支援のあり方について述べる。

　まず第1に、当事者同士の連帯と結束が必要である。
児童養護における当事者活動については、障害福祉における当事者運動に比べるべくもないほどに遅れた分野である。ほとんど見るべき実践がないといってもいい。しかし、筆者は児童養護の当事者であり、かつ職員として援助者経験がある。実は児童養護の援助者の中には、自らの当事者性を封印したままの当事者の方が相当数いることを知っている。児童養護の職員として約30年間、筆者と同じように当事者であり、援助者として児童養護の業務に携わっている人に何人も出会っている。おそらく自らの当事者性を語らず、当事者としてのさまざまな思いを胸に秘めながら、児童養護に関わっているのであろう。そうした姿はかつての筆者の姿でもあった。

　本論文を執筆するに至った理由にもなるが、「当事者性を明らかにするべく自ら

のルーツ探求」は「施設生活者自らの参加や適切な支援のあり方」を社会化することに意義を置き、研究を開始したのである。直接なきっかけは、一人の当事者の自殺であった。その死はかつての自分自身でもあった。筆者はかろうじて生還したが、今なお悔い切れない痛みを感じている。当事者の言い知れぬ孤立と不安は深い。

　現状では当事者は社会に「存在する」が、それらは脈絡もなく「点在」しているに近い。児童養護における当事者の「社会的孤立」防止には、当事者同士が互いの「点在」を「存在化」させていくプロセスを通して当事者同士の「連帯」と「結束」をすることから始まるのではないだろうか。

第2に当事者の声を政策に反映させる必要がある。

　この国の児童福祉施策の立法から執行過程に当事者がどのくらい参加しているのだろうか。筆者は当事者の中には児童福祉行政に携わっている人がいることを知っている。しかし、社会全体から見た児童養護における当事者の存在は、圧倒的少数であり、そのために、あるいは当事者抜きの立法、行政、執行過程になってはいないだろうか。各種福祉政策審議会のメンバーに児童養護の当事者がどれほど参加しているのだろうか。当事者の声を聴いているといってもそれが形骸化されたモニター制度のようなアリバイつくりになってはいないだろうか。さまざまな苦痛や理不尽な事態に遭遇し、怒りと哀しみを抱きながらも、そのような苦痛に共感し静かに受け止めてくれた人との出会いの喜びと感謝の想いは当事者ならではの喜怒哀楽である。本来行政施策はこうした当事者の声を救い上げてこそ血の通った政策といえるのではないか。

第3節　今後の研究課題

　第3章第2節の事例考察で論じたように本論文は先行文献事例考察が中心だった。それゆえに不十分さや限界もないとは言えない。「当事者の証言」としての表現の解釈において、その喜怒哀楽などの「苦痛」や「感情」を表す部分を中心として分析したことは科学性・客観性に欠ける分析方法との批判を受けることを免れない。

　しかし、最近の当事者の声の動向は、作文や手記などではなく、「語り」「対話」

などのナラティブな方向性にあり、その表現形態も多様性を帯びてきている。音楽、演劇、ダンス、ビデオ映像などパフォーマンスな方向性にある。今後は多様な当事者の声の採取方法に沿って、児童養護における当事者問題の研究を深めていきたい。

　社会福祉サービスを受けている人にとって、様々な苦痛は本論文で言う諸苦痛と通じる反面、より多くの苦痛も存在するだろう。また、当事者参加の有用性の研究テーマには当事者の「苦痛」だけではなく、「喜び」「哀しみ」「楽しみ」「怒り」などの「実感」に着目する方法もある。

　障害者福祉における当事者運動をはじめ、高齢者や薬物、アルコール、ギャンブル、犯罪、自殺など児童養護以外の他分野の当事者問題についての研究にも関心がありながら手がつけられていない。
いわゆる自助グループ活動のさまざまな実態や手法から学び、かつ掘り下げた研究も必要であろう。

　今後の研究においては、社会福祉全般における当事者問題の中で「児童養護の分野の当事者」視点をベースに他の分野における「当事者参加」と「支援課題」の関係にもアプローチ出来ればと思う。そのためには、実践レベルで当事者団体の運営や活動の推進を積み重ね、最終的には「児童養護における権利擁護センター（仮称）」の開設を目指し、実践に基づいた研究を積み上げていきたいと思う。

参考文献

・古川孝順（2006）「社会的養護改革の回顧と展望」『こども・家庭福祉の明日に向けて』第60回全国児童養護施設長研究協議会記念誌.

・全国児童養護施設協議会制度検討特別委員会編（2003．4）『子どもを未来とするために』－児童養護施設近未来像Ⅱ－　報告書、全国社会福祉協議会.

・児童自立支援対策研究会編（2005）『子ども・家族の自立を支援するために－子ども自立支援ハンドブック－、財団法人日本児童福祉協会.

・青少年福祉センター編、大嶋恭二＋永井聖二著（1975）『絆なき者たち　家なく、親なく、学歴もなく』門脇厚司監修、人間の科学社、朝日新聞社社会部協力.

・青少年福祉センター編（1989）『強いられた自立』ミネルヴァ書房.

・改訂・保育士養成講座編纂委員会編（2006）『第2巻　児童福祉』、全国社会福祉協議会

・望月彰編著（2006）市川太郎「当事者から見た日本の社会的養護」『子どもの社会的養護－出会いと希望のかけはし』、建帛社.

・『児童養護施設退所児童の追跡調査』平成13年度、東社協児童部会、調査研究部　　　　　　2002、紀要第6号、平成14年度版.

・『東京の児童相談所における非行相談と児童自立支援施設の現状報告書』（2005年3月）.

・厚生労働省社会保障審議会児童部会『児童虐待の防止に関する専門委員会報告書』2003年6月.

・厚生労働省社会保障審議会児童部会『社会的養護のあり方に関する専門委員会報告書』2003年10月.

・東京都児童福祉審議会『社会的養護の下に育つ子どもたちへの自立支援のあり方』（中間のまとめ　2005．8）.

・厚生労働省社会保障審議会児童家庭局、『今後目指すべき児童の社会的養護体制に関する構想検討会』（座長＝柏女霊峰）の『中間のとりまとめ』、2007年5月18日.

・施設内虐待を許さない会編（2006．10）「虐待は家庭だけじゃない！〜虐待家庭から救い出された先の養護施設で待っている虐待〜」『児童養護施設の施設内虐待に関する資料集』.

・横川和夫編著（1985）『荒廃のカルテ　─少年鑑別番号1589』共同通信社.

・市川　太郎（2004）「子どもの意向を汲むとはどういうことか」『ケース研究』281、第3号.

・全国自立生活センター協議会編（2001）『自立生活運動と障害文化　当事者からの福祉論』現代書館.

・中西正司＆上野千鶴子（2003）『当事者主権』岩波新書.

・神田ふみよ編、「私にとっての養護施設の生活」ペンネーム：森山誠＝実名市川太郎、『春の歌　うたえば』ミネルヴァ書房、1992年.

・全国養護問題研究会編（1992）「いきる　養護施設からの旅立ち」『日本の児童問題7』

・日本高速印刷株式会社刊.

・山田勝美（2005）「児童養護実践の新たな視座とその展開（2）『児童養護実践の新たな地平　子どもの自立支援と権利擁護を実現するために』鈴木力編著、川島書店.

・下西さや子（2006．5）「被虐待児へのエンパワメント・アプローチ─子どもとリジリアンスの視点から─」社会福祉学、Vol.47‐1（No．77）、18‐31.

・菊田一夫作詞（1947）「とんがり帽子」NHKラジオ放送劇『鐘の鳴る丘』主題歌.

・西村　滋（1976）『お菓子放浪記』理論社.

・井上ひさし（1974）『41番の少年』『汚点（しみ）』『あくる朝の蝉』文春文庫.

・草間吉夫（2002）「当事者から見た10の自立支援」『子どもの権利と社会的子育て』信山社.

・草間吉夫（2006）『ひとりぼっちの私が市長になった！』講談社.

・坂本博之著、岸川貴文編（2001）『ちくしょう魂』児童養護施設から

世界を目指して、小学館文庫.

・川嶋あい（2005）『最後の言葉』ゴマブックス株式会社.

・全社協養護施設協議会編（1977）『泣くものか―子どもの人権 10 年の証言』亜紀書房.

・同上（1990）『続　泣くものか－子ども達からの人権の訴え』亜紀書房.

・田辺敦子（1993）『児童養護施設における児童の権利保障の実態に関する調査研究』－　児童相談所の一時保護・入所措置を中心に－、子どもの声研究会

・師　康晴「施設で暮らす高校生の可能性を探る－全国養護施設高校生交流会－」

・津崎哲雄「英国の「子どもの声」運動とわが国における現状」

・読売光と愛の事業団編（2003）『夢　追いかけて　児童養護施設からはばたく子どもたち』中央公論新社.

・子どもが語る施設の暮らし編集委員権（1999）『子どもが語る施設の暮らし』 明石書店.

・子どもが語る施設の暮らし編集委員会編（2003）『子どもが語る施設の暮らし』 明石書店.

・東社協児童部会(2000)『1999年度リービングケア委員会活動報告書』.

・全国養護施設高校生交流会各報告書

『第 1 回鳥取大会報告書』（1988）鳥取県児童家庭課発行.

『第 2 回美深大会報告書』（1989）全国養護施設高校生会議設立準備会編集.

『第 3 回京都大会報告書』（1990）京都大会実行委員会発行.

『第 4 回岐阜大会報告書』（1991）全国養護施設協議会発行.

『第 5 回長野大会報告書』（1992）　　同上.

『第 6 回秋田大会報告書』（1993）　　同上.

『第 7 回福岡大会報告書』（1994）　　同上.

『第 8 回石川大会報告書』）1997）　　同上.

・市川太郎（1989)『第 1 回養護施設の高校生交流会　鳥取大会リポート季刊児童養護』19 －（3.

・市川太郎（2000）「全国養護施設高校生交流会の活動と今後の展望についての私見」『児童福祉研究』19、東京都社会福祉協議会、児童部会編集.

・市川太郎（2000）「全国高校生交流会」と「当事者参加」について一東社協児童部会.

・東京都社会福祉協議会児童部会（2000）「当事者が語る座談会」『課題別研修会報告　紀要』2000年度.

・たちあがった子どもたち、恩寵園の子どもたちを支える会編（2001）『児童養護施設の児童虐待』明石書店.

・森　望（2002）「児童養護施設における『自立支援』とは何か」報告、東京都社会福祉協議会児童部会課題別研修会

・長谷川真人（2000）『児童養護施設の子どもたちはいま一過去・現在・未来を語る』　三学出版.

・高橋重宏（2001）『子ども家庭福祉論―子どもと親のウエルビーイングの促進―』放　　送大学教育振興会.

・桑原教修（2001）「演劇と子どもたち」『季刊児童養護』32－1.

・大野紀代（2002）「生い立ちの整理について」『第17回関東ブロック児童養護施設職員研修会報告書』第5研究部会発題.

・前川礼彦（2003）「自立援助ホーム新宿寮の実践を通じて―表現すること―」『季刊児童養護』33－3.

・津崎哲雄（1982）『英国の養護児童の声』に関する研究.

・同上　（1983）『続・養護児童の声』.

・津崎哲雄（1986）「養護児童の声をきく　座談会から学ぶこと」『養護施設の40年』全国児童養護施設協議会.

・関西CVV発行パンフレット（2005）『CVV・PARC交流事業報告書』.

・東京『日向ぼっこ通信』（2006年～2007年）第1号～29号

・PARCはカナダ、オンタリオ州の当事者団体『PARCの活動とスピークアウトの実践』.

・資生堂社会福祉事業団『第26回1999年度資生堂児童福祉海外研修報告書』『カナダトロント、モントリオールについての報告書』.

・東京「日向ぼっこ」通信(第1号〜30号)、2006年3月から2007年5月.

・望月，下村哲夫（1992）「児童の権利条約で学校はどう変わるか」研修読本『子どもの権利と責任 児童心理』、金子書房.

・小宮信夫（2006）『犯罪は「この場所」で起こる』光文社新書.

・全国社会福祉協議会編（1976）『養護施設30年』.

・同上（1986）『養護施設の40 －原点方向を探る』.・同上（1996）『養護施設の半世紀 新たな飛翔』.・同上 （2006）『子ども・家庭福祉の明日に向けて』.

・『新社会学辞典』(New Encyclopedia of Sociology)1993. 2.10 初版、編集代表：森岡清美、塩原勉、本間康平、有比較、703Rページ.

・ロジャーグッドマン(2006)『日本の児童養護施設 児童養護学への招待』明石書店.

あとがき

　ようやく本論文のあとがきに辿りついた。「児童養護における当事者参加の有用
性に関する研究」と題した本論文はとりあえず筆者が現時点で考えている「児童
養護における当事者参加」に関する基本的考え方の一部をまとめたものである。
「とりあえず」と書いたのは、筆者が 50 歳半ばを過ぎて社会人大学院への進学を
決意したのは本論文の別冊資料にある通り、筆者自身が児童養護施設で図らずも
育ち、施設職員として生きてきた自分自身の人生を一人の「名も無き民衆の自分史」
としてこれを「戦後史証言の一つ」として執筆・記録しようと考えたからである。
直接のきっかけは筆者が「当事者でありながら援助者として関わった」ある青年
の自殺だった。

　論文の執筆は「本論文」よりも「別冊資料」として作成した筆者自身の「ルー
ツ探求過程」や「自分史」執筆が先行し、エネルギーのほとんどはそちらに吸い
取られた。その意味で「本論文が附録」で「別冊資料」こそが「本論文」のよう
な「本末転倒現象」になりかねなかった。
　「自分史は論文ではない！」という指摘は痛かった。結果として「とりあえず…」
の「本論文」となりかねなかったのである。（だからといって手を抜いて本論文に
取り掛かったのではないが…。）
　児童養護施設などで生活している人やその生活を体験した人のことについては
社会全体から見れば極わずかなマイノリティーの人達である。そのよう人達は、
自らその暮らしの実態を社会に発信する人はほとんどいない無告の人々といって
いい。
　従って、その生活の実態や暮らしを通して遭遇するさまざまな「喜怒哀楽」の
思いは社会一般にはなかなか知られることはなく、まして理解されることは稀で
ある。
　その結果、施設入所当事者に対する社会的偏見や誤解が避けがたく発生する。
筆者はそうした社会的マイノリティーの人達やそのような状況に追い込まれた家
庭や家族のライフサイクル上に現れたさまざまな思いのほんの一端でもいいから
これを社会化し、社会一般の理解が深まることを切望した。そして、そのような

当事者自身が一人の人間としてあたりまえに生きる権利と尊厳を回復し、奪われた当事者自身の「人生の主権」を取り戻す方法を模索した。「当事者参加の有用性に関する研究」はそのような筆者の願いの一端でもある。今回は当事者の「諸苦痛」に着目したが、「出会いの喜び」や「暮らしの楽しみ」も在ったはずである。「怒りに燃えたこと」もあり、「深い哀しみ」に沈潜したこともあろう。修士論文としての客観性や科学性、学術的価値を損ねないよう可能な限り心がけたが非力ゆえ、または「当事者」ゆえの強烈な思い込みや感情過多の傾向は否めない。更なる研鑽を積むほかあるまいと思う。

　本論文執筆に当たって筆者は多くの人に支えられた。筆者を大学院に進学する決断をさせた盟友 M 氏の叱咤激励は大きかった。感謝である。
　また、東洋大学の高橋重宏先生にはとかく「思い先行」で、とうてい学術的とは言えない筆者の弱点を鋭く厳しく指摘されたが、「自分史」執筆を暖かく見守っていただいた。感謝である。高山直樹先生には論文の構成上の指導を受けた。また「自分史」執筆に励ましの言葉を何度もいいただき感謝である。
　高橋ゼミ・高山ゼミの仲間にも励まされた。高橋ゼミの仲間とのやり取りは遠慮がなく、率直な意見交換や提言をいただき感謝している。特に伊藤千尋さんには精神保健関係の資料や精神病院関係の情報提供を受け、大いに助けられた。特に名前を記して御礼申し上げる。また博士課程の Y さんからの提案は本論文執筆に冷静な判断を与えてくれた。あわせて感謝である。少年犯罪問題などに関する犯罪社会学的な見方や文献紹介、多摩少年院への訪問などにお誘いいただいた細井洋子教授やフランスの医療事情や社会哲学などの知見を教えていただいた原山哲教授にも感謝したい。

　ゼミの履修者ではないもぐりの学生として潜入した井上治代ゼミの春の館山合宿での想い出も今は懐かしい。楽しい想い出をありがとう。
　児童養護の当事者参加推進団体の「日向ぼっこ」のメンバーにはサロン開設の時期と論文執筆時期が重なり、活動への後方支援が極端に手薄になってしまったことにいつも後ろめたさと心の痛みを感じてきた。改めてこの場を借りてお詫びしたい。その代わり今後の活動支援で取り返せればと思う。

振り返ればあっという間の短い2年間の大学院生活であった。秋入学というやや変則的な大学院生活の印象が否めない中、また昼間は5つの大学・短大・専門学校などの兼任講師業務をこなし、時に児童養護施設のオンブズマン活動にも追われ、余裕の無い日々であった。だが、反面充実の日々でもあった。

　最後に筆者のわがままにひたすら耐え忍び、支え続けてくれた妻美智子と家族に感謝したい。あなたの支えが無ければ筆者の人生はなかったと思っている。万感の想いを込めてありがとうの言葉を送る。

2007年6月　　修士論文提出を直前に控えて

市川　太郎

268

市川太郎　プロフィール

1950年　東京都出身。戦後2歳から18歳（高卒）までの16年間を都内の児童養護施設で育つ。高卒後ブリジストンタイヤ東京工場に青年工員として就職。

4年後苦学の末東京経済大学2部進学。卒業後教員免許を生かして児童養護施設の児童指導員として勤務。その後自立援助ホーム長を経て北海道、鳥取の児童養護施設に単身赴任。55歳にして東洋大学社会人大学院に進学。自分史を補足した修士論文を執筆。社会学修士の学位を取得。その後児童養護における当事者参加推進活動に努めながら福祉人材養成を志し、専門学校、短大、大学などの兼任講師を依頼された。

2021年5月、NPO法人リービングケア草の会の理事長として東京都の認証を得る。同時に対話と交流、連帯を目指す「ダイアローグの会」を主宰。社会福祉士、精神保健福祉士、思春期保健相談員（日本家族計画協会認定）

NPO法人リービングケア草の会　HP

リービングケア草の根会ホームページ
http://kusanone.or.jp/

ダイアローグの会　活動記録
http://kusanone.or.jp/dialogue/132/

ある児童養護施設生活経験者の戦後史

証言－自分史の試み　自己の存在理由を求めて

2022 年 5 月 10 日　第 2 刷　発行

著　者　　**市川太郎**
　　　　　編集協力　星野百合子

発行人　　武津文雄

発行所　　グッドタイム出版

〒 104-0061
　東京都中央区銀座 7-13-6　サガミビル 2 f
　電話 03-6811-1467

　グッドタイム出版
　千葉編集室　　〒 297-0002
　千葉県茂原市千町 3522-16
　電話 0475-44-5414　FAX 0475-44-5415

　E-mai　fuka777@me.com